法律法规释义

缺陷汽车产品召回管理条例

释　义

主审　安　建　蒲长城
主编　赵晓光　刘兆彬　严冯敏
　　　王　新　陈　飞

中国质检出版社
北　京

图书在版编目（CIP）数据

《缺陷汽车产品召回管理条例》释义/赵晓光，刘兆彬等主编.
—北京：中国质检出版社，2013.1
ISBN 978-7-5026-3756-9

Ⅰ.①缺…　Ⅱ.①赵…②刘…　Ⅲ.①汽车-产品质量-监管制度-条例-法律解释-中国　Ⅳ.①D922.292.5

中国版本图书馆CIP数据核字（2013）第007112号

中国质检出版社出版发行
北京市朝阳区和平里西街甲2号（100013）
北京市西城区三里河北街16号（100045）
网址：www.spc.net.cn
总编室：（010）64275323　发行中心：（010）51780235
读者服务部：（010）68523946
中国标准出版社秦皇岛印刷厂印刷
各地新华书店经销

*

开本850×1168　1/32　印张15.625　字数402千字
2013年1月第一版　2013年1月第一次印刷

*

定价　**50.00**　元

本书编委会

主　审　安　建（国务院法制办副主任）
蒲长城（国家质检总局副局长）

主　编　赵晓光（国务院法制办工交司司长）
刘兆彬（国家质检总局法规司司长）
严冯敏（国家质检总局执法督查司司长）
王　新（国家质检总局检验监管司司长）
陈　飞（中国标准化研究院党委书记）

副主编　郭启文（国务院法制办工交司副司长）
许新建（国家质检总局法规司副司长）
董乐群（国家质检总局执法督查司副司长）
刘世远（国家质检总局检验监管司副司长）

编　委　张　迅　高玮玮　王　锋　朱作鑫
贾洪维　贾俊红　侯纪伟　李文涛
郝怡磊　李　巍　庄　磊　李明刚
王　琰　尹　彦　肖金坚　孙　宁
肖凌云　王慧萍　陈玉忠

在宣传贯彻《缺陷汽车产品召回管理条例》视频会议上的讲话（代序）

国务院法制办公室副主任　安　建

（2012 年 11 月 20 日）

同志们：

温家宝总理日前签署国务院令，公布了《缺陷汽车产品召回管理条例》（简称《条例》），将从明年 1 月 1 日起施行。国家质检总局召开这次视频会议，对《条例》的贯彻实施作出部署，充分体现了总局对切实贯彻执行好这部重要行政法规的高度重视，很及时、很有必要。

随着我国经济社会的发展，人民生活水平的不断提高，汽车使用也日益广泛。而汽车产品的质量安全人命关天，如何建立起确保汽车产品质量安全的制度屏障，及时消除汽车产品存在的安全性缺陷，成为必须予以高度重视的问题。国家质检总局作为国务院负责产品质量监督的部门，对此见事早、行动快，在研究借鉴国外缺陷汽车产品召回制度的基础上，结合我国实际，于 2004 年 3 月会同有关部门出台了《缺陷汽车产品召回管理规定》，开始在我国实行缺陷汽车产品召回制度。8年多来的实践表明，缺陷汽车产品召回制度的实施，对保证汽车产品的使用安全，促使生产者高度重视和不断提高汽车产品质量，发挥了重要作用。同时，从实际情况看，《缺陷汽车产品召回管理规定》在召回程序、监管措施等方面还存在不完善之处，尤其该规定作为部门规章，受立法层级较低的限制，对隐瞒汽车产品缺陷不实施召回等违法行为最高只能处3万元罚款，过罚很不相称，威慑力明显不足，影响召回制度的有效实施。如何进一步完善我国缺陷汽车产品召回制度，受到社会广泛关注。国务院领导同志明确要求，要认真总结已有规定的执行情况，提出加强和完善我国缺陷汽车产品召回的制度措施，及时把已有规定上升为行政法规。

在认真调查研究，广泛听取各方面意见，总结实践经验基础上制定的《缺陷汽车产品召回管理条例》，研究借鉴国外已实行40多年的缺陷汽车产品召回的成熟制度，结合我国的实际情况，对汽车产品应予召回的情形、召回的责任主体、召回程序、应采取消除缺陷的措施、政府部门对召回的监管职责和监管措施，以及不履行召回义务的法律责任等，作了明确规定，进一步完善了我国的缺陷汽车产品召回制度。其中对生产者隐瞒汽车产品缺陷，或者对缺陷汽车产品经责令召回拒不召回的行为，规定处以缺陷汽车产品货值金额1%以上10%以下的罚款，按照这一规定，以一个批次汽车产品的数量和货值金额计算，罚款额可高达千万元甚至上亿元，处罚力度之大，为现行法律法规少有。

法律的生命力在于实施。我体会，要把《缺陷汽车产品召回管理条例》这一关系公众安全，关系我国汽车产业健康发展的重要行政法规贯彻好、落实好，重点做好以下几方面的工作尤为必要：

一是努力做好《条例》的宣传普及工作，使汽车产品的生产者、经营者和进口商都能了解《条例》的规定，自觉规范自己的生产、经营行为，依法履行自己应当履行的召回或协助召回的义务。同时也通过对《条例》的宣传，使广大车主知悉《条例》的规定，依法维护自己的合法权益。产品质量监督部门、商检机构的相关工作人员更要认真学习、全面掌握和准确理解《条例》的各项规定。

二是要抓紧制定《条例》的配套规章和有关规范性文件。《条例》规定的缺陷汽车产品召回的基本制度、程序和监管措施等，有些还比较原则，需要有相应配套的具体规定才能确保落实，增强可操作性和可执行力。目前质检总局已经出台了一批相关规章和规范性文件，有的还需要依照《条例》的规定修改完善或重新制定。质检总局正在抓紧有关配套规定的修订或重新制定工作。建议继续抓紧工作，争取修改完善后的主要配套规定能够与《条例》同步实施。

三是切实做到有法必依、执法必严。所有汽车产品的生产者、经营者、进口商都必须自觉履行缺陷汽车产品召回的法定义务，否则将受到法律的严厉追究。产品质量监督部门、进出口商检机构肩负着对缺陷汽车产品召回实施监管的重任，一定要严格依法办事，做到既不缺位，又不越位，切实履行好法定监管职责。国务院法制办也将按照职责，继续积极配合质检总局做好《条例》贯彻实施的有关工作。

我们相信，有国家的高度重视，有广大汽车产品生产者、经营者、进口商依法履行义务，有产品质量监督管理部门依法实施监管，在各方面的共同努力下，《条例》一定能得到有效贯彻实施，我国汽车产品的使用安全一定能得到更切实有效的保障。

谢谢大家！

编 写 说 明

汽车产业是当今时代世界经济的重要产业。据我国工业和信息化部披露的统计数据，近年来，我国汽车产销量持续快速增长，2009 年汽车产销量超过 1300 万辆，2010 年超过 1800 万辆，2011 年产销量分别达到 1842 万辆和 1851 万辆，已连续三年成为世界第一大产销国。民用汽车保有量超过 1 亿辆，约占全球的 10%，汽车产业已成为带动上下游产业、拉动消费、扩大内需、稳定出口、支撑经济发展的重要支柱产业。

在汽车进入寻常百姓家的同时，汽车产品也给人们带来人身与财产安全的隐患，加强对缺陷汽车产品的管理已成为国家公共安全监管的重要方面。2012 年 10 月 22 日，温家宝总理签署中华人民共和国第 626 号国务院令，公布了《缺陷汽车产品召回管理条例》。本条例是在 2004 年质检总局、发展改革委、商务部、海关总署联合发布的部门规章《缺陷汽车产品召回管理规定》基础上的进一步发展升华。在条例草案的审查修改过程中，曾于 2012 年 2 月 3 日将征求意见稿向社会公开征求意见，得到了社会的广泛认可。

《条例》的出台是我国首次在行政法规层面对缺陷汽车产品召回管理作出规定，不仅体现了我国政府对消费者、生产者等各方面合法权益的高度重视，也成为国家产品质量安全管理的重要手段，丰富了政府服务社会的功能，对规范我国缺陷汽车产品召回与加强监督管理、保障人身与财产安全等将发挥重要作用，标志着我国对缺陷汽车产品召回管理进入了一个新的阶段。

《缺陷汽车产品召回管理条例》共29条，本释义对《条例》的条文含义逐条做了阐述和解释，并对相关背景知识和应当注意的问题作了说明。同时，为便于查阅、检索，本书还收录了与本条例主要制度相关的国内外有关法律规定、具体技术标准等参考资料。本书力图全面准确反映立法原意，具有一定的权威性和较强的实用性，可以作为贯彻执行本条例的学习材料和开展相关业务研究的参考资料。

编著者

2013年1月

目　　录

第一部分　法规文件

第二部分　条文释义

第三部分　相关法律、标准及国内外有关制度

一、相关法律

二、相关标准

三、国内外有关制度

第一部分

法规文件

中华人民共和国国务院令

第 626 号

《缺陷汽车产品召回管理条例》已经 2012 年 10 月 10 日国务院第 219 次常务会议通过，现予公布，自 2013 年 1 月 1 日起施行。

总　理　温家宝

2012 年 10 月 22 日

缺陷汽车产品召回管理条例

第一条 为了规范缺陷汽车产品召回，加强监督管理，保障人身、财产安全，制定本条例。

第二条 在中国境内生产、销售的汽车和汽车挂车（以下统称汽车产品）的召回及其监督管理，适用本条例。

第三条 本条例所称缺陷，是指由于设计、制造、标识等原因导致的在同一批次、型号或者类别的汽车产品中普遍存在的不符合保障人身、财产安全的国家标准、行业标准的情形或者其他危及人身、财产安全的不合理的危险。

本条例所称召回，是指汽车产品生产者对其已售出的汽车产品采取措施消除缺陷的活动。

第四条 国务院产品质量监督部门负责全国缺陷汽车产品召回的监督管理工作。

国务院有关部门在各自职责范围内负责缺陷汽车产品召回的相关监督管理工作。

第五条 国务院产品质量监督部门根据工作需要，可以委托省、自治区、直辖市人民政府产品质量监督部门、进出口商品检验机构负责缺陷汽车产品召回监督管理的部分工作。

国务院产品质量监督部门缺陷产品召回技术机构按照国务院产品质量监督部门的规定，承担缺陷汽车产品召回的具体技术工作。

第六条 任何单位和个人有权向产品质量监督部门投诉汽车产品可能存在的缺陷，国务院产品质量监督部门应当以便于公众知晓的方式向社会公布受理投诉的电话、电子邮箱和通信地址。

国务院产品质量监督部门应当建立缺陷汽车产品召回信息管

理系统，收集汇总、分析处理有关缺陷汽车产品信息。

产品质量监督部门、汽车产品主管部门、商务主管部门、海关、公安机关交通管理部门、交通运输主管部门、工商行政管理部门等有关部门应当建立汽车产品的生产、销售、进口、登记检验、维修、消费者投诉、召回等信息的共享机制。

第七条 产品质量监督部门和有关部门、机构及其工作人员对履行本条例规定职责所知悉的商业秘密和个人信息，不得泄露。

第八条 对缺陷汽车产品，生产者应当依照本条例全部召回；生产者未实施召回的，国务院产品质量监督部门应当依照本条例责令其召回。

本条例所称生产者，是指在中国境内依法设立的生产汽车产品并以其名义颁发产品合格证的企业。

从中国境外进口汽车产品到境内销售的企业，视为前款所称的生产者。

第九条 生产者应当建立并保存汽车产品设计、制造、标识、检验等方面的信息记录以及汽车产品初次销售的车主信息记录，保存期不得少于 10 年。

第十条 生产者应当将下列信息报国务院产品质量监督部门备案：

（一）生产者基本信息；

（二）汽车产品技术参数和汽车产品初次销售的车主信息；

（三）因汽车产品存在危及人身、财产安全的故障而发生修理、更换、退货的信息；

（四）汽车产品在中国境外实施召回的信息；

（五）国务院产品质量监督部门要求备案的其他信息。

第十一条 销售、租赁、维修汽车产品的经营者（以下统称经营者）应当按照国务院产品质量监督部门的规定建立并保存汽车产品相关信息记录，保存期不得少于 5 年。

经营者获知汽车产品存在缺陷的，应当立即停止销售、租赁、使用缺陷汽车产品，并协助生产者实施召回。

经营者应当向国务院产品质量监督部门报告和向生产者通报所获知的汽车产品可能存在缺陷的相关信息。

第十二条 生产者获知汽车产品可能存在缺陷的，应当立即组织调查分析，并如实向国务院产品质量监督部门报告调查分析结果。

生产者确认汽车产品存在缺陷的，应当立即停止生产、销售、进口缺陷汽车产品，并实施召回。

第十三条 国务院产品质量监督部门获知汽车产品可能存在缺陷的，应当立即通知生产者开展调查分析；生产者未按照通知开展调查分析的，国务院产品质量监督部门应当开展缺陷调查。

国务院产品质量监督部门认为汽车产品可能存在会造成严重后果的缺陷的，可以直接开展缺陷调查。

第十四条 国务院产品质量监督部门开展缺陷调查，可以进入生产者、经营者的生产经营场所进行现场调查，查阅、复制相关资料和记录，向相关单位和个人了解汽车产品可能存在缺陷的情况。

生产者应当配合缺陷调查，提供调查需要的有关资料、产品和专用设备。经营者应当配合缺陷调查，提供调查需要的有关资料。

国务院产品质量监督部门不得将生产者、经营者提供的资料、产品和专用设备用于缺陷调查所需的技术检测和鉴定以外的用途。

第十五条 国务院产品质量监督部门调查认为汽车产品存在缺陷的，应当通知生产者实施召回。

生产者认为其汽车产品不存在缺陷的，可以自收到通知之日起 15 个工作日内向国务院产品质量监督部门提出异议，并提供证明材料。国务院产品质量监督部门应当组织与生产者无利害关系的专家对证明材料进行论证，必要时对汽车产品进行技术检测或者鉴定。

生产者既不按照通知实施召回又不在本条第二款规定期限内提出异议的，或者经国务院产品质量监督部门依照本条第二款规定组织论证、技术检测、鉴定确认汽车产品存在缺陷的，国务院产品质量监督部门应当责令生产者实施召回；生产者应当立即停止生产、销售、进口缺陷汽车产品，并实施召回。

第十六条 生产者实施召回，应当按照国务院产品质量监督部门的规定制定召回计划，并报国务院产品质量监督部门备案。修改已备案的召回计划应当重新备案。

生产者应当按照召回计划实施召回。

第十七条 生产者应当将报国务院产品质量监督部门备案的召回计划同时通报销售者，销售者应当停止销售缺陷汽车产品。

第十八条 生产者实施召回，应当以便于公众知晓的方式发布信息，告知车主汽车产品存在的缺陷、避免损害发生的应急处置方法和生产者消除缺陷的措施等事项。

国务院产品质量监督部门应当及时向社会公布已经确认的缺陷汽车产品信息以及生产者实施召回的相关信息。

车主应当配合生产者实施召回。

第十九条 对实施召回的缺陷汽车产品，生产者应当及时采取修正或者补充标识、修理、更换、退货等措施消除缺陷。

生产者应当承担消除缺陷的费用和必要的运送缺陷汽车产品的费用。

第二十条 生产者应当按照国务院产品质量监督部门的规定提交召回阶段性报告和召回总结报告。

第二十一条 国务院产品质量监督部门应当对召回实施情况进行监督，并组织与生产者无利害关系的专家对生产者消除缺陷的效果进行评估。

第二十二条 生产者违反本条例规定，有下列情形之一的，由产品质量监督部门责令改正；拒不改正的，处 5 万元以上 20 万元以下的罚款：

（一）未按照规定保存有关汽车产品、车主的信息记录；

（二）未按照规定备案有关信息、召回计划；

（三）未按照规定提交有关召回报告。

第二十三条 违反本条例规定，有下列情形之一的，由产品质量监督部门责令改正；拒不改正的，处 50 万元以上 100 万元以下的罚款；有违法所得的，并处没收违法所得；情节严重的，由许可机关吊销有关许可：

（一）生产者、经营者不配合产品质量监督部门缺陷调查；

（二）生产者未按照已备案的召回计划实施召回；

（三）生产者未将召回计划通报销售者。

第二十四条 生产者违反本条例规定，有下列情形之一的，由产品质量监督部门责令改正，处缺陷汽车产品货值金额 1% 以上 10% 以下的罚款；有违法所得的，并处没收违法所得；情节严重的，由许可机关吊销有关许可：

（一）未停止生产、销售或者进口缺陷汽车产品；

（二）隐瞒缺陷情况；

（三）经责令召回拒不召回。

第二十五条 违反本条例规定，从事缺陷汽车产品召回监督管理工作的人员有下列行为之一的，依法给予处分：

（一）将生产者、经营者提供的资料、产品和专用设备用于缺陷调查所需的技术检测和鉴定以外的用途；

（二）泄露当事人商业秘密或者个人信息；

（三）其他玩忽职守、徇私舞弊、滥用职权行为。

第二十六条 违反本条例规定，构成犯罪的，依法追究刑事责任。

第二十七条 汽车产品出厂时未随车装备的轮胎存在缺陷的，由轮胎的生产者负责召回。具体办法由国务院产品质量监督部门参照本条例制定。

第二十八条 生产者依照本条例召回缺陷汽车产品，不免除其依法应当承担的责任。

汽车产品存在本条例规定的缺陷以外的质量问题的，车主有权依照产品质量法、消费者权益保护法等法律、行政法规和国家有关规定以及合同约定，要求生产者、销售者承担修理、更换、退货、赔偿损失等相应的法律责任。

第二十九条 本条例自 2013 年 1 月 1 日起施行。

国务院法制办、质检总局关于《缺陷汽车产品召回管理条例（草案）》的起草说明

缺陷汽车产品召回，是指生产者对已售出的批量汽车产品中普遍存在的安全性缺陷，负责采取免费修理、更换、退货等措施以消除缺陷的活动。欧美等发达国家实行缺陷汽车产品召回制度已有 40 多年，形成了比较成熟的法律制度。

2004 年 3 月，质检总局等四部委联合发布了《缺陷汽车产品召回管理规定》（以下称现行规定），我国开始实行缺陷汽车产品召回制度。至 2011 年底，共实施召回 419 次，累计召回缺陷汽车产品 621.1 万辆，对保证汽车产品使用安全，促使生产者高度重视和不断提高汽车产品质量，发挥了重要作用。同时，现行规定在召回程序、监管措施等方面还存在不完善之处，尤其是现行规定作为部门规章，受立法层级低的限制，对隐瞒汽车产品缺陷不实施召回等违法行为最高只能处 3 万元罚款，过罚很不相称，威慑力明显不足，影响召回制度的有效实施。2010 年 4 月，国务院领导同志在相关部门关于我国缺陷汽车产品召回管理有关情况的报告上批示，要求认真总结现行规定的执行情况，提出加强和完善我国缺陷汽车产品召回的综合措施，条件成熟时把现行规定上升为条例。质检总局在认真调查研究，总结实践经验的基础上，起草并向国务院报送了《缺陷汽车产品召回监督管理条例（送审稿）》。国务院法制办收到此件后，征求了中央有关部门、部分地方政府，以及消费者协会和有关行业协会、部分汽车生产企业、科研机构等单位的意见，并向社会公开征求意见。在

此基础上，国务院法制办会同质检总局对送审稿进行了反复研究修改，形成了《缺陷汽车产品召回管理条例（草案）》（以下简称草案）。现就主要内容说明如下：

一、关于“召回”的概念

目前，我国有10多部法律、行政法规及部门规章分别对有关存在安全性缺陷的产品作了“召回”的规定。与食品等产品的召回是由生产者、销售者负责收回后采取销毁等无害化处理措施不同，缺陷汽车产品的召回，是指由生产者发布其产品存在缺陷的信息，并负责采取修理等措施以消除缺陷的活动。考虑到缺陷汽车产品召回制度在我国实施以来，缺陷汽车产品召回的含义已为社会所认知，草案仍沿用了“召回”的概念，并明确：本条例所称召回，是指汽车产品生产者对其已售出的汽车产品采取措施消除缺陷的活动（第三条第二款）；同时对生产者应及时发布产品缺陷信息并采取修理、更换、退货等措施消除缺陷的义务作了明确规定（第十八条、第十九条）。

二、关于召回的原因

批量汽车产品普遍存在缺陷，是生产者应当实施召回的法定原因，草案对此作了明确规定。（第八条第一款）

作为召回原因的“缺陷”，是指危及汽车产品安全使用的质量问题。草案规定：缺陷是指由于设计、制造、标识等原因导致的在同一批次、型号或者类别的汽车产品中普遍存在的不符合保障人身、财产安全的国家标准、行业标准的情形或者其他危及人身、财产安全的不合理的危险（第三条第一款）。这一规定，与其他国家关于汽车产品召回原因的规定相一致，也与我国产品质量法关于产品质量缺陷的规定相衔接。

汽车产品存在本条例规定的“缺陷”以外的质量问题的，

不属于本条例规定的召回范围，但车主有权依照产品质量法、消费者权益保护法等法律、行政法规和国家有关规定以及合同约定，要求生产者、销售者承担修理、更换、退货、赔偿损失等相应的法律责任。（第二十八条第二款）

三、关于召回责任主体

汽车产品生产者制造和出售汽车产品，应当对汽车产品的质量负责。汽车产品存在缺陷的，应当由其生产者负责召回，草案对此作了明确规定。（第八条第一款、第二款）

考虑到国内法的效力所及，各国普遍规定，由本国进口商对其进口的汽车产品质量负责，承担生产者应承担的召回责任，以促使进口商审慎选择进口汽车产品。进口商可与生产者在合同中约定，就其承担的召回责任向生产者追偿。为此，草案规定，进口汽车产品到境内销售的企业，视为生产者承担召回责任。（第八条第三款）

四、关于召回程序和法律责任

草案在研究借鉴国外成熟的缺陷汽车产品召回制度，总结我国实施召回制度实践经验的基础上，对召回措施的启动、召回信息的发布、消除缺陷措施的实施等召回程序，以及监管部门的监管职责和监管措施等作了明确规定。（第四条至第七条、第十二条至第二十一条）

草案对违反本条例规定的行为规定了严格的法律责任（第二十二条至第二十六条）。其中对生产者隐瞒汽车产品缺陷，不按规定召回缺陷汽车产品的，规定处以缺陷汽车产品货值金额1%以上10%以下的罚款。据质检总局按照我国近年来绝大多数召回活动每次所涉及的缺陷汽车产品数量和平均货值金额计算，如按草案规定的罚款上限处罚，对生产者的最高罚款额平均约为人民币1.45亿元。

第二部分

条文释义

第一条　为了规范缺陷汽车产品召回，加强监督管理，保障人身、财产安全，制定本条例。

【释义】本条是关于立法目的的规定。

一、规范缺陷汽车产品召回

制定本条例的首要目的，就是为了规范缺陷汽车产品召回，包括明确缺陷的定义，召回的主体、范围、程序、措施，有关信息报告和备案制度，等等。缺陷的定义是否准确，召回的主体是否明晰、范围是否确定、程序是否合理、措施是否有效，相关信息公开是否及时，这些都会对缺陷汽车产品的生产经营活动，汽车使用者甚至其他社会公众的人身、财产安全等造成重要的影响。为此，《条例》将“规范缺陷汽车产品召回”作为首要立法目的，整部条例主要是围绕这一立法目的开展具体制度设计，以保障缺陷汽车产品召回活动的规范化、法制化，具体包括：明确缺陷是指由于设计、制造、标识等原因导致的在同一批次、型号或者类别的汽车产品中普遍存在的不符合保障人身、财产安全的国家标准、行业标准的情形或者其他危及人身、财产安全的不合理危险；汽车产品生产者是缺陷汽车产品召回的责任主体，应当依照本条例的规定对其已售出的汽车产品采取措施消除缺陷；生产者实施召回，应当以便于公众知晓的方式发布信息，告知车主汽车产品存在的缺陷、避免损害发生的应急处置方法和生产者消除缺陷的措施等事项，以及其他各项具体制度措施。

二、加强召回监督管理

制定本条例的另一重要目的，就是为了加强对缺陷汽车产品召回活动的监督管理，确保缺陷汽车产品的生产者能够切实有效地按照条例的各项规定开展其召回活动，防止出现为了经济利益等目的，隐瞒缺陷信息不报告、拒绝召回缺陷汽车产品等违法行为。

我国的缺陷汽车产品召回管理立法，经历了一个从无到有，逐渐发展的历史过程。早在 2004 年，质检总局、发展改革委、商务部、海关总署等四部委就联合发布了《缺陷汽车产品召回管理规定》，通过部门规章的形式对缺陷汽车产品召回活动作了规定，我国自此开始实行缺陷汽车产品召回制度。截至 2012 年 12 月 31 日，共实施召回 535 次，累计召回缺陷汽车产品 943.89 万辆，对促使生产者高度重视和不断提高汽车产品质量，保障汽车产品安全及道路交通安全，发挥了重要作用。同时，《缺陷汽车产品召回管理规定》在召回程序、监管措施等方面还存在不完善之处，尤其是现行规定作为部门规章，受立法层级低的限制，对隐瞒汽车产品缺陷不实施召回等违法行为最高只能处 3 万元罚款，过罚很不相称，威慑力明显不足，影响召回制度的有效实施。为此，需要将部门规章上升为行政法规，进一步明确缺陷汽车产品召回主管部门及相关部门的监管职责，实施较强的监管措施，加大监管力度。具体包括明确国务院产品质量监督部门负责全国缺陷汽车产品召回的监督管理工作，国务院有关部门在各自职责范围内负责缺陷汽车产品召回的相关监督管理工作；国务院产品质量监督部门应当建立缺陷汽车产品召回信息管理系统，收集汇总、分析处理有关缺陷汽车产品信息，开展缺陷调查，监督检查或责令生产者对缺陷产品实施召回，加强召回过程和召回效果监管的责任；相关部门应当建立汽车产品的生产、销售、进口、登记检验、维修、消费者投诉、召回等信息的共享机制等。

三、保障人身、财产安全

保障人身、财产安全也是制定本条例的核心目的。汽车产品作为人类日常生活中最为重要的一项交通工具，它的安全与否，对于驾驶人、乘客以及其他交通活动参与者的人身安全，车辆本身以及车内外的其他财产的安全有着重要影响。汽车产品存在缺陷，一旦引发故障，极有可能对人身造成伤害，对财产造成损失。对于因产品缺陷造成人身、财产损害的赔偿，产品质量法、消费者权益保护法、侵权责任法等有关法律做了较为具体明确的规定。比如，《中华人民共和国产品质量法》（简称《产品质量法》）第四十一条规定："因产品存在缺陷造成人身、缺陷产品以外的其他财产损害的，生产者应当承担赔偿责任。"《中华人民共和国消费者权益保护法》（简称《消费者权益保护法》）第十八条规定："经营者应当保证其提供的商品或者服务符合保障人身、财产安全的要求。对可能危及人身、财产安全的商品和服务，应当向消费者作出真实的说明和明确的警示，并说明和标明正确使用商品或者接受服务的方法以及防止危害发生的方法。经营者发现其提供的商品或者服务存在严重缺陷，即使正确使用商品或者接受服务仍然可能对人身、财产安全造成危害的，应当立即向有关行政部门报告和告知消费者，并采取防止危害发生的措施。"第三十五条规定："消费者或者其他受害人因商品缺陷造成人身、财产损害的，可以向销售者要求赔偿，也可以向生产者要求赔偿。"《中华人民共和国侵权责任法》（简称《侵权责任法》）第四十一条规定："因产品存在缺陷造成他人损害的，生产者应当承担侵权责任。"第四十二条规定："因销售者的过错使产品存在缺陷，造成他人损害的，销售者应当承担侵权责任。销售者不能指明缺陷产品的生产者也不能指明缺陷产品的供货者的，销售者应当承担侵权责任。"第四十三条规定："因产品存在缺陷造成损害的，被侵权人可以向产品的生产者请求赔偿，也可以向产品的销售者请求赔偿。产品缺陷由生产者造成的，销售者赔偿后，有权向生产者追偿。因销售者的过错使产品存在缺陷的，生产者赔偿后，有权向销售者追偿。"第四十五条规定："因产品缺陷危及他人人身、财产安全的，被侵权人有权请求生产者、销售者承担排除妨碍、消除危险等侵权责任。"第四十六条规定："产品投入流通后发现存在缺陷的，生产者、销售者应当及时采取警示、召回等补救措施。未及时采取补救措施或者补救措施不力造成损害的，应当承担侵权责任。”第四十七条规定：“明知产品存在缺陷仍然生产、销售，造成他人死亡或者健康严重损害的，被侵权人有权请求相应的惩罚性赔偿。”

除了依照有关法律来保障消费者请求损害赔偿的合法权益外，因产品缺陷涉及公共安全和公众利益，也有必要从行政管理的角度出发，通过制定本条例，充分发挥行政机关加强社会管理，提供公共服务，维护公共安全的职能，来规范缺陷汽车产品召回，加强监督管理，最大限度地防范、减少和避免因汽车产品存在缺陷给人身、财产造成的危害。

综上所述，制定《缺陷汽车产品召回管理条例》是满足社会主义市场经济发展对加强消费者利益保护的客观现实要求，也是实现国家以人为本法律宗旨的具体体现。加强缺陷汽车产品召回的管理，及时消除汽车产品缺陷，减少或预防人身和财产损害，维护公共安全，是制定本条例的目的和必要性所在，也有利于促进汽车产业健康发展、净化市场环境、保护公众利益和社会经济秩序。

第二条　在中国境内生产、销售的汽车和汽车挂车（以下统称汽车产品）的召回及其监督管理，适用本条例。

【释义】本条是关于本条例调整范围的规定。

一、汽车和汽车挂车

（一）具体产品对象

1. 汽车

根据《汽车和挂车类型的术语和定义》（GB/T 3730.1—2001）、《机动车运行安全技术条件》（GB 7258—2012），汽车的定义为：由动力驱动，具有四个或四个以上车轮的非轨道承载的车辆，主要用于载运人员和（或）货物（物品）、牵引载运人员和（或）货物（物品）及其他、专项作业。

（1）载客汽车

载客汽车是指设计和制造上主要用于载运人员的汽车，包括装置有专用设备或器具但以载运人员为主要目的的汽车。其种类包括：

——乘用车。主要包括普通乘用车、活顶乘用车、高级乘用车、小型乘用车、敞篷车、仓背乘用车、旅行车、多用途乘用车、短头乘用车、越野乘用车、专用乘用车（如：旅居车、防弹车、救护车、殡仪车等）共 11 类。

——客车。主要包括公路客车、旅游客车、公共汽车 3 类。

——校车。主要包括幼儿校车、小学生校车、中小学生校车、专用校车 4 类。

（2）载货汽车

设计和制造上主要用于载运货物或牵引挂车的汽车，包括装置有专用设备或器具但以载运货物为主要目的的汽车。其种类包括：

——货车。主要包括普通货车、多用途货车、全挂牵引车、越野货车、专用作业车、专用货车 6 类。

——半挂牵引车。装备有特殊装置用于牵引半挂车的汽车。

2. 汽车挂车

根据《汽车和挂车类型的术语和定义》（GB/T 3730.1—2001）、《机动车运行安全技术条件》（GB 7258—2012），汽车挂车是指就其设计和技术特性需要由汽车牵引才能正常使用的一种无动力的道路车辆。主要用于载运货物或专项作业。汽车挂车包括牵引杆挂车、半挂车和中置轴挂车。

（1）牵引杆挂车

牵引杆挂车是指至少有两根轴的挂车，具有：一轴可转向；通过角向移动的牵引杆与牵引车联结；牵引杆可垂直移动，联结到底盘上，因此不能承受任何垂直力。具有隐藏支地架的半挂车也作为牵引杆挂车。其种类包括客车挂车、牵引杆货车挂车、通用牵引杆挂车、专用牵引杆挂车共4类。

（2）半挂车

半挂车是指均匀受载时挂车质心位于车轴前面，装有可将垂直力和/或水平力传递到牵引车的联结装置的挂车。其种类包括客车半挂车、通用货车半挂车、专用半挂车、旅居半挂车共4类。

（3）中置轴挂车

中置轴挂车是指均匀受载时挂车质心紧靠车轴位置，牵引装置相对于挂车不能垂直移动、与牵引车连接时只有较小的垂直载荷作用于牵引车的挂车。这种车辆只有较小的垂直静载荷作用于牵引车，不超过相当于挂车最大质量的10%或1000N的载荷（两者取较小者）。其中一轴或多轴可由牵引车来驱动。其主要形式为旅居挂车。

（二）关于产品范围的几点主要考虑

1. 汽车产品是一种特殊产品，其安全已成为影响到人们日常生活安全的大事，有必要通过立法加强对存在缺陷的汽车产品进行召回。

汽车产品的特殊性表现为：一是汽车产品是一种由上万个零部件组成的高科技机电产品，使用条件和环境十分复杂，因为设计、制造或标识上考虑不足或出现偏差可能会产生缺陷。随着科学技术的发展，新工艺、新材料、新技术在汽车产品中不断应用，导致新产品也容易出现缺陷，很多问题可能要经过一段时间的使用后才能暴露。将具有缺陷的汽车产品批量投放市场，将会给社会带来大范围、系统性安全风险。随着我国汽车行业进一步发展，由汽车产品质量安全带来的各种问题也日益突出，产品质量安全和技术水平亟待提高。二是汽车产品是一种高附加值产品。我国人口众多，经济发展迅速，汽车消费有着旺盛的市场需求和长远的发展前景，汽车销量快速增长，在社会经济迅速发展的今天，汽车已成为日常出行的重要交通工具，更多的汽车逐渐驶进千家万户，提高了人们的生活品质。根据中国汽车工业协会编制的《中国汽车工业月度统计摘要》，2010 年，我国汽车总产量为 1826.47 万辆，总销售量为 1806.19 万辆；2011 年，我国汽车总产量为 1841.89 万辆，总销售量为 1850.51 万辆。截至 2011 年底，我国机动车保有量为 2.25 亿辆，其中汽车 1.06 亿辆，按照百户居民汽车拥有率 20% 的汽车社会评判标准，我国一些省市已经进入了汽车社会。但汽车产品质量参差不齐，消费者单凭自己的知识和经验难以鉴别汽车产品质量状况，无法有效保护自己的合法权益。三是汽车产品是一种潜在的高风险产品。汽车的自重大、可高速移动的特点，决定了它在快速行驶中一旦发生事故，将可能会造成人身和财产的重大伤害，给家庭乃至社会造成无法弥补的损失。据公安部统计，2009 年我国共发生道路交通事故 238351 起，造成 67759 人死亡，275125 人受伤，直接经济损失 9.1 亿元。

综上所述，通过制定行政法规，采取强有力的措施来解决批量汽车产品缺陷所造成的安全隐患问题已成为当务之急。

2. 摩托车以及除轮胎外的零部件未纳入本条例调整范围的考虑。

从目前我国汽车等产业发展状况、《缺陷汽车产品召回管理规定》实施以来的执行情况、境外有关立法和实践以及条例制定过程中的公开征求意见情况来看，目前未将摩托车、除轮胎外的零部件等纳入本条例调整范围是符合实际情况的：

——从《缺陷汽车产品召回管理规定》制定以来的执行情况来看。世界各国的召回历史上，对缺陷汽车产品的召回经历了一个较长的历史过程才逐步扩展到全部汽车产品，目前对摩托车等召回作出行政法规层面的规定时机尚不成熟。2004 年，质检总局、发展改革委、商务部和海关总署联合发布了《缺陷汽车产品召回管理规定》，以部门规章的形式对缺陷汽车产品召回的对象、主体、程序、监管部门等作了规定。该管理规定的适用范围是汽车产品，即按照《汽车和挂车类型的术语和定义》(GB/T 3730.1)中所规定的用于载运人员、货物，由动力驱动，或者被牵引的道路车辆；同时，还规定了对于汽车产品安全性零部件中的易损件和汽车轮胎的召回时限。从管理规定实施以来的召回实践看，汽车产品召回的范围也是一个逐步扩大的过程。2004 年，《缺陷汽车产品召回管理规定》首先从 M1 类车辆（包括驾驶员座位在内，座位数不超过 9 座的载客车辆）开始实施；2006 年，质检总局发布了《关于对 M2 和 M3 类车辆实施缺陷召回管理的公告》，对 9 座以上客车实施召回管理；2009 年发布《关于对 N 类和 O 类车辆实施召回管理的公告》，将载货汽车、汽车挂车纳入管理范围。截至 2012 年 12 月 31 日，共实施召回 535 次，累计召回缺陷汽车产品 943.89 万辆。目前，摩托车产品未被纳入管理规定的适用范围，主要是考虑到摩托车作为一种特殊的道路交通工具，其固有的设计、制造特性导致在使用过程中存在较大的使用风险。摩托车的设计、制造、销售、登记等方面与汽车都存在较大差别，且产业分散，集中度差，目前不具备召回的可操作性。据统计，截至 2011 年底，我国摩托车整车制造企业共计 211 家，汽车零配件企业共计 8556 家，2011 年，摩托车总产量为 2700.52 万辆，总销售量为 2692.77 万辆。同时，考虑到目前非法组装、拼装、改装摩托车的情况比较严重，对于这种情形更是应当予以打击制止，而不是召回。此外，自从 2004 年《缺陷汽车产品召回管理规定》实施以来，质检总局在汽车产品召回方面积累了较多经验，形成了相应的技术力量，取得了较好的执法效果，本条例出台后，可以在现有的汽车产品召回工作基础上针对摩托车产品质量等问题开展相关工作，待积累经验、时机成熟后再视情况研究是否需要通过立法手段予以规范。

此外，关于除轮胎外的零部件的召回。经调研，我国零部件产业正处在发展过程中，由于门槛较低，出现了企业分散，产品质量参差不齐的情况，甚至有部分假冒伪劣零部件在市场中销售。另外，现阶段我国汽车零部件产品的标识不完善、销售记录不完整，使汽车零部件产品不具备召回所必须的“可追溯性”。为此，本条例没有将除轮胎外的零部件纳入《缺陷汽车产品召回管理条例》的调整范围。

——从境内外有关召回立法及实践来看。国际上对于汽车产品的召回工作开展得较好，有关摩托车等机动车产品的召回法律规定较少，且执行效果不尽如人意。比如，美国作为世界上第一个设立召回制度的国家，其于1966年制定的《国家交通与机动车法》中规定了召回制度，将机动车和机动车设备均作为召回对象纳入适用范围。但是，据了解，美国机动车召回实践主要是汽车及汽车轮胎召回，其他机动车设备召回的数量相对较少。而日本《道路运输车辆法》明确规定对车辆存在缺陷实施召回，并且直到2003年才将轮胎、儿童保护座椅纳入召回范围。我国台湾地区《汽车安全性调查召回改正及监督管理办法》也只将汽车作为召回对象进行管理。

二、本条例适用的地域范围

本条例适用的地域范围是中华人民共和国境内。根据《中华人民共和国出境入境管理法》第八十九条规定：“出境，是指由中国内地前往其他国家或者地区，由中国内地前往香港特别行政区、澳门特别行政区，由中国大陆前往台湾地区。入境，是指由其他国家或者地区进入中国内地，由香港特别行政区、澳门特别行政区进入中国内地，由台湾地区进入中国大陆。”据此，本条例所称“中国境内”不包括香港特别行政区、澳门特别行政区和台湾地区。

根据本条规定，凡在中国境内生产、销售的汽车产品的召回及其监督管理，均应当适用本条例，包括在中国境内生产并销售的汽车产品，以及在中国境外生产并销售到中国境内的汽车产品：

1. 国产汽车：在中国境内生产的汽车。不仅包括由我国企业拥有自主产权、自主研发的车型，也包括国外汽车品牌在中国建厂（或与国内汽车厂商合资合作）进行生产的汽车。对于在中国境内生产并销售到境外其他国家或者地区的汽车产品存在缺陷的，原则上按照当地的法律法规采取相应措施。

2. 进口汽车：由国外工厂生产制造、依法进入到我国境内营销或使用的汽车。

此外，对于自带进口车，参考美国法典有关规定，召回报告的适用对象仅限于制造商和进口商，由于自带的进口车不存在该立法管辖范围内的制造商和进口商，因此没有承担召回责任的主体，在美国，对于自带车，制造商和进口商不承担召回报告和通知等相关责任。因用户和境外制造商存在民事法律关系，一般来讲，与制造商订立修理合同的维修商，在用户主动提出要求或用户上门维修保养时，会为用户消除缺陷。

三、本条例适用的行为范围

本条例适用于汽车产品生产者的召回活动以及有关主管部门对召回活动的监督管理。

1. “汽车产品召回”是指汽车产品生产者对其已售出的汽车产品采取措施消除缺陷的活动。该活动的主要环节包括缺陷调查分析、制定消除缺陷措施及召回计划、向有关主管部门报告与备案、停止生产与销售、发布召回信息、实施产品召回，以及召回阶段性报告和召回总结等。

2. “监督管理”是指政府主管部门根据本条例的相关规定履行对汽车产品生产者、经营者履行缺陷产品召回责任的监视、督促、管理和执法活动，使相关方能够按本条例的规定依法履行相关责任和义务，使召回结果能达到预定的目标。主要内容包括：信息（收集与分析）管理和共享机制、缺陷调查与认定、风险评估、检测与鉴定、召回计划备案受理、相关信息公布、实施过程监督、召回效果评估等。考虑到缺陷汽车产品召回是一项涉及面广、实施难度高、社会影响力大、专业性强的复杂工程，召回活动中的每个环节都与生产者、经营者、消费者密切相关，召回的效果也会直接影响到交通安全、汽车产业的发展、国家的经济和政府的形象，因此，需要有关部门加强对召回活动的监管，确保各项召回活动落到实处。

第三条　本条例所称缺陷，是指由于设计、制造、标识等原因导致的在同一批次、型号或者类别的汽车产品中普遍存在的不符合保障人身、财产安全的国家标准、行业标准的情形或者其他危及人身、财产安全的不合理的危险。

本条例所称召回，是指汽车产品生产者对其已售出的汽车产品采取措施消除缺陷的活动。

【释义】本条是关于“缺陷”和“召回”定义的规定。

一、关于“缺陷”的定义

1. 存在危及人身、财产安全的不合理危险

所谓“不合理危险”，根据《中华人民共和国产品质量法》第二十六条的规定：“生产者应当对其生产的产品质量负责。产品质量应当符合下列要求：（一）不存在危及人身、财产安全的不合理的危险，有保障人体健康和人身、财产安全的国家标准、行业标准的，应当符合该标准”。具体而言，属于本条例所规定的“不合理危险”的“缺陷”主要包括以下三种情形：一是汽车产品出现不符合保障人体健康和人身、财产安全的国家标准、行业标准的情形。安全标准是对汽车产品的最低要求，我国对汽车产品实施强制性产品认证（CCC）和公告管理，理论上所有获准入市的汽车产品都应当符合国家强制性安全标准，但是，因为生产一致性出现问题，可能致使一批车辆出现不符合标准的情形。这也就是通常所称的标准符合性问题；二是虽然国家标准、行业标准对汽车产品的设计、制造、标识等事项没有做出明确规定，但有证据表明汽车产品的设计、制造、标识等状况可能危及人身、财产安全的情形，这是在缺少标准规定的情况下，汽车产品可能存在危及人身、财产安全的问题；三是即使汽车产品的设计、制造、标识等符合有关保障人体健康和人身、财产安全的国家标准、行业标准，但仍有证据表明该汽车产品可能危及人身、财产安全的，这属于符合标准，但是标准本身可能由于技术发展的局限等原因不符合保障人体健康和人身、财产安全的要求，导致依照该标准设计、制造、作出标识的汽车产品也因此可能危及人身、财产安全的情况。从国外立法情况来看，美国法典第301章第49条中对“缺陷”有类似“unreasonable risks”描述，即不合理的危险。

此外，需要注意的是，“不合理危险”的对立面就是“合理危险”，汽车产品作为道路交通工具，自重大、行驶速度快，使用条件和环境复杂，必须定期正确维护与保养，而且需要正确驾驶和使用才能确保安全，因而不可避免地具有一定的危险性，此类危险可理解为“合理危险”。但如果汽车产品因设计、制造、标识等方面的原因，导致该产品在正常使用的情况下也存在危及人身、财产安全的危险，这种危险就属于“不合理危险”。

2. 在同一批次、型号或者类别的汽车产品中普遍存在

只有当不符合标准的情形或不合理危险具有一定的普遍性，而不仅仅与个别产品有关时，才有可能是本条例所指的“缺陷”。因此，在调查分析或缺陷调查时，除了要对缺陷原因和可能后果进行分析和判断外，还要调查其是否在某一批次或某一段时间范围内生产的车辆上普遍存在；在制定召回计划时，也要明确缺陷所涉及的产品范围，通常用车辆识别代号（VIN）和生产时间来确定。

——批次性：按照 GB/T 2828.1《计数抽样检验程序　第1部分　按接收质量限（AQL）检索的逐批检验抽样计划》，“批”的定义为“汇集在一起的一定数量的某种产品、材料或服务”。“批量”的定义为“批中产品的数量”。从工程学或质量管理角度来看，很多论著都对“批次、批量”作出了说明，但并没有一个完全一致的定义。例如，质量管理领域权威著作《朱兰质量手册》中《检验与试验》等章节中不同地方，分别采用了“批次、批量”或“批”（batch/grand lot）的概念，具体表述如：“‘批’通常与有形产品相联系，尤其与抽样检验和试验有关。……针对标准进行符合性决策的产品通常是由‘批’构成的。……‘批’是在一个共同的原因系统下制造出来的产品的集合。……‘批’具有来自共同的原因系统的内在一致性。”无论从《缺陷汽车产品召回管理规定》中相关的定义、判定缺陷的原则，还是从8年来的召回管理工作实践来看，都很难对“批次、批量”作出一个数量或容量上的限定，一个型号规格的车辆、一个班次生产的产品、同一批原料产出的产品都可以认定为一个“批次”或者“批量”。例如，我国国产车型召回最少的台数为9台（2005年天津一汽丰田召回），进口车型召回最少的台数为2台（如2005年保时捷和奔驰召回，均属于全球召回的一部分），都可以视为一个批次的产品。

——普遍性：就是具有一定的数量和范围，但没有具体的量的限定，主要要看问题产生的原因、性质和风险程度。

3. 因为设计、制造或标识等原因而导致的

这也就是通常所称的设计缺陷、制造缺陷、标识缺陷。“等原因”还包括产品缺陷产生的其他一些因素，如运输、改装过程中产生的缺陷。总体而言，“缺陷”的定义包括由于生产者的原因造成的各类安全隐患。而对于因用户对汽车产品不当使用、维护或保养而引发的安全问题，一般不应视为本条例所称的“缺陷”。

二、关于“缺陷”的类型

（一）设计缺陷

指由于技术的局限性、结构、材料和工艺或其他原因，产品在最初设计时未考虑全面，而使产品在投放市场后在使用、检验等过程中暴露出来的缺陷。例如，汽车产品在设计时没有考虑到一些地区的道路、环境、气候、油品、使用习惯等因素，导致车辆在特定地区或特定使用条件下可能出现一些影响安全的故障，比较典型的有：车辆底盘部件在融雪剂用量过多的地区容易出现腐蚀而导致断裂；发动机燃油管因油品中硫含量高容易破损；发动机控制系统标定程序与某些地区燃油情况不相适应而使发动机容易出现怠速不稳和熄火等问题。设计缺陷往往影响范围大，单次召回车辆数量较高。

（二）制造缺陷

产品因在加工、制作、装配过程中某个工序或环节出现偏差、错误或疏忽，而使一批产品存在缺陷。产品的制造缺陷可产生于产品生产过程的每一环节：从原材料供应、冲压、焊接、机加工等工序到零件装配工序的偏差、错误或疏忽都有可能产生缺陷。对于汽车产品而言，比较常见的有：因零件供应商质量控制问题而导致某一批次汽车产生缺陷；在焊接、总装等环节因为设备调整不当、清洗不到位、工艺偏差、螺栓未按规范拧紧而导致某一批次汽车产生缺陷。

少部分情况下，缺陷产生的原因可能兼有设计因素和制造因素，因此汽车生产者对于缺陷问题的整改可能同时涉及工艺、容错性等设计环节，以及相关的制造环节。

（三）标识缺陷

又称指示缺陷，指产品存在未能提供完整的、符合安全使用要求的操作使用说明或警示说明等告知产品风险。这种缺陷会因为没有明确告诫如何正确操作，而可能导致消费者或维修人员受到某种伤害。我国汽车安全标准如《机动车运行安全技术条件》（GB 7258）对相关标识和警告性文字都提出了明确要求，如果汽车上的相关标识不符合这些标准要求，就有可能对驾驶或维修人员造成误解或误导，这类问题就属于标识缺陷。

三、常见的具体缺陷表现形式

根据国内外汽车召回的多年管理经验来看，汽车产品中比较常见的缺陷有：

——转向、制动系统零部件突然断裂、失效，如转向节脱落、助力泵渗漏，制动助力突然丧失等，导致汽车部分或完全失去转向或制动能力；

——燃油系统零部件如燃油管路、燃油箱等连接不良或发生破裂，可能导致燃油渗漏而导致汽车起火；

——发动机零部件如燃油泵、加速踏板等突然发生故障或失效，可能导致发动机突然熄火或汽车意外加速；

——车轮或轮胎鼓包、裂纹或开裂，可能导致爆胎；

——发动机冷却风扇叶片突然断裂，可能导致维护人员受伤；

——风挡雨刮器装置失效，导致驾驶员在雨中无法保持安全的视线；

——座椅或靠背在正常使用中突然失效，导致乘员可能受伤；

——汽车上的关键零部件开裂、脱开或脱落，可能导致油液渗漏、汽车失控，或者可能导致车内或车外人员受伤；

——汽车电气或电路系统短路或断路，可能导致汽车零部件过热、起火或发动机熄火；

——随车附带的举升器突然坍塌导致操纵人员受伤；

——气囊在不该打开的情况下意外膨开；

——车内的苯、甲苯、甲醛等挥发性有毒有害物质影响车内人员健康；

——汽车的防盗装置不能起到应有的防盗功能，导致财产损失；

——车身结构件的因腐蚀而导致车身强度受到影响，影响安全性。

借鉴国内外有关经验，以下问题通常不视为缺陷：

——空调系统或音响系统工作不良，但不会产生电路过热、发动机熄火等安全隐患；

——车身非结构件或车身覆盖件的锈蚀；

——油漆或装饰件的瑕疵或褪色问题；

——机油或燃油消耗过大的问题；

——一般的噪声、震动或抖动问题，如发动机噪声大、仪表板震动等；

——汽车零部件的正常磨损问题，或者需要定期维护保养的问题，包括减震器、蓄电池、制动摩擦衬块以及排放控制系统部件等需要定期更换的零部件因寿命到期而出现的问题。

上述问题不视为缺陷的前提是：类似的故障不是由于设计、制造等原因导致的，且不存在安全隐患。

四、关于“召回”的定义

本条例所称“召回”是指汽车产品生产者对其已售出的汽车产品采取措施消除缺陷的活动。该定义明确了三层意思：

（一）明确了汽车召回的主体

召回的主体是汽车产品生产者，生产者的定义见本条例第八条。此外，根据第二十七条的规定，未随车装备的轮胎（即在售后服务环节更换的轮胎）由轮胎的生产者负责召回。

（二）明确了汽车召回的对象

召回的对象是生产者已售出的汽车产品，“已售出”的含义是指该汽车产品的产权依法从生产者拥有转变为其他组织或自然人所拥有。对于进口汽车，尚未完成办理海关进口手续的不包含在内，但这部分车辆如果存在缺陷，必须在消除缺陷之后才能销售。生产者在报告召回的汽车产品数量和范围时，应当将其已经销售给经销商但尚未出售给最终用户的在途或者库存的车辆涵盖在内。

（三）明确了汽车召回的内涵

召回的内涵是汽车产品生产者为消除缺陷所采取的一系列措施和活动，包括通知用户和消除缺陷等。结合本条例第十九条“对实施召回的缺陷汽车产品，生产者应当及时采取修正或者补充标识、修理、更换、退货等措施消除缺陷”，可以看出召回的措施主要包括补充标识、修理、更换、退货。为了使召回措施能够有效地实施，生产者采取各种有效手段通知用户并公布召回信息也属于召回过程中的重要环节。

从国内外召回案例来看：目前国内外绝大多数汽车产品召回都是通过免费维修或补充标识来消除缺陷的，对于极少数不能通过上述措施消除汽车产品缺陷的，生产者应采用更换和退货等措施。以美国为例，美国法典第 301 章第 49 条规定的召回措施也是维修、更换或退货，在召回案例中，绝大多数是通过免费维修消除缺陷的，只有极个别案例是通过换车方式消除缺陷的。生产者可以选择免费修理车辆、更换相同或相似的车辆、以原价或合理的折价回购车辆。整体而言，召回措施主要是免费维修，并不必然等于退换缺陷汽车产品。

轮胎召回的措施通常是免费更换轮胎。

第四条　国务院产品质量监督部门负责全国缺陷汽车产品召回的监督管理工作。

国务院有关部门在各自职责范围内负责缺陷汽车产品召回的相关监督管理工作。

【释义】本条是关于缺陷汽车产品召回监督管理部门的规定。

一、国务院产品质量监督部门负责全国缺陷汽车产品召回的监督管理工作

本条例规定由国务院产品质量监督部门负责全国缺陷汽车产品召回的监督管理工作，主要基于以下三个方面的考虑：

一是从我国汽车行业发展特点和汽车产品使用状况来看，汽车产品作为现代化大工业的产物，具有技术含量高、生产集中度高、产品分布广等特点。作为一种复杂的工业产品，汽车的生产和销售过程决定了汽车产品不局限于某一个特定地域，具有广泛的地域性特点。同时，从汽车产品的使用状况来看，汽车消费者的分布也具有广泛的地域性，并且汽车产品作为重要的交通运输工具，它的使用往往是从一地到另一地，本身具有流动性。上述特点决定了汽车产品召回监管工作难以由某个行政区域的行政管理部门来管理，应当由国务院产品质量监督部门从国家层面予以集中管理。

二是从有关主管部门职责的“三定”规定和我国缺陷汽车产品召回立法及实践来看，国务院办公厅《关于印发国家质量监督检验检疫总局主要职责内设机构和人员编制规定的通知》的规定，国家质量监督检验检疫总局实施缺陷产品和不安全食品召回制度，其中就包括了对全国缺陷汽车产品召回的监督管理工作。2004 年发布的《缺陷汽车产品召回管理规定》也明确规定国家质量监督检验检疫总局作为主管部门负责全国缺陷汽车召回的组织和管理工作，其工作责任包括：会同国务院有关部门组织建立缺陷汽车产品信息系统；负责收集、分析与处理有关缺陷的信息；组织无利害关系的专家对汽车产品进行技术检测和鉴定；对生产者的召回活动进行监督，并根据工作需要委托地方管理机构进行有关召回的监督工作以及向社会公布已经确认的汽车产品存在缺陷的信息及实施召回的有关信息等。

三是从国外有关立法和实践情况来看，一般是由中央（联邦）政府的有关部门对汽车产品召回实施监督管理。比如，美国由联邦交通部下属的国家公路交通安全管理局（NHTSA）负责监督机动车产品的召回。日本则是由国土交通省下属的汽车交通局负责这一事务。

为此，本条例从目前汽车行业的发展状况、汽车产品本身的特点以及汽车产品消费者的分布情况以及国内外有关立法和实践等因素考量，确定由国务院产品质量监督部门作为缺陷汽车产品召回的主管部门统一负责全国缺陷汽车产品召回的监督工作。

二、国务院有关部门在各自职责范围内负责缺陷汽车产品召回的相关监督管理工作

从我国目前实际情况来看，汽车产品的生产、销售、维修、进出口涉及不同的职能部门归口管理，要做好缺陷汽车产品召回管理工作，离不开各相关部门的密切配合、信息共享与分工协作。国务院有关部门是指除质检总局外，其他与缺陷汽车产品召回相关的职能部门，主要包括汽车产品主管部门、商务主管部门、海关、公安机关交通管理部门、交通运输主管部门、工商行政管理部门等，具体涉及的部门及职责如下：

1. 发展和改革委：负责研究拟定、修订有关产业政策，加强投资宏观管理，调控全社会投资总规模等。

2. 工业和信息化部：会同有关方面实施汽车的准入管理事项；承担汽车制造业等的行业管理工作。

3. 商务部：按有关规定对租赁、汽车流通行业等进行监督管理。

4. 海关总署：拟订国家禁止或限制进出境货物、物品的海关监管制度并组织实施，承担国家进出口货物贸易统计和统计分析工作，发布统计信息，开展相关监测预警，提供咨询服务；编制和发布国家对外贸易指数；承担海关经营单位代码管理、报关数据和单证管理工作；拟订海关统计监督制度并组织实施等。

5. 公安部：负责全国道路交通安全管理工作并承担相应责任。指导、监督地方公安机关维护道路交通安全、道路交通秩序以及机动车辆、驾驶人管理工作；指导消防监督、火灾预防、火灾扑救工作。

6. 交通运输部：承担运输线路、营运车辆、枢纽、运输场站等管理工作；承担车辆维修、营运车辆综合性能检测、机动车驾驶员培训机构和驾驶员培训管理等工作。

7. 工商总局：负责各类企业和从事经营活动的单位、个人以及外国（地区）企业常驻代表机构等市场主体的登记注册并监督管理，承担依法查处取缔无照经营的责任；承担依法规范和维护各类市场经营秩序的责任，负责监督管理市场交易行为和网络商品交易及有关服务的行为等。

上述部门除了应当按照有关规定履行与本部门缺陷汽车召回监督管理相关工作职责外，还应当按照本条例的有关规定，与质检总局建立汽车产品的生产、销售、进口、登记检验、维修、消费者投诉、召回等信息的共享机制，以使质检总局能够及时发现缺陷、更有效地开展缺陷汽车产品召回监督管理工作。

第五条　国务院产品质量监督部门根据工作需要，可以委托省、自治区、直辖市人民政府产品质量监督部门、进出口商品检验机构负责缺陷汽车产品召回监督管理的部分工作。

国务院产品质量监督部门缺陷产品召回技术机构按照国务院产品质量监督部门的规定，承担缺陷汽车产品召回的具体技术工作。

【释义】本条是关于省、自治区、直辖市质监部门、进出口商品检验机构以及缺陷产品召回技术机构职责的规定。

一、关于地方质检部门的召回监管职责

（一）委托的法律效力

行政委托是行政机关将其职权的一部分，依法委托给其他组织或个人行使的法律行为，受委托者以委托机关的名义实施管理行为和行使职权，并由委托机关承担法律责任。《中华人民共和国行政许可法》第二十四条规定，“行政机关在其法定职权范围内，依照法律、法规、规章的规定，可以委托其他行政机关实施行政许可。受委托行政机关在委托范围内，以委托行政机关名义实施行政许可；不得再委托其他组织或者个人实施行政许可。”按照最高人民法院关于执行《中华人民共和国行政诉讼法》若干问题的解释，行政机关在没有法律、法规或者规章规定的情况下，授权其内设机构、派出机构或者其他组织行使行政权的，应当视为委托。行政委托必须经过法定的程序，以文书等形式明确委托事项。

行政委托的基本特征：一是行政委托的委托人必须是国家行政机关。其他非行政机关的委托不能称为行政委托；二是行政委托中的委托事项必须在行政机关的职权范围内；三是行政委托中被委托的对象可以是行政机关和行政机构，也可以是企事业单位或其他社会组织。行政委托应当符合以下条件：一是委托的事项是有关群众性、社会性的行政管理事务；二是行政机关行使该项行政管理职权确实有困难，难以负担；三是委托的职权与职责影响较小或影响程度较轻；四是被委托组织具备一定的条件。被委托的组织机构是指受国家行政机关的委托，代为行使该行政机关某项行政职能的行政机关、企事业单位或其他社会组织，被委托的组织必须以委托的行政机关的名义在委托的职权范围内行使行政职权，履行行政职责，后果（包括赔偿和应诉）由委托的行政机关承担，在此情况下，被委托的组织不具有行政主体资格。

（二）委托事项

在缺陷汽车产品召回监督管理过程中，国务院产品质量监督

部门可以根据汽车产品召回管理工作的需要，委托省、自治区、直辖市人民政府产品质量监督部门和进出口商品检验机构协助开展部分召回监督管理工作，如进入当地生产者、经营者的生产经营场所进行现场调查，协助开展车辆事故调查，协助开展汽车产品召回过程监督和效果评估等。

二、关于缺陷产品召回技术机构

由于汽车技术复杂，召回监管工作中还需要大量的技术工作作为支撑，技术工作贯穿于召回监管的各个环节中，具体技术工作包括投诉信息的收集、备案信息的管理、投诉和备案信息分析和处理、缺陷调查核实与技术分析、风险评估、检测与鉴定、召回措施有效性的分析、召回效果评估等，这些工作需要专业的技术机构才能完成，为行政部门的监管提供必要的技术支持。从美国、日本等汽车工业发达国家的经验来看，这样的技术机构为监管部门更好地履行缺陷汽车产品召回监督管理工作提供必不可少的技术支撑和辅助作用。

美国国家公路交通安全管理局（NHTSA）隶属于美国联邦交通部，现约650名工作人员，每年工作经费约8亿多美元，是美国进行汽车安全监管的主管单位，NHTSA下设政策运营部、交通伤害控制部、车辆安全部三大部门，承担了召回工作中的大量技术性工作。日本国土交通省负责统一管理汽车召回工作，具体由其下属的汽车交通局技术安全部审查课负责汽车事故原因的调查、要求制造商调查汽车安全性能、责令召回等，国土交通省下设的独立行政法人交通安全环境研究所作为技术支撑机构，主要负责从技术上分析制造商缺陷调查报告及评估制造商召回的有效性。

2004年9月，质检总局批准成立国家质检总局缺陷产品管理中心（以下简称管理中心），作为我国的召回管理技术支持机构，开展技术性、辅助性和服务性工作，业务上接受国家质检总局的领导和委托。近年来，管理中心主要承担了以下具体工作：

1. 技术性业务工作：缺陷信息收集、备案信息管理、缺陷信息综合分析、缺陷技术初步分析、缺陷技术认定建议、制造商召回报告技术评估、召回过程监测、召回效果技术评估等。

2. 技术保障工作：专家和检测机构资源管理、信息系统建设与维护、缺陷工程分析实验室建设与运行、车辆事故深度调查体系建设与运行、产品伤害监测体系建设与运行。

3. 汽车召回关键技术研究：缺陷产品管理制度研究、缺陷产品管理相关标准化研究、汽车产品召回关键技术研究。

4. 消费者宣传教育：组织开展产品安全和召回管理技术培训、组织开展消费者产品安全普及教育。

第六条　任何单位和个人有权向产品质量监督部门投诉汽车产品可能存在的缺陷，国务院产品质量监督部门应当以便于公众知晓的方式向社会公布受理投诉的电话、电子邮箱和通信地址。

国务院产品质量监督部门应当建立缺陷汽车产品召回信息管理系统，收集汇总、分析处理有关缺陷汽车产品信息。

产品质量监督部门、汽车产品主管部门、商务主管部门、海关、公安机关交通管理部门、交通运输主管部门、工商行政管理部门等有关部门应当建立汽车产品的生产、销售、进口、登记检验、维修、消费者投诉、召回等信息的共享机制。

【释义】本条是关于缺陷汽车产品投诉信息收集、管理和建立部门信息共享机制的规定。

一、关于缺陷汽车产品投诉机制

本条第一款专门规定了缺陷汽车产品信息的投诉机制。这样规定，主要出于以下三个方面的考虑：

一是保障监管部门尽早获取缺陷信息，履行法定职责的需要。投诉信息是发现汽车产品缺陷的重要渠道之一，产品质量监督管理部门通过收集、汇总、分析处理有关投诉信息，能够尽早获知有关汽车产品存在缺陷的信息，便于其依法开展相关监管工作。

二是维护汽车产品消费者合法权益的需要。汽车产品消费者购买、使用汽车产品过程中发现汽车产品可能存在缺陷等质量问题时，完全可以依照有关规定向国务院产品质量监督部门投诉，反映情况。只有消费者积极向监管部门反映汽车产品可能存在的缺陷，才能更大范围的保护消费者的安全和切身利益。

三是维护社会公共安全和促进汽车产业有序发展的需要。汽车产品存在缺陷，可能会给驾驶人、乘客和其他道路交通参与者带来人身伤害或财产损失，进而对汽车生产企业甚至整个汽车行业造成严重影响。因此，第一款规定的投诉主体不仅仅是局限于汽车产品的消费者、驾驶人、乘客，也包括任何单位和个人。正是希望通过建立社会公众和单位广泛参与的投诉机制，尽早发现和召回缺陷汽车产品。这既是对社会公共安全和消费者利益的保护，也是促进汽车企业和行业健康有序发展的需要。

二、缺陷汽车产品投诉信息集中受理机制

汽车产品投诉是监管部门发现缺陷问题的重要线索。本条并没有严格限定投诉的形式，原则上，投诉既可以是口头的，也可以是书面的。考虑到收集投诉的目的是为了在海量的信息中发现汽车产品缺陷，为便于监管部门查明情况、弄清事实，提高办事效率，投诉的信息以书面形式为宜，并应当尽可能翔实、准确。投诉人一般应提供以下基本内容信息：（1）投诉人的基本信息：主要包括投诉人（或当事人）姓名、所在省市、联系方式等信息；（2）所投诉汽车产品的基本信息：主要包括汽车产品生产者名称、品牌、车型、VIN 等信息；（3）可能存在缺陷的描述：所在总成或零部件、缺陷描述、事故及人员伤亡情况等信息。

三、关于缺陷汽车产品召回信息管理系统

信息系统作为缺陷汽车产品召回信息管理工作的主要载体，承担着信息采集、处理、报送、流转、汇总、统计、分析、发布、服务等重要工作。作为世界上最早实施汽车召回管理的国家，美国经过五十多年的发展，其汽车召回的政府监管体系、法律法规制度、信息发布公示制度、信息数据库都较完善。其中，美国国家公路安全管理局及其下设缺陷调查办公室（ODI）管理的消费者投诉数据库、缺陷调查数据库、召回数据库、制造商技术服务公告四个数据库是与缺陷汽车召回密切相关的重要数据。消费者投诉数据库设立于 1995 年 1 月 1 日，通过网站投诉、热线电话投诉、调查问卷等多种方式收集可能存在的缺陷信息，主要数据是消费者与汽车安全相关问题的投诉，包括 47 个数据项，主要内容为三部分，一是投诉对象的信息，如车辆的信息；二是投诉事件的内容，如时间、地点、发生了什么事情；三是投诉人的信息，这些数据为及时获取汽车及零部件缺陷信息，分析可能存在的汽车缺陷提供了依据。缺陷调查数据库记录对哪些制造商及车型进行了缺陷调查，是否引发了召回，包含了从 1972 年以来的缺陷调查信息，包括 11 个数据项，与召回数据库存在一定的关联性。召回数据库记录了 1967 年以来实施的召回信息，包括 24 个数据项，主要是制造商召回日期、缺陷产品数量、缺陷问题、涉及总成、消除缺陷方法等内容。技术服务公告数据库记录了 1995 年以来的数据，包括 10 个数据项，主要内容为制造商对车辆进行技术服务的公告。美国 NHTSA/ODI 的消费者投诉数据库、缺陷调查数据库、召回数据库、制造商技术服务公告这四个数据库即具有独立操作性，又具有递进交叉的关联性。投诉数据库来源于消费者，是信息收集的原始基础数据，也是缺陷线索的信息源；制造商技术服务公告来源于制造商，是制造商提交的

技术服务信息，也是缺陷线索的信息源；缺陷调查数据库记录了NHTSA 的调查案例，包括正在进行的调查和已经关闭的调查，如果是引发了召回活动将与召回数据库进行关联；召回数据库是已经进行缺陷汽车召回的记录，是实时更新并可进行查询统计的数据库。

我国自 2004 年《缺陷汽车产品召回管理规定》实施之后，就开始研究和探索汽车产品召回信息管理系统的架构、技术方案和维护管理等问题，并建立了一个初步的网络管理系统，主要承担召回信息发布、投诉信息收集、车主教育等方面的任务。按照本条第二款规定，国务院产品质量监督部门应当建立缺陷汽车产品召回信息管理系统，收集汇总、分析处理有关缺陷汽车产品信息，用信息化的手段规范汽车产品召回信息的管理，提高效率。为了方便社会单位和个人投诉，国务院产品监督管理部门应当设立投诉电话、电子信箱和通信地址，并向社会公布，目前，汽车质量问题投诉电话、传真、电子信箱和邮箱均可通过以下网址查询到：www. dpac. gov. cn。任何单位和个人可以通过以上任意一种方式提交真实、详细的汽车质量问题投诉信息。各地质检部门对收集到的缺陷汽车产品投诉信息，按照质检总局的规定上报。汽车产品召回信息管理系统还将进一步完善并发挥以下作用：

（一）承担信息收集任务

通过互联网、电子信箱、信函、电话、传真、媒体等多种方式收集投诉信息等；负责收集国外有关汽车安全和召回的技术规范、标准、法规、案例以及先进的检测方法、管理经验等信息。

（二）承担汽车产品技术质量信息备案和管理任务

收集和管理来自制造商备案的各种技术信息，包括汽车的VIN 码及配置信息、制造商的技术服务公告（TSB）信息、汽车维修技术信息等；负责整理、分析有关汽车产品缺陷的信息，向主管部门提交统计分析报表；负责建立汽车召回信息数据库，并根据要求及时发布召回信息和召回效果分析报告。

（三）承担着定向服务辅助决策

根据要求及时向专家、缺陷汽车产品检验与实验机构提供必要的信息，包括车主的投诉信息、汽车制造商的技术服务公告（TSB）、检测方法、维修资料、配件资料等。

（四）面向公众提供服务

开展普及召回知识教育，向公众提供有关缺陷汽车产品召回制度、汽车产品质量责任担保制度、汽车质量问题投诉和处理办法、汽车安全技术、汽车正确使用方法、维修保养等方面的知识。

四、关于建立监管部门的信息共享机制

汽车召回可能涉及汽车全寿命过程的各个监管环节和多个监管部门，包括新车型认证和准入、车辆销售和进口、车辆登记注册、交通管理、车辆保险、车辆维修、车辆报废等。如前所述，要做好缺陷汽车产品召回管理工作，离不开各相关部门的密切配合、信息共享，分工协作，这些部门在履行缺陷汽车产品召回相关监督管理工作时所获取的相关信息是汽车缺陷调查与认定、召回效果监管的重要信息资源。为了确保召回监管工作的顺利实施，各部门之间共享相关信息是非常必要的。

根据本条第三款的规定，产品质量监督部门、汽车产品主管部门、商务主管部门、海关、公安机关交通管理部门、交通运输主管部门、工商行政管理部门应当建立信息共享机制，各部门共享缺陷汽车产品召回，汽车产品准入管理监管，汽车进出口贸易商情况，进出口汽车产品，机动车登记注册、年检，与车辆安全性相关的交通事故，营运车辆检测、维修、用户投诉，汽车产品经销商登记情况信息以及可能由于汽车及相关产品造成人身伤害等相关信息。

第七条　产品质量监督部门和有关部门、机构及其工作人员对履行本条例规定职责所知悉的商业秘密和个人信息，不得泄露。

【释义】本条是关于产品质量监督部门和有关部门、机构及其工作人员不得泄露相关商业秘密和个人信息的规定。

一、商业秘密和个人信息

依据《中华人民共和国反不正当竞争法》规定，商业秘密是指不为公众所知悉、能为权利人带来经济利益，具有实用性并经权利人采取保密措施的技术信息和经营信息。商业秘密包括两部分：技术信息和经营信息。如管理方法，产销策略，客户名单、货源情报等经营信息；生产配方、工艺流程、技术诀窍、设计图纸等技术信息。一般来说，商业秘密的构成要件有三个：(1) 该信息不为公众所知悉。即该信息是不能从公开渠道直接获取的。(2) 该信息能为权利人带来经济利益，具有实用性。(3) 权利人对该信息采取了保密措施。所以概括地说，不能从公开渠道直接获取的，能为权利人带来经济利益，具有实用性，并经权利人采取保密措施的信息，即为《反不正当竞争法》所保护的商业秘密。商业秘密是企业的财产权利，是企业核心竞争力的重要组成部分，对企业的发展至关重要。

个人信息保护在《中华人民共和国宪法》（简称《宪法》）、《中华人民共和国刑法》（简称《刑法》）、《中华人民共和国民法通则》（简称《民法通则》）以及相关司法解释中所有体现，但是对于个人信息的保护范围没有明确法律规定。《宪法》第三十二条规定：“国家尊重和保障人权”，《民法通则》第九十九条规定：“公民享有姓名权，有权决定、使用、和依法改变自己的姓名，禁止他人干涉、盗用、假冒”，第一百条、一百零一条对公民的肖像权、名誉权、人格权作了规定。2009 年 9 月 28 日，由第十一届全国人民代表大会常务委员会第七次会议通过的《中华人民共和国刑法修正案》（七）将《刑法》第二百五十三条增加一条规定“国家机关或者金融电信、交通、教育、医疗等单位的工作人员，违反国家规定，将本单位在履行职责或者提供服务过程中获得的公民个人信息，出售或者非法提供给他人，情节严重的，处 3 年以下有期徒刑或者拘役，并处或单处罚金”，“窃取或者以其他非法获取上述信息，情节严重的，依照前款的规定处罚”，“单位犯前两款罪的，对单位判处罚金，并对其直接负责的主管人员和其他直接责任人员，依照各该款的规定处罚”，这是我国现行法律中对个人信息保护最直接也是最严厉的保护手段。一般而言，个人信息是能够直接或间接识别特定个人的信息，包括自然人的姓名、出生年月日、身份证号码、户籍、遗传特征、指纹、婚姻、家庭、教育、职业、健康、病历、财务情况、社会活动及其他可以识别该个人的信息等。个人信息的构成要件有两个：第一，个人信息范围具有广泛性，一切与个人有关的信息都是个人信息；第二，个人信息具有可识别性，通过个人信息可以直接或间接识别特定个人，这是个人信息的另一个特征。

缺陷汽车产品召回监管工作涉及生产者和经营者的商业秘密，包括在缺陷汽车产品缺陷检验、调查过程中将会直接接触到与汽车产品生产者设计、制造、实验、材料等技术和经营等相关商业信息，该类信息可能直接关系到企业的竞争力。缺陷汽车产品召回工作中，销售商、租赁商、修理商和车主提交的汽车产品可能存在缺陷的报告中也会包括销售、修理、更换、退货、车主等相关信息，这些信息包含有一些车主身份证件号码、电话、地址等个人信息，一旦泄露，可能对个人造成不良影响。对于个人信息和商业秘密，相关召回监管机构和工作人员不得泄露。

二、**保密主体**

本条规定的保密主体包括单位和个人。产品质量监管部门和有关部门、机构及其工作人员在实施缺陷汽车产品召回监管过程中，不得泄露商业秘密和个人信息。

三、**关于“不得泄露”**

“泄露”是指未经所有人同意将信息用于召回监督管理以外的其他用途，包括以书面或口头形式告知召回监督管理部门以外的其他单位或个人，以及被用于召回监督管理以外的任何其他用途。《中华人民共和国政府信息公开条例》第十四条规定：“行政机关不得公开涉及国家秘密、商业秘密、个人隐私的政府信息。但是，经权利人同意公开或者行政机关认为不公开可能对公共利益造成重大影响的涉及商业秘密、个人隐私的政府信息，可以予以公开。”

第八条　对缺陷汽车产品，生产者应当依照本条例全部召回；生产者未实施召回的，国务院产品质量监督部门应当依照本条例责令其召回。

本条例所称生产者，是指在中国境内依法设立的生产汽车产品并以其名义颁发产品合格证的企业。

从中国境外进口汽车产品到境内销售的企业，视为前款所称的生产者。

【释义】本条是关于缺陷汽车产品召回责任主体以及生产者定义的规定。

一、**关于缺陷汽车产品召回主体**

根据《中华人民共和国产品质量法》第二十六条规定，“生产者应当对其生产的产品质量负责”，汽车产品生产者制造和出售汽车产品，应当对汽车产品的质量负责，承担因汽车产品存在缺陷而引发的行政责任、刑事责任和民事责任。因此，缺陷汽车产品的生产者是召回主体。

考虑到汽车产品是复杂的工业产品，其结构复杂、供应链长、技术更新快，有相对完善的售后服务系统，生产者最了解其产品的技术情况，当汽车产品存在设计、制造、标识等方面的缺陷时，由生产者根据实际情况主动采取召回措施消除缺陷，能够取得更好的效果。实践中，绝大多数召回活动也是由生产者主动实施的。为此，条例根据实际情况，规定汽车产品生产者作为召回主体，减少行政机关对企业自主经营行为的干预，充分发挥企业在召回活动中的积极作用，规定对缺陷汽车产品，生产者应当依照本条例规定的程序主动召回。

另一方面，对于生产者而言，由于召回是要付出经济成本，并可能对企业及品牌的形象造成不良的影响。所以，汽车产品的生产者在客观上存在着规避召回或者以其他方式和渠道隐秘消除汽车产品缺陷的利益驱动力。不召回或不当召回将会给用户和社会带来严重的人身和财产安全隐患，监管部门有责任加强监管，一旦发现生产者不履行召回义务，或者以不当方式处理缺陷，就应当责令相关生产者进行召回。为此，本条在赋予生产者主动召回权利的同时，也赋予了国务院产品质量监督部门对生产者未主动实施召回时责令其召回的权力，通过行政机关的监管，确保生产者切实履行其召回义务。

需要注意的是，国务院产品质量监督部门依照本条例责令生产者召回，并没有改变缺陷汽车产品的召回主体。国务院产品质量监督部门只是监管部门，实施召回的主体仍然是缺陷汽车产品的生产者。

二、关于生产者的定义

（一）生产者

汽车产品的生产者作为实施召回的责任主体，确定谁是生产者是非常重要的。为此，本条第二款对“生产者”做出了明确的界定，即汽车生产者是在中国境内依法设立的，生产汽车产品并以其名义颁发产品合格证的企业。也就是说，对于国产汽车产品，颁发产品合格证的企业即为该汽车产品的生产者，同时也是这些车辆的召回主体。这里的“生产”，应当做广义的理解，既包括了独立制造，也包括了改装、组装汽车产品。

（二）进口商

考虑到国内法的效力所及，各国普遍规定，由本国进口商对其进口的汽车产品质量负责，承担生产者应承担的召回义务，以促使进口商审慎选择进口汽车产品。进口商可与生产者在合同中约定，就其承担的召回责任向生产者追偿。为此，本条第三款明确规定，从中国境外进口汽车产品到境内销售的企业视为生产者。目前，绝大多数境外汽车生产者都在国内成立了独资或合资企业，并授权这些企业作为其汽车产品的进口商，这些企业应当履行本条例关于汽车召回生产者的各项义务。汽车产品进口商在与境外生产者签订相关合同时，会明确境外生产者具体实施缺陷消除措施，比如提供召回报告和备案材料、进行技术指导，以及提供必要的零部件等。

第九条　生产者应当建立并保存汽车产品设计、制造、标识、检验等方面的信息记录以及汽车产品初次销售的车主信息记录，保存期不得少于10年。

【释义】本条是关于生产者建立并保存汽车产品信息记录的规定。

一、信息记录

一是为了确保有效地开展汽车产品缺陷分析和调查，确定缺陷汽车产品范围，生产者应当建立并保存汽车产品设计、制造、标识、检验等方面的信息记录。

汽车产品设计、制造、标识、检验等方面的信息记录主要包括：汽车产品的设计图纸，工艺技术文件，零部件供应商和零部件改进和变更信息，生产装配的参数控制和质量控制信息，生产设备调整和维修信息，车辆生产批次信息，车辆标识信息，汽车出厂检验信息，汽车事故检测和质量检验信息，汽车维修、保养和质保索赔信息等。

二是为了确保生产者实施召回时能够及时通知到相关车主，生产者应当建立并保存车主信息记录。鉴于二手车流通速度较快，大多数生产者很难掌握二手车车主的确切信息，所以本条例只规定生产者必须建立并保存汽车初次销售的车主信息。以上信息对于召回主管部门开展缺陷调查、监管召回实施过程，评估召回效果也十分必要。

初次销售的车主信息主要包括：车主名称、身份证号码、电话、手机、电子信箱、邮寄地址、邮编、所购车辆 VIN 码等信息。

二、保存期

通过综合分析国内外汽车召回的实际情况以及汽车故障发生规律，可以发现：汽车产品的大部分缺陷会在投入使用的 1～2 年内发生；超过 90% 的召回都是 10 年以内的车型；10 年以上的汽车被召回的概率极低。统计结果表明，截至 2008 年底，我国发生召回的汽车使用年限平均为 29 个月。在美国，10 年以内的汽车召回占召回总数的 97%，中国 5 年内的汽车召回占总数的 90%。另外，我国汽车召回实践中，被召回车辆最长使用年限是 13 年（2010 年福特召回 1998 年生产的稳达汽车）。所以本条例规定以上记录和信息保存期不少于 10 年是符合汽车缺陷实际情况的。过去，这些记录大多是用纸质形式保存的，现在，绝大多数生产者和经营者都采用计算机管理系统，这些信息都是以电子形式存储的，基本可以永久保存。

美国召回法规也有类似要求，如美国法典第301章第49条第30117款规定，汽车和轮胎生产者、经销者应当保存汽车、轮胎及替换零部件的初次购买者的姓名、地址等信息，以便在召回发生时能够及时通知到相关消费者。在美国，如果汽车初次销售的日期距离召回通知书发出之日已超过10个日历年，生产者可以不对其进行免费召回维修。

第十条　生产者应当将下列信息报国务院产品质量监督部门备案：

（一）生产者基本信息；

（二）汽车产品技术参数和汽车产品初次销售的车主信息；

（三）因汽车产品存在危及人身、财产安全的故障而发生修理、更换、退货的信息；

（四）汽车产品在中国境外实施召回的信息；

（五）国务院产品质量监督部门要求备案的其他信息。

【释义】本条是关于生产者向国务院产品质量监督部门备案有关信息的规定。

一、信息备案的必要性

由于汽车产品的复杂性、汽车技术及产品的不断创新性，以及汽车质量问题出现的多样性，汽车产品的生产者与召回监管部门在信息和技术等方面上存在着严重的不对等现象。为确保监管部门及时、有效地掌握重要信息，加强召回监管，需要汽车生产商依法主动备案。本条规定的生产者应当备案的信息主要包括：生产者基本信息，汽车产品技术参数和汽车产品初次销售的车主信息，因汽车产品存在危及人身、财产安全的故障而发生修理、更换、退货的信息，汽车产品在中国境外实施召回的信息和其他相关信息。这些备案信息对于加强生产者的产品质量管理和召回意识、保障汽车产品缺陷调查和召回监管等工作起到极为重要的作用。

汽车产品相关信息备案也是国际惯例。如美国《国家交通与机动车安全法》和《强化交通工具召回、责任与文件（TREAD）法案》要求汽车产品生产者对相关信息进行报告，包括汽车产品技术信息、车主信息、汽车产品在国外的召回信息、质量担保和索赔信息、涉及人员伤亡的交通事故信息等。实践证明，这些信息为美国国家公路交通安全管理局进行汽车产品的召回监管提供的十分有效的手段。

自从我国 2004 年正式实施缺陷汽车产品召回制度以来，汽车产品信息备案已成为汽车召回日常监管工作的重点内容。截至 2012 年 12 月 31 日，已在国家质检总局缺陷产品管理中心完成汽车召回信息备案的制造商共计 356 家。这些备案信息为缺陷调查、召回效果评估等发挥了重要作用。

二、备案的内容

根据本条规定，备案信息的主体是汽车产品生产者。对于国产汽车，应当是颁发产品合格证的企业；对于进口汽车，应当是其进口商。汽车产品生产者应当定期向国务院产品质量监督部门提交以下备案信息：

（一）生产者基本信息

生产者基本信息备案使主管部门能够准确把握各种车型（或轮胎）的生产者是谁，在投诉发生或缺陷调查时能够及时联系到相关生产者，不但有利于缺陷汽车产品的召回监管，也有利于及时处理相关投诉信息。生产者基本信息主要包括：

1. 企业信息：企业名称、住所、邮政编码、电子信箱、电话、传真、网址等。

2. 联系人信息：两名长期居住在中国境内的联系人信息，包括联系人姓名、性别、部门、职务、电话、手机、传真和电子信箱。

3. 汽车产品信息：汽车产品品牌、型号、类别信息等。

（二）汽车产品技术参数和汽车产品初次销售的车主信息

1. 汽车产品技术参数是开展汽车产品缺陷调查最基础的资料，在判断哪些车型具有同样的配置、哪些车型属于同一批次时，必须查阅汽车产品的技术参数信息。汽车产品技术参数主要包括：

——车辆识别信息：（1）车辆 VIN、发动机号、生产日期及配置信息。车辆配置信息包括：发动机类型及型号、变速器类型及型号、车辆驱动型式、制动系统、ABS 和牵引力控制系统、巡航控制系统、气囊和安全带、车轮尺寸、轮胎品牌、规格与型号、车身形式、整车质量、车辆尺寸、其他信息等。（2）对于进口或引进车型，还应提供车型在原产地的原型车名称和在世界其他国家销售的车型名称及投放市场时间。提供与该型车同平台生产的其他车辆的名称。以及其他相关内容。

——车辆技术资料：（1）技术服务信息通报；（2）维修手册或维修信息系统；（3）配件目录或配件信息系统。以及其他相关内容。

——经销和售后服务渠道：（1）各地经销商及维修站的名称、地址、邮政编码、电子信箱、电话、传真和负责人；（2）维修站的营业时间和月平均维修力；（3）每台车辆所销往地区及经销商名称以及其他相关内容。

2. 汽车产品初次销售的车主信息也是缺陷调查和召回效果评估的重要资料，在缺陷调查时可能需要从这些车主信息中抽取部分车主，了解他们的车辆技术状况、故障情况、维修情况等；在召回效果评估时了解他们的汽车召回维修情况等。汽车产品初次销售的车主信息记录主要包括车主的姓名、身份证号、地址、邮政编码、电话和电子信箱、车辆 VIN 码、购买时间等，以及其他相关内容。

（三）因汽车产品存在危及人身、财产安全的故障而发生修理、更换、退货的信息

汽车产品因为存在危及人身、财产安全故障而发生修理、更换、退货，应当引起生产者和缺陷汽车产品召回主管部门的高度关注，因为通过这些信息可以发现汽车产品缺陷线索，这些信息对于缺陷汽车产品召回监督和管理具有重要价值。因此，生产者需向国务院产品质量监督部门备案因汽车产品存在危及人身、财产安全的故障而发生的修理、更换、退货信息，主要包括：

1. 相关车辆的信息。包括：厂牌、车型、年款、型号、生产日期、VIN、发动机号等。

2. 车辆故障描述。包括：故障所属系统及其位置、故障产生原因、导致的后果说明、可能产生的危险及其严重程度、故障发生前及发生时车辆预警和警示信息、故障维修措施、最终处理措施（修理、更换还是退货）等。如果涉及零件供应商，需注明供应商名称、地址、联系方式；如果涉及轮胎，需注明轮胎的品牌、规格、型号、DOT 编号等信息。

（四）汽车产品在中国境外实施召回的信息

获取境外召回信息是国务院产品质量监督部门及时发现汽车产品缺陷并有效监管缺陷汽车产品召回的重要手段。本条规定生产者应向国务院产品质量监督部门及时报告汽车产品在境外实施召回的信息，其条件是：境外召回的汽车与中国境内销售的车型采用相同或相近的结构或零部件。备案内容主要包括：

1. 实施召回的国家和地区、召回编号、报告日期、召回日期，是否因国外召回主管部门调查而召回等。

2. 实施召回的车辆信息，包括制造商、品牌、车型、VIN 范围、生产日期、召回数量等。

3. 相关缺陷信息，包括缺陷原因、可能后果、召回措施等。

（五）国务院产品质量监督部门要求备案的其他信息

国务院产品质量监督部门应当根据缺陷汽车产品召回监管工作不断变化的情况，不断调整，确定要求备案的其他相关信息。

三、备案的程序

为了方便生产者备案有关信息，避免给生产者增加不必要的负担，国务院产品质量监督部门将建立便捷的缺陷汽车产品信息备案系统，生产者可以通过网络完成信息备案及其更新。备案的信息根据不同的产品类型要求生产者定期更新。

第十一条　销售、租赁、维修汽车产品的经营者（以下统称经营者）应当按照国务院产品质量监督部门的规定建立并保存汽车产品相关信息记录，保存期不得少于5年。

经营者获知汽车产品存在缺陷的，应当立即停止销售、租赁、使用缺陷汽车产品，并协助生产者实施召回。

经营者应当向国务院产品质量监督部门报告和向生产者通报所获知的汽车产品可能存在缺陷的相关信息。

【释义】本条是关于经营者建立并保存汽车产品信息记录、协助生产者实施召回以及向国务院产品质量监督部门和生产者报告缺陷相关信息的规定。

一、信息记录

本条所称的经营者，包括汽车销售商、租赁商和维修商，其工作性质决定了他们有条件获取汽车产品质量问题信息、维修信息和车主信息等。根据本条规定，这些经营者应当建立并保存好相关信息，支持生产者和国务院产品质量监督部门开展缺陷汽车产品召回工作。鉴于汽车产品缺陷信息发现、调查和召回等工作周期较长，时间跨度较大，本条例规定相关记录保存期不得少于5年。目前，大部分经营者都采用电子形式存储上述信息，可以永久保存。

二、经营者应当立即停止销售、租赁、使用缺陷汽车产品，并协助生产者实施召回

销售、租赁、维修汽车产品的经营者虽然不是缺陷汽车产品召回主体，但他们在销售、租赁和维修汽车产品时，直接面向汽车产品消费者，为汽车产品消费者提供服务，与汽车产品消费者的接触也更加频繁和紧密，在缺陷汽车产品召回过程中发挥着必不可少的辅助作用。为此，本条规定经营者有义务协助生产者实施召回活动，经营者除了需要按照本条第一款的规定保存相关信息记录之外，还应当主动配合生产者和国务院产品质量监督部门开展汽车产品召回工作。当销售商和维修商收到生产者关于汽车产品召回的通知书时，应当立即停止销售、使用缺陷汽车产品，协助生产者做好召回工作，包括严格按照通知书中的召回计划实施召回，做好召回质量管理和信息记录工作，如果发现召回中的问题则应及时向生产者报告，防止缺陷汽车产品继续对人员和财产造成伤害。当租赁商获知汽车产品存在缺陷的，应当立即停止租赁、使用缺陷汽车产品，协助生产者召回。

三、经营者应当报告和通报缺陷信息

经营者在日常经营活动中极有可能会发现汽车产品可能存在缺陷的信息。比如，维修商在维修汽车故障时，可能会遇到很多车辆出现同样或类似的故障，或者可能会发现某些车辆容易出现某种安全问题等。经营者在发现这些信息后，应当及时向国务院产品质量监督部门报告，同时向生产者通报。

第十二条　生产者获知汽车产品可能存在缺陷的，应当立即组织调查分析，并如实向国务院产品质量监督部门报告调查分析结果。

生产者确认汽车产品存在缺陷的，应当立即停止生产、销售、进口缺陷汽车产品，并实施召回。

【释义】本条是关于生产者启动召回程序以及实施召回的规定。

一、缺陷调查分析

本条例中缺陷调查分析的概念专门针对生产者。这一规定也与美国的召回启动程序类似，根据美国《联邦机动车安全法案》的规定，机动车的制造商得知车辆存在缺陷并认定该缺陷关系到机动车安全或者该车辆不符合已生效的机动车安全标准的，则应当补救缺陷（即实施召回）。

汽车生产者可以通过多个渠道、多种方式获取汽车产品可能存在缺陷等质量问题的信息，具体有以下方式：

1. 汽车生产企业在全国各地授权的4S店和特约维修店，这些维修店通过网络与汽车企业及时互通信息，包括汽车的保养维修信息、质量索赔信息、售后零部件更换和订购信息、以及车辆安全性故障信息等。汽车生产企业相关部门会对这些信息进行及时分析和处理，必要时开展调查核实，通常可以从中了解到汽车产品可能存在的普遍性质量问题。

2. 汽车企业有大量的零部件供应商，而且这些零部件供应商大多建立了严格、完善的研发、测试和质量控制体系，如对零件的抽样检测、生产线的检查、原料供应、物流仓储等各个环节质量管控体系的核查等，通过这些工作，供应商可能会发现一些零部件的生产或设计问题，并开展调查分析，然后将调查结果报告给汽车生产企业。

3. 汽车生产企业在生产环节有很多质量管控点，如车辆装配完成后的检测、检查和试验，对车辆的抽样检查等，通过这些工作也有可能会发现一些系统性的质量问题。

4. 汽车生产企业通常会对其生产的汽车产品进行用户调查，并通过呼叫中心受理用户的投诉。通过整理和分析这些调查问卷和投诉信息，可能会发现其汽车产品存在的缺陷线索。

5. 境外汽车企业在境内的企业、代理商或进口商应当与相应的境外汽车生产企业建立信息沟通和共享机制，以及时获得相关车型在境外实施召回或被监管部门调查的信息，同时也应当及时将国内市场上发现的质量问题报告给境外相关生产企业，要求其尽快对这些质量安全问题进行调查、分析和处理。

6. 汽车生产企业还可能通过媒体、其他检测机构的检测报告或者司法诉讼等多种渠道和方式获取其产品存在批量性质量问题的信息。

根据本条例规定，汽车生产者在得到上述这些信息后，应当立即组织调查分析，判断汽车产品是否存在缺陷，并及时向国务院产品质量监督部门报告，尽早实施召回，避免汽车产品缺陷造成更大范围的人身和财产损害。生产者向国务院产品质量监督部门提交的调查分析结果的主要内容一般应当包括：起因背景、调查分析过程、分析方法、结论和应对措施。

生产者应当如实向国务院产品质量监督部门提交其调查分析结果，不得瞒报、谎报、拖延报告调查分析结果。这样既危害了消费者等社会公众的人身、财产安全，也将损害本企业的声誉，更会因此而承担严重的法律责任。

二、生产者停止生产、销售、进口缺陷汽车产品，并实施召回

生产者通过调查分析，一旦确认汽车产品存在缺陷的，应当立即停止生产、销售缺陷汽车产品；进口商应当立即停止进口和销售缺陷汽车产品。与此同时，生产者应当实施召回，消除缺陷。

从我国汽车产品召回管理的实践来看，通过发挥生产者的主动性，可以有效避免更多缺陷汽车产品流向市场，减少缺陷汽车带来的安全风险以及避免企业因此蒙受的巨额民事赔偿，尽可能多地节约行政资源并降低社会成本。

三、时效性要求

本条中的两款都包含了时效性的要求。对于“立即”，可以理解为分秒必争。按照目前汽车产品生产线不到 1 分钟就出产一辆汽车产品的速度计算，每晚 1 分钟，可能就会多生产出一辆缺陷汽车产品，对社会多输出一份危险，对企业多造成一份损失。因此，生产者获知汽车产品可能存在缺陷的，应当在第一时间组织调查分析，一旦确认汽车产品存在缺陷，应当在第一时间停止生产、销售和进口相关汽车产品。

第十三条　国务院产品质量监督部门获知汽车产品可能存在缺陷的，应当立即通知生产者开展调查分析；生产者未按照通知开展调查分析的，国务院产品质量监督部门应当开展缺陷调查。

国务院产品质量监督部门认为汽车产品可能存在会造成严重后果的缺陷的，可以直接开展缺陷调查。

【释义】本条是关于国务院产品质量监督部门通知生产者开展调查分析和国务院产品质量监督部门开展缺陷调查的程序规定。

一、国务院产品质量监督部门通知生产者开展调查分析

按照本条例第四条、第六条规定，“国务院产品质量监督部门负责全国缺陷汽车产品召回的监督管理工作”、“任何单位和个人有权向产品质量监督部门投诉汽车产品可能存在的缺陷，国务院产品质量监督部门应当以便于公众知晓的方式向社会公布受理投诉的电话、电子邮箱和通信地址。国务院产品质量监督部门应当建立缺陷汽车产品召回信息管理系统，收集汇总、分析处理有关缺陷汽车产品信息”。国务院产品质量监督部门履行缺陷汽车产品召回监督管理职责的表现形式之一，就是通过分析投诉、国外召回、车辆事故调查、产品伤害等信息，发现缺陷汽车产品的线索。如果发现汽车产品可能存在缺陷，国务院产品质量监督部门应当立即以书面方式通知生产者，要求生产者开展调查分析。生产者在获知相关信息后，应当按照本条例第十二条的规定开展调查分析，并按照通知所要求的期限、形式、内容等，如实向国务院产品质量监督部门报告调查分析结果；如果确认汽车产品存在缺陷的，应当按照本条例规定，立即停止生产、销售、进口缺陷汽车产品，并实施召回。

国务院产品质量监督部门在发现缺陷线索后首先通知生产者自行调查分析，一方面有助于相关问题得到及时查清和解决，因为生产者掌握了其汽车产品的更多信息，对汽车产品的技术状况更加了解，有更多的技术力量投入到调查分析工作中，能更快地调查清楚问题的原因、后果以及提出解决方案；另一方面也有利于节约行政资源，提高召回监管效率。本条规定既突出了企业是召回主体的立法本意，体现了充分尊重企业权利和善法良规的本质，同时也提高了召回监管效率，降低了召回监管的行政成本。

二、国务院产品质量监督部门开展缺陷调查

在下列两种情形下，由国务院产品质量监督部门开展缺陷调查：

1. 生产者未按照通知开展调查分析：即生产者没有在通知要求的期限内开展调查分析并提交调查结果，或者调查分析的内容和方法等不符合通知要求。

2. 国务院产品质量监督部门认为汽车产品可能存在会造成

严重后果的缺陷时，可以直接开展缺陷调查。

如果国务院产品质量监督部门认为汽车产品存在缺陷的可能性较大，并且这种缺陷造成的影响范围大、后果严重（一般是会导致严重的人身伤害或者财产损失）或者风险较高，可以直接启动缺陷调查。例如，如果发现某款汽车产品因制动不良已导致了多起交通事故，或者因电路故障导致了多起冒烟或起火问题，国务院产品质量监督部门一旦发现这些已经造成重大事故或者可能会导致重大人员伤亡、财产损失事故的问题，就可能直接启动缺陷调查。此外，如果生产者的调查分析材料不能合理证明其调查分析结果真实性，可能会存在瞒报、谎报汽车产品缺陷的情形，也可能导致严重后果，对此，国务院产品质量监督部门也可以直接开展缺陷调查。

《条例》赋予国务院产品质量监督部门开展缺陷调查的权力，主要是考虑到缺陷汽车产品召回不仅是企业自主经营行为，也涉及公共安全和广大社会公众的利益。从平衡企业和社会公众的利益角度出发，有必要赋予行政管理部门进行开展缺陷调查的权力，一方面可以避免出现企业滥用缺陷调查分析的时效，漠视调查分析通知，干扰缺陷汽车产品召回程序等问题，同时也可以防范和控制汽车产品缺陷可能引发的危险后果。

从国外有关实践来看，美国国家公路交通安全管理局的缺陷调查通常分为初步分析（PE）和工程分析（EA）两个阶段，在PE 阶段，通常有信息筛查、信息获取、信息验证等阶段，在 EA 阶段，可能需要进行检测鉴定，如果通过 EA 确定缺陷存在但生产者拒不召回的，NHTSA 有权利召开公开的听证会，各相关利益方均可参加，包括生产者、消费者、媒体等，在听取各方意见之后 NHTSA 可再次要求生产者召回。如果生产者依然拒不召回，NHTSA 可以对生产者提起诉讼，以责令其进行召回。根据美国法律，生产者拒不召回通常会面临巨额罚款的风险，例如，2010 年丰田汽车公司在系列召回事件之后先后受到 2 次处罚，罚款共计4880万美元。

从我国2004年以来缺陷汽车产品召回实践来看，2004年至2012年12月31日，我国共实施汽车召回535次，涉及车辆943.89万台，其中，受缺陷调查影响而开展的召回40次，占召回总次数的7.48%，涉及车辆233.64万辆，占召回总数量的24.75%。

第十四条　国务院产品质量监督部门开展缺陷调查，可以进入生产者、经营者的生产经营场所进行现场调查，查阅、复制相关资料和记录，向相关单位和个人了解汽车产品可能存在缺陷的情况。

生产者应当配合缺陷调查，提供调查需要的有关资料、产品和专用设备。经营者应当配合缺陷调查，提供调查需要的有关资料。

国务院产品质量监督部门不得将生产者、经营者提供的资料、产品和专用设备用于缺陷调查所需的技术检测和鉴定以外的用途。

【释义】本条是关于国务院产品质量监督部门开展缺陷调查的措施、义务以及生产者、经营者配合缺陷调查的义务的规定。

一、缺陷调查的措施

汽车产品缺陷调查是一项细致艰难且技术性非常强的工作，国务院产品质量监督部门与企业之间存在着严重的信息不对称，不可能掌握所有的汽车技术细节。为了确保国务院产品质量监督部门能够切实有效地开展缺陷调查，履行监管职责，应当赋予其必要的执法措施。

（一）进入生产者、经营者的生产经营场所进行现场调查

现场调查获取真实的原始证据和材料是缺陷认定的重要依

据，而这些证据和材料大多只能从汽车生产企业、维修企业、零件供应商或检测机构等场所获取。为了确保缺陷调查的顺利进行，必需赋予国务院产品质量监督部门及相关工作人员进入这些场所进行现场调查的权力。

（二）查阅、复制相关资料和记录

在缺陷调查中，通常要查阅和复制企业的产品设计、生产、销售信息，以及相关产品质量管理资料、供应商信息、与产品售后服务有关的技术服务公报信息（TSB 或 SB 信息）、质保索赔记录、车辆事故信息、与产品质量有关的仲裁和诉讼信息等。

（三）向相关单位和个人了解汽车产品可能存在缺陷的情况

除了进入生产者、经营者的生产经营场所进行现场调查，查阅、复制相关资料和记录外，有时还可能向生产企业、维修企业以及零部件生产企业的相关人员、有关投诉的单位和人员以及其他与缺陷调查有关的单位和个人了解汽车产品生产、使用、故障、维修等方面的信息。国务院产品质量监督部门通过了解、获取这些信息来对涉嫌存在缺陷的问题性质、危险程度、产品数量和范围等进行客观公正的分析和判断。

二、生产者、经营者配合缺陷调查的义务

与赋予国务院产品质量监督部门必要的执法措施相对应的是，生产者有义务提供相关资料、产品和专用设备，经营者有义务提供有关资料。根据《中华人民共和国行政强制法》的规定，行政强制措施是指行政机关在行政管理过程中，为制止违法行为、防止证据损毁、避免危害发生、控制危险扩大等情形，依法对公民的人身自由实施暂时性限制，或者对公民、法人或者其他组织的财物实施暂时性控制的行为。具体包括限制公民人身自由；查封场所、设施或者财物；扣押财物；冻结存款、汇款等。如果生产者和经营者不配合，国务院产品质量监督部门可以依法采取必要的行政强制措施。

三、关于“资料、产品和专用设备”

在缺陷调查过程中，除了获取以上证据和材料外，国务院产品质量监督部门还可能对相关汽车产品或零部件进行检测、诊断或试验，需要生产者提供用于检测的汽车产品。同时，汽车产品是机、电一体化的高科技产品，很多检测和诊断项目必需使用原厂的检测或诊断设备和工具才能完成。例如，读取发动机、变速器、ABS 或车身控制电脑内存储的某些故障信息，必需使用原厂仪器、发动机分析仪或诊断仪；查阅气囊电脑存储的气囊系统的运行数据，可能需要用到气囊零件生产厂家或汽车生产者的专用设备。因此，对汽车产品进行相关检测、诊断或实验时，可能需要生产者或经营者提供汽车产品、零部件、检测设备和工具、相关技术资料等条件。根据本条第二款的规定，生产者、修理者和其他经营者有义务提供这些条件。例如，我国近期对某车型安全气囊误爆的缺陷调查过程中，需要制造商提供专用设备（电子控制单元数据读取器）读取发生误爆问题的 ACU（电子控制单元）的数据；2010 年美国国家公路交通安全管理局对丰田汽车油门踏板电子系统的缺陷调查中，也使用了丰田汽车的专用设备。

为了确保生产企业、修理企业等经营者的合法权益，防止监管部门工作人员滥用职权，违法使用企业的资料、产品和专用设备。本条第三款特别规定，对于经营者提供的上述资料、产品、专用设备，国务院产品质量监督部门和相关工作人员只能将其用于缺陷调查，而不能用于其他目的和用途。

第十五条　国务院产品质量监督部门调查认为汽车产品存在缺陷的，应当通知生产者实施召回。

生产者认为其汽车产品不存在缺陷的，可以自收到通知之日起 15 个工作日内向国务院产品质量监督部门提出异议，并提供证明材料。国务院产品质量监督部门应当组织与生产者无利害关系的专家对证明材料进行论证，必要时对汽车产品进行技术检测或者鉴定。

生产者既不按照通知实施召回又不在本条第二款规定期限内提出异议的，或者经国务院产品质量监督部门依照本条第二款规定组织论证、技术检测、鉴定确认汽车产品存在缺陷的，国务院产品质量监督部门应当责令生产者实施召回；生产者应当立即停止生产、销售、进口缺陷汽车产品，并实施召回。

【释义】本条是关于召回通知、异议程序和责令生产者实施召回的规定。

一、国务院产品质量监督部门通知生产者实施召回

国务院产品质量监督部门按照本条例第十三条的规定开展缺陷调查后，如果认为汽车产品存在缺陷，应当先通知生产者，要求生产者实施召回。在实际监管过程中，国务院产品质量监督部门在开展缺陷调查之前，已经通知过生产者，并且在调查过程中也与生产者进行了充分的交流和沟通，生产者对于被调查的产品质量问题、可能涉及的产品范围和数量、可能的召回措施等情况应当比较了解。所以，生产者在接到通知之后，如果认可缺陷存在，应当根据国务院产品质量监督部门的通知要求，按照本条例的规定尽早主动实施召回。如果生产者认为不存在缺陷，将进入本条第二款规定的异议程序。

二、异议程序

生产者认为汽车产品不存在缺陷，应当按照本条第二款的规定，在 15 个工作日内向国务院产品质量监督部门提交异议申请书，同时提交汽车产品不存在缺陷的证明材料。从形式要件上看，生产者提出异议应当符合以下三个方面的要求：

1. 提起异议的时限要求：自收到国务院产品质量监督部门通知之日起15个工作日内，根据我国有关期日的计算方式，收到通知的当日不包括在内。

2. 提起异议的对象是国务院产品质量监督部门。

3. 提起异议的要件：应当同时提交用以证明汽车产品不存在缺陷的证明材料。

在生产者提出异议的情况下，国务院产品质量监督部门必须组织专家对生产者提供的证明材料进行论证。如果在论证中专家认为需要进行检测或者鉴定的，或者情形复杂，需要进行检测或鉴定才能判定有关问题的原因或危险程度的，国务院产品质量监督部门应当组织专家或委托有资质的检测或实验机构对相关产品的质量问题进行检测或者鉴定。如果根据检测和鉴定结果确认存在缺陷，国务院产品质量监督部门将责令汽车产品生产者实施召回。由此可见，生产者如果在接到国务院产品质量监督部门的召回通知后仍然不实施召回，也不提出异议，将会被责令召回。

三、国务院产品质量监督部门责令生产者实施召回

出现下列两种情形之一的，国务院产品质量监督部门应当责令生产者实施召回：

1. 如果生产者在收到召回通知之后既不主动召回，又不在15个工作日内提出异议和相关证明材料，国务院产品质量监督部门将会责令汽车产品生产者实施召回。

2. 生产者虽然按照规定提出异议，但经国务院产品质量监督部门组织论证、技术检测、鉴定，仍然确认汽车产品存在缺陷的，国务院产品质量监督部门将会责令生产者实施召回。

通过以上条款可以看出，汽车产品的责令召回入口条件比较高。但是，监管部门一旦做出责令生产者实施召回的决定，将会对相关企业的生产经营、品牌声誉产生诸多不利影响，汽车生产者应当尽量避免走到被责令召回这一步。从国内外的召回实践来

看，责令召回也很少发生。我国至今尚未出现一起由国务院产品质量监督部门责令生产者实施的召回。即使在汽车召回历史最长、监管最严的美国，历史上也仅出现过几起责令召回案例。虽然责令生产者召回很少发生，但仍然非常有必要。这相当于悬在试图规避召回责任的汽车产品生产者头上的一把利剑，随时对生产者产生一种威慑作用，对促使生产者积极主动开展召回具有重要意义。

此外，需要注意的是，国务院产品质量监督部门责令生产者实施召回并不是一套单独的召回程序，召回的责任主体仍然是汽车产品生产者而非国务院产品质量监督部门，具体措施仍然是由生产者停止生产、销售、进口缺陷汽车产品，并实施召回，消除缺陷。与生产者一开始就主动实施召回不同，如果国务院产品质量监督部门责令生产者实施召回，但生产者仍拒不召回的，国务院产品质量监督部门可以依据本条例第二十四条的规定进行处罚。

第十六条　生产者实施召回，应当按照国务院产品质量监督部门的规定制定召回计划，并报国务院产品质量监督部门备案。修改已备案的召回计划应当重新备案。

生产者应当按照召回计划实施召回。

【释义】本条是关于生产者备案汽车产品召回计划并按照计划实施召回的规定。

一、召回计划

召回计划是生产者针对即将开展的召回活动所制定的具体实施方案，是生产者对主管部门和消费者乃至全社会的承诺，也是主管部门进行召回过程监管和召回效果评估的重要依据。国务院产品质量监督部门将制定召回计划的具体要求作为本条例的配套实施细则。召回计划的内容主要包括：

——受影响的车辆生产者、品牌、车型、年款、生产时间、数量、VIN 范围和详细清单；

——产生缺陷的详细原因；

——缺陷可能导致的后果；

——缺陷消除措施；

——召回实施时间；

——车主通知方式；

——召回涉及的车主清单；

——客服和咨询电话；

——预测召回完成率；

——缺陷零部件的生产厂家（供应商信息）；

——同类零部件还用于哪些厂家和车型；

——缺陷的投诉情况；

——缺陷的伤害情况；

——通知车主预防缺陷可能产生伤害的措施；

——及时停止生产和进口的措施；

——及时通知经销商停止销售的措施等。

汽车生产者应当制定出详细可行的召回计划，召回计划必须确保在最短的时间内消除缺陷。如果由于零配件供应等原因，召回不能马上实施，生产者必须在召回计划中明确说明预计的时间安排以及通知车主应急处置方法。

国务院产品质量监督部门将会对生产者提交的召回计划进行备案，并对缺陷范围、风险及缺陷消除措施等进行评估，必要时向生产者提出相关意见和建议。召回计划一经备案，即成为具有法律效力的文书，将作为监督管理的依据。

二、按计划召回

在生产者备案召回计划后，必须严格按照召回计划实施召回。如果在召回实施过程中，发现召回计划中有需要改动的内容，例如，若发现召回范围或维修措施等存在问题，或者无法按照预定的时间达到预定的召回完成率时，应当重新制定召回计划并重新向国务院产品质量监督部门备案，同时制定新的通知消费者和通报销售者的方案。

第十七条　生产者应当将报国务院产品质量监督部门备案的召回计划同时通报销售者，销售者应当停止销售缺陷汽车产品。

【释义】本条是关于生产者将召回计划通报销售者以及销售者停止销售缺陷汽车产品的规定。

一、生产者向销售者通报召回计划的义务

如前所述，汽车产品的销售者虽然不是缺陷汽车产品召回的责任主体，但他们直接面向汽车产品消费者，为汽车产品消费者提供服务，与汽车产品消费者的接触也更加频繁和紧密，在缺陷汽车产品召回过程中发挥着必不可少的辅助作用。为此，本条例第十一条专门规定汽车产品销售者等经营者应当停止销售、租赁、使用缺陷汽车产品，并协助生产者实施召回。本条进一步明确了生产者向销售者通报召回计划的义务，规定生产者应当将报国务院产品质量监督部门备案的召回计划同时通报销售者，以确保销售者能同步了解汽车产品缺陷情况，掌握生产者实施召回的各项计划，停止销售有关缺陷汽车产品，落实生产者实施召回的措施，做好生产者与消费者等社会公众的沟通的桥梁，减少和避免缺陷汽车产品造成的人身、财产损失等。

为便于销售者及时、准确、有效地协助生产者开展召回工作，生产者向消费者通报召回计划，应当注意以下三个方面的要求：

1. 通报召回计划是生产者的一项法定义务，生产者必须严格按照本条规定向销售者通报召回计划。这是为了确保销售者能够及时从生产者那里获知汽车产品缺陷信息。

2. 生产者向销售者通报的召回计划必须是已经向国务院产品质量监督部门备案的召回计划。这是为了保证销售者能够获取准确可靠的召回计划。

3. 生产者应当在向国务院产品质量监督部门报送召回计划的同时，将召回计划通报销售者，这是对生产者通报召回计划的时限要求，生产者不得拖延向销售者通报召回计划的时间。这是为了保证销售者能够及时获取召回计划。

二、销售者应当停止销售缺陷汽车产品

销售者在收到生产者的召回计划后，应当立即停止缺陷汽车产品的销售，防止缺陷汽车产品的危险持续扩大。同时，根据本条例第十一条的规定，销售者获知汽车产品存在缺陷的，就应当立即停止销售缺陷汽车产品，而不得以未收到召回计划或其他理由继续销售缺陷汽车产品。

第十八条　生产者实施召回，应当以便于公众知晓的方式发布信息，告知车主汽车产品存在的缺陷、避免损害发生的应急处置方法和生产者消除缺陷的措施等事项。

国务院产品质量监督部门应当及时向社会公布已经确认的缺陷汽车产品信息以及生产者实施召回的相关信息。

车主应当配合生产者实施召回。

【释义】本条是关于生产者、国务院产品质量监督部门信息发布以及车主配合生产者实施召回的规定。

一、生产者发布信息

缺陷汽车产品生产者实施召回，除了要向国务院产品质量监督部门备案召回计划外，还应当以便于公众知晓的方式向社会发布相关信息，这样规定的主要目的是为了减少和防止缺陷汽车产品可能给消费者等社会公众带来的危害，保障人身、财产安全。把握本条第一款规定，应当注意以下两个方面的要求：

一是生产者应当以报刊、公共网站、广播电台电视台等便于公众知晓的方式发布信息。这样规定，主要是为了防止由于缺少联系方式或者汽车产品被多次转售而难以通知到车主等情形，从而最大限度地避免或减少缺陷汽车产品可能造成的危险。生产者除使用上述公共传播媒介发布信息外，还应当通过信函、电话、传真、电子邮件等通讯方式定向通知到车主。生产者绝不能从维护企业、品牌形象、声誉的目的出发，仅采用定向通知方式通知车主，而不以便于公众知晓的方式发布信息。

二是发布信息的主要内容包括：（1）告知车主汽车产品存在的缺陷；（2）避免损害发生的应急处置方法；（3）生产者消除缺陷的措施、召回开始时间等事项。这些内容应当与召回计划一致，不能对消费者产生误导。

二、国务院产品质量监督部门公布信息

依照《中华人民共和国政府信息公开条例》第九条规定："行政机关对符合下列基本要求之一的政府信息应当主动公开：（一）涉及公民、法人或者其他组织切身利益的；（二）需要社会公众广泛知晓或者参与的；（三）反映本行政机关机构设置、职能、办事程序等情况的；（四）其他依照法律、法规和国家有关规定应当主动公开的。"

已经确认的缺陷汽车产品信息以及生产者实施召回的相关信息，因涉及公众安全和个人的切身利益，需要社会公众广泛知

晓，属于行政机关应当主动公开的信息。因此，本条第二款规定国务院产品质量监督部门应当公布已经确认的缺陷汽车产品信息以及生产者实施召回的相关信息。目前，国务院产品质量监督部门发布召回信息的官方网站为国家质检总局网站与国家质检总局缺陷产品管理中心网站。（网址：www. aqsiq. gov. cn 或 www. dpac. gov. cn）

需要注意的是，缺陷汽车产品召回涉及面广、影响大，一旦公布缺陷信息，可能会对企业的品牌和形象以及经济利益造成一定影响。因此，国务院产品质量监督部门在执行本款规定时，一方面要审慎公布，即公布的应当是已经确认的缺陷汽车产品信息和生产者实施召回的信息，未经确认的汽车产品缺陷信息不得公布，避免误导社会公众，干扰企业正常的生产经营，造成行政机关的工作被动；另一方面要及时公布，凡是已经被确认的缺陷汽车产品信息以及生产者实施召回的相关信息应当及时公布，才能及时有效地避免损害扩大，同时也便于社会公众了解并参与监督缺陷汽车产品生产者的召回活动。

三、车主义务

之所以规定生产者、国务院产品质量监督部门向社会公布有关缺陷汽车产品信息，其重要目的是希望缺陷汽车的所有人、使用人能够及时获知召回信息，尽快采取措施消除缺陷车辆的安全隐患。因此，车主无论是接到生产者的通知，还是通过公共媒体获取召回信息，都应当尽快按照生产者的通知要求对汽车产品进行召回处置，以防止缺陷汽车产品对自己和他人的人身、财产安全造成损害，这也是维护公共安全和保障公共利益的要求。为此，本条第三款规定车主应当积极配合生产者的汽车召回活动，包括主动向生产者提供准确有效的联系方式，主动关注和查询汽车召回信息，一旦获知自己的车辆在召回范围内，应当尽快配合生产者消除缺陷。

在汽车产品召回监管实践中，对于一些所涉及的零件价格和维修成本不高的召回活动，如拧紧螺栓、软件程序升级，一些车主可能因为重视度不够而不积极去维修。古人云，“千里之堤，毁于蚁穴”，汽车有时就可能因为一只小小的螺栓的松动而出现重大故障，甚至可能导致车毁人亡的重大事故。因此，无论召回的问题是大是小，相关车主都应当在获取信息后尽快到维修站进行召回维修。

目前，美国媒体也在呼吁政府部门加强二手车召回监管力度，因为在美国也存在一些二手车因生产者无法及时通知到车主而不能得到召回维修，给交通安全带来了巨大的隐患。如果这些二手车车主能够主动积极地向生产者提供准确的联系方式，主动积极地关注汽车召回信息，就可能避免其车辆缺陷可能带来的风险。

第十九条　对实施召回的缺陷汽车产品，生产者应当及时采取修正或者补充标识、修理、更换、退货等措施消除缺陷。

生产者应当承担消除缺陷的费用和必要的运送缺陷汽车产品的费用。

【释义】本条是关于缺陷消除措施以及费用承担的规定。

一、缺陷消除措施

汽车产品作为一种复杂的工业产品，实践中生产者会根据缺陷的具体情况选择最优方式来消除缺陷，而无法通过法规和标准规定的消除缺陷的方式。本条规定是从目前中国汽车产业发展状况和召回实践经验出发，并结合国外立法经验和实践作出的，既可满足实际需要，也有利于发挥企业的技术优势和积极性。比如，《美国法典》第 301 章第 30120 条规定，由制造商选择修理车辆、替换车辆或者设备、退换减去合理折旧费后的购买价金等方式来补救缺陷。

从发达国家汽车召回实践情况来看，对于汽车产品设计、制造、标识等方面的原因所造成的不同形式的缺陷，普遍采取的召回处理措施基本都是免费更正或补充标识、修理、更换或退货等方式来进行的。在美国和日本的相关法规中，对于汽车产品不符合相关标准，如经评估认为缺陷的风险极低，可以按照一定的程序申请“豁免召回”，采取改进设计或制造工艺、市场服务活动等方式消除缺陷。

召回措施由生产者研究并制定，生产者对其制定措施的有效性和可操作性承担责任。根据汽车产品自身的技术特性，大部分缺陷是通过修理解决的，不能通过修理、补充标识消除措施，应当采用更换和退货等方式。在确定汽车产品的召回措施时，需要综合考虑汽车产品的缺陷原因、可维修性、风险等级、零部件的供应情况以及处置成本等多种因素。

如果是因为产品设计、制造或运输、存储方面的原因，导致某个零部件或软件控制系统存在缺陷的，生产者应当采取修理、更换或退货的方式消除缺陷，最常用的召回措施就是修理。从国内外的汽车召回历史数据来看，因为缺陷而退车或换车的情形非常少见。在我国，成本最高的召回措施是更换发动机、变速器总成，成本最低的召回通常是紧固螺栓、升级程序等。虽然有些召回措施看似成本较低，但如果缺陷不及时维修，则可能给消费者带来极大的损失或伤害，所以消费者不能因为召回措施简单就不积极配合生产者实施召回。

如果是因为汽车产品的标识不符合规定或者可能误导消费者，并可能导致危险情况的发生，那么通常的召回措施就是修正或者补充相关标识。在召回实践中，比较常见的是轮胎标识不符合规定或者缺失，导致消费者更换备胎时使用错误的轮胎或者使车辆处于不正确的载荷或速度下运行；随车用户手册中的信息错误可能导致消费者误用或滥用某个装置而导致危险。

无论采取哪种召回措施，其目的都是为了消除缺陷，所以生产者在采取召回措施时，首要的考虑因素不应当是成本，而是考虑召回措施的有效性。如果召回措施不能彻底消除缺陷，或者在召回后又引起其他方面的产品安全问题，生产者还需要投入更多的精力和费用进行二次召回或者采取进一步补救或应对措施。近年，某款品牌车因为变速器过热导致车辆自燃，在主管部门开展缺陷调查之后，生产企业进行了召回，其召回措施是通过刷新升级控制软件的方式，在车辆信息中心增加显示信息，并增加声音提示来指示变速箱油温升高，同时，向车主提供一份车主手册补充页来指明信息和声音提示是用来预告与警示变速箱油温升高的情况。但这个召回措施实施之后不久，又有多辆汽车发生自燃，主管部门再次启动缺陷调查，促使生产企业再次召回，新的召回措施是重新布置通气口位置、加装辅助冷却器、更换密封式油尺，并刷新变速箱控制软件；针对已经加装辅助冷却器并重新布置通气管位置的车型，采取更换密封式油尺，并刷新变速箱控制软件，降低车辆因变速器及相关系统而起火燃烧的风险。通过案例可以看出，生产者在制定召回计划之前，要对召回措施的有效性做出认真研究，有时还需要做大量实验进行验证。召回措施的有效性也是国家产品质量监督部门召回效果评估的重要监管内容之一。

二、有关费用承担

本条第二款规定了两个方面的费用：

1. 消除缺陷的费用。主要是指修正或补充标识、修理、更换和退货的费用，包括更换零件的费用和维修工时费用。

2. 必要的运送缺陷汽车产品费用。是指当车辆因缺陷可能导致严重危险而不能安全行驶到召回维修地点，需要拖车或运送所发生的费用。当生产者判断车辆不能安全行驶，应当立即通知用户停止使用车辆，并告知消费者相应的运送费用将由生产者来承担。

根据美国法律规定，如果召回措施是退换汽车，生产者可以适当收取折旧费，但是，实践中这类召回措施十分罕见。

本条例旨在规范召回相关工作，但并不免除其他法律对生产者设定的义务，如果因汽车缺陷造成相关损失，车主可以依据合同法等其他民事法律请求民事赔偿。

第二十条　生产者应当按照国务院产品质量监督部门的规定提交召回阶段性报告和召回总结报告。

【释义】本条是关于生产者提交召回阶段性报告和总结报告的规定。

为了国务院产品质量监督部门加强对生产者实施召回活动的监督管理，本条专门规定了召回阶段性报告和总结报告制度，明确了生产者应当按照国务院产品质量监督部门的规定提交相关报告。

一、提交要求

根据本条规定，国务院产品质量监督部门应当对召回阶段性报告和总结报告制定配套规定，生产者在召回实施过程中应当定期就召回实施的情况向国务院产品质量监督部门进行报告，并在召回计划完成后向国务院产品质量监督部门提交召回总结报告。在特殊和紧急情况下，国务院产品质量监督部门可以不定期要求生产者提供召回阶段性报告。

从国外的情况来看，美国法律对于未召回车辆的进一步处置措施、下一步加强召回质量和进度监管措施的报告等也有类似规定，《联邦行政法典》第 49 主题第 573. 6 条规定：“从通知车主的开始，每次安全召回活动都要提交季度状况报告。季度状况报告必须在各季度的下一个月的 30 号提交。”

二、报告内容

1. 缺陷汽车产品召回阶段性报告内容主要包括：已召回车

辆数量、已召回车辆占应召回车辆比例、已召回车辆的地区分布、是否已经发生事故、后期召回计划（如有变更）、其他情况等。

2. 缺陷汽车产品召回总结报告内容主要包括：已召回并消除缺陷的和仍未召回的产品数量；用户配合情况；召回维修措施是否有效，召回维修后的车辆是否发生新的故障；对尚未召回的缺陷汽车产品的原因的说明，及所要采取的针对性措施；对防止同样缺陷产品再次发生和对召回活动改进的建议等。

第二十一条　国务院产品质量监督部门应当对召回实施情况进行监督，并组织与生产者无利害关系的专家对生产者消除缺陷的效果进行评估。

【释义】本条是关于国务院产品质量监督部门对召回过程监督和召回效果评估的规定。

一、过程监督

过程监督是国务院产品质量监督部门召回监督管理的重要工作，主要是监督生产者是否按其提交备案的召回计划实施召回，主要监督内容包括：生产者是否按照召回计划有效通知车主到维修站进行召回维修；是否通过公共媒体向社会公布召回信息；召回措施等内容是否与备案的召回计划一致；是否以有效方式通知销售商停止销售或进口商停止进口，或租赁商停止租赁；是否按照召回计划对缺陷汽车实施召回维修，以及召回措施是否有效消除了安全隐患；在设定的召回时间内是否完成了计划的召回完成率等。

二、效果评估

对召回实施效果进行评估是过程监督的重要环节。国务院产品质量监督部门建立评价指标体系，获取基础信息和数据，组织无利害关系的专家进行评估，得出结论。本条要求产品质量监督部门组织与生产者无利害关系的专家参与评估工作，要求与生产者有利害关系的专家回避，这是基于公平、公正的考虑，是保证结论公正的有效措施。“与生产者无利害关系”主要是指：不是生产者的股东或雇员；不是与生产者有共同利益或者竞争关系企业的雇员；与生产者无合同关系、以及亲属等社会关系等。

效果评估主要涉及两个方面：召回完成比例和缺陷消除措施的有效性。召回完成比例是用已经召回的车辆数量除以总召回数量所得到的百分比；消除缺陷措施的有效性主要是要看维修措施是否能够彻底修复故障，消除安全隐患，不能仅仅是暂时解决问题或掩盖问题，更不能因为召回维修给车辆带来其他问题。在美国等发达国家，召回监管和效果评估也是主管部门的重要职责之一，通过暗访、专家评审召回季度报告和总结报告等多种形式，来实现召回监管和效果评估，而且召回效果评估报告要向社会公布。从我国目前的实际情况来看，国家质检总局缺陷产品管理中心通常会选取典型的召回案例随机选取一些车主，通过电话、邮件、短信等方式对其进行访谈、现场检查，或委托地方监管部门收集信息，并组织专家进行效果评估。为了更好地评估召回效果，需进一步制定缺陷汽车产品召回效果评估相关标准，以期通过这些召回监管手段，能够让汽车召回得到更好地实施。

第二十二条　生产者违反本条例规定，有下列情形之一的，由产品质量监督部门责令改正；拒不改正的，处5万元以上20万元以下的罚款：

（一）未按照规定保存有关汽车产品、车主的信息记录；

（二）未按照规定备案有关信息、召回计划；

（三）未按照规定提交有关召回报告。

【释义】本条是关于生产者未按照规定保存信息记录、备案信息和召回计划以及提交召回报告的法律责任的规定。

法律责任是法律规范的重要构成部分。它是指行为人对其违法行为所应承担的不利的法律后果。任何法律规范不仅要明确规定法律主体的权利和义务，而且要明确规定因违反义务或者侵犯权利而应当承担的责任。法律责任以法律制裁为必然后果。通过法律制裁，对人们起到教育和警示作用，从而达到预防和制止违法行为。设定法律责任的根本目的之一就是促使人们遵守法律规范。

法律责任的主要形式有行政责任、民事责任和刑事责任。本条例是国务院公布的行政法规，从国务院的立法实践看，行政法规规定的法律责任主要是行政责任。同时，注意行政责任与民事责任、刑事责任的衔接。

一、本条规定的承担法律责任的主体

本条规定的承担法律责任的主体是汽车产品生产者，生产者作为有关信息记录保存和备案、召回计划备案和提交召回报告的主体，如存在本条规定的违法行为，就应当承担相应的法律责任。

二、本条规定的违法行为

1. 未按照规定保存有关汽车产品、车主信息记录：根据本条例第九条规定，生产者应当建立并保存汽车产品设计、制造、标识、检验等方面的信息记录以及汽车产品初次销售的车主信息记录，保存期不得少于10年。

2. 未按照规定备案有关信息、召回计划：根据本条例第十条规定，生产者应当将生产者基本信息，汽车产品技术参数和汽车产品初次销售的车主信息，因汽车产品存在危及人身、财产安全的故障而发生修理、更换、退货的信息，汽车产品在中国境外实施召回的信息等信息报国务院产品质量监督部门备案；根据第十六条规定，生产者应当将召回计划报送国务院产品质量监督部门备案。

3. 未按照规定提交有关召回报告：根据本条例第二十条规定，生产者应当按照国务院产品质量监督部门的规定提交召回阶段性报告和召回总结报告。

三、本条规定的责任追究主体

本条规定的责任追究主体是产品质量监督部门。根据本条例第四条、第五条规定，国务院产品质量监督部门负责全国缺陷汽车产品召回的监督管理工作。国务院产品质量监督部门根据工作需要，可以委托省、自治区、直辖市人民政府产品质量监督部门、进出口商品检验机构负责缺陷汽车产品召回监督管理的部分工作。其中包括了对有关违法行为进行查处的职责。

四、违反本条规定的法律后果

违反本条规定的法律后果包括责令改正和罚款。

1. 责令改正：责令改正是指对生产者不履行本条例规定，未保存信息记录、备案有关信息和召回计划以及提交召回报告的，责令其改正违法行为。严格地说，责令改正不是一种制裁，而是对违法行为后果及其违法行为本身的纠正，目的是强制行政相对人履行法定义务。生产者被责令改正的，必须立即改正，按照规定保存信息记录、向主管部门报送有关信息和召回计划备案以及提交召回报告。

2. 罚款：罚款是行政处罚的一种，其目的在于通过迫使违法行为主体缴纳一定数额的金钱，起到惩戒违法行为的作用。根据本条规定，产品质量监督部门对生产者适用罚款处罚应当注意以下三点：

一是适用本条规定的罚款前提是经产品质量监督管理部门责令改正后，生产者仍拒不改正的。

二是生产者拒不改正的表现形式可以是超过产品质量监督管

理部门责令改正的期限仍不改正，也可以是虽在责令改正的期限内，但生产者已通过行动或者意图表示其不会履行责令改正决定。

三是罚款的幅度是人民币 5 万元以上 20 万元以下，具体数额由产品质量监督部门根据违法行为情节严重程度、后果大小等确定。

第二十三条　违反本条例规定，有下列情形之一的，由产品质量监督部门责令改正；拒不改正的，处 50 万元以上 100 万元以下的罚款；有违法所得的，并处没收违法所得；情节严重的，由许可机关吊销有关许可：

（一）生产者、经营者不配合产品质量监督部门缺陷调查；

（二）生产者未按照已备案的召回计划实施召回；

（三）生产者未将召回计划通报销售者。

【释义】本条是关于生产者和经营者不配合缺陷调查、生产者未按召回计划实施召回以及未将召回计划通报销售者等违法行为的行政处罚的规定。

一、本条规定的承担法律责任的主体

本条规定的承担法律责任的主体既包括汽车产品生产者，也包括销售、租赁、维修汽车产品的经营者，它们实施了本条规定的违法行为，应当承担相应的法律责任。

二、本条规定的违法行为

1. 生产者的违法行为

（1）不配合产品质量监督部门缺陷调查：根据本条例第十四条规定，生产者应当配合缺陷调查，提供调查需要的有关资料、产品和专用设备。

（2）未按照已备案的召回计划实施召回：根据本条例第十六条规定，生产者应当按照备案后的召回计划实施召回。

（3）未将召回计划通报销售者：根据本条例第十七条的规定，生产者应当将报国务院产品质量监督部门备案的召回计划同时通报销售者。

2. 经营者的违法行为

不配合产品质量监督部门缺陷调查。根据本条例第十四条规定，经营者应当配合产品质量监督部门缺陷调查，提供调查需要的有关资料。

三、本条规定的责任追究主体

本条规定的责任追究主体是产品质量监督部门和有关许可机关。根据本条例第四条规定，国务院产品质量监督部门负责全国缺陷汽车产品召回的监督管理工作；国务院有关部门在各自职责范围内负责缺陷汽车产品召回的相关监督管理工作。因此，产品质量监督部门和其他有关机关依照本条规定和各自职责对有关违法行为分别予以查处。

四、违反本条规定的法律后果

1. 责令改正：生产者、经营者有本条规定的违法行为的，产品质量监督部门应当责令其改正，生产者、经营者必须改正。

2. 罚款：考虑到本条规定的生产者、经营者的违法行为大大增加了消费者等社会公众遭受缺陷汽车产品伤害的安全隐患，主观违法意图比较明显，因此，本条规定了较高的罚款数额，对生产者、经营者拒不落实责令改正决定的，由产品质量监督部门处 50 万元以上 100 万元以下的罚款。

3. 没收违法所得：对生产者、销售者拒不改正的，如果生产者、销售者由此获取非法所得，在处以罚款的同时还应当没收其违法所得。

4. 吊销有关许可：吊销行政许可是一项严厉的行政处罚，一旦被吊销行政许可，原被许可人在一定期限内将不得再从事有关许可事项。本条对生产者、销售者违法情节严重的，规定了吊销有关许可的行政处罚，包括由工业和信息化部门将生产者及其生产的汽车产品从有关车辆生产企业及产品公告中除名，以及由工商行政管理部门吊销生产者、经营者的营业执照等，生产者、销售者将无法再从事生产、销售汽车产品等经营行为。

考虑到吊销许可是一种严厉的资格罚，只有在生产者、销售者违反本条规定，情节严重（一般是造成严重后果或者社会影响恶劣）的情形下，才能由原许可机关适用。

第二十四条　生产者违反本条例规定，有下列情形之一的，由产品质量监督部门责令改正，处缺陷汽车产品货值金额1%以上10%以下的罚款；有违法所得的，并处没收违法所得；情节严重的，由许可机关吊销有关许可：

（一）未停止生产、销售或者进口缺陷汽车产品；

（二）隐瞒缺陷情况；

（三）经责令召回拒不召回。

【释义】本条是关于生产者未停止生产、销售或者进口缺陷汽车产品、隐瞒缺陷情况以及经责令召回拒不召回等违法行为的行政处罚的规定。

一、本条规定的承担法律责任的主体

本条规定的承担法律责任的主体是汽车产品生产者。

二、本条规定的违法行为

1. 未停止生产、销售或者进口缺陷汽车产品：根据本条例

第十二条规定，生产者一旦确认汽车产品存在缺陷，就应当立即停止生产、销售、进口缺陷汽车产品，避免缺陷汽车产品造成的损害扩大，而不得从本企业的经济利益出发，继续生产、销售或者进口缺陷汽车产品。

2. 隐瞒缺陷情况：即汽车产品生产者出于种种目的，采取各种手段，隐瞒汽车产品存在缺陷的情况。主要有两种情形：一种是向主管部门即国务院产品质量监督部门隐瞒缺陷情况，包括不按照本条例第十二条规定如实向国务院产品质量监督部门报告调查分析结果；另一种情形是向社会隐瞒本企业的汽车产品存在缺陷的情况。即违反本条例第十八条的规定，未以便于公众知晓的方式发布信息，未告知车主汽车产品存在的缺陷、避免损害发生的应急处置方法和生产者消除缺陷的措施等事项。

如前所述，作为人们日常出行的重要交通运输工具，汽车产品存在缺陷，不仅会危及驾驶人、乘客等人身、财产安全，也可能会危害到其他道路交通参与者安全，危害社会公共安全。因此，本条例明确了有关缺陷信息报告程序、报告内容以及有关信息发布机制，希望通过及时、准确的信息发布来避免和减少危害后果。生产者隐瞒缺陷情况是汽车召回活动中的严重违法行为，会对社会公众的人身、财产安全，汽车行业市场秩序以及社会公共安全造成极大危害，必须严厉查处。

3. 经责令召回拒不召回：根据本条例第八条规定，生产者未对缺陷汽车产品实施召回的，国务院产品质量监督部门应当依照本条例责令其召回；第十五条明确了国务院产品质量监督部门责令生产者实施召回的程序。本条例从制度设计上充分考虑了生产者在缺陷汽车产品召回过程中的技术优势和主观能动性，鼓励生产者主动召回，发挥生产者在消除缺陷，减少危害过程中的积极作用。但是，不能据此认为生产者在缺陷汽车产品召回活动中可以为所欲为，如果国务院产品质量监督部门按照本条例规定责令生产者实施召回的，生产者必须实施召回；拒不召回的，将会遭到严厉处罚。

三、本条规定的责任追究主体

本条规定的责任追究主体是产品质量监督部门。

四、违反本条规定的法律后果

本条规定的事项都属于主观故意、恶性极大的违法行为，为此，从加大法律威慑力、使过罚相称、确保召回制度得到有效实施等方面考虑，本条对违法行为人应当承担的法律后果作了非常严厉的规定。

1. 责令改正：生产者有本条规定的违法行为的，产品质量监督部门应当责令其改正，生产者必须改正。

2. 罚款：考虑到本条规定的违法行为主观恶性大、可能造成比较严重的后果，为此，本条规定产品质量监督部门在责令改正的同时应当作出罚款决定，即处缺陷汽车产品货值金额1%以上10%以下的罚款。以2011年为例测算每辆车的货值，2011年我国共生产汽车1841.89万辆，总产值26635亿元，平均每辆车货值为14.5万元；2011年共实施召回85次，召回汽车数量在1万辆以下的有71次，即绝大多数召回活动每次召回汽车数量在1万辆以下。据此测算，绝大多数召回活动涉及缺陷汽车货值约为：1万辆×14.5万元/辆=14.5亿元。按照处罚额度下限1%测算，罚款金额约为1450万元，按照上限10%测算，罚款金额约为1.45亿元。这个罚款额度既提高了《缺陷汽车产品召回管理规定》对违法行为的处罚额度，起到威慑作用，也不会对生产者产生致命影响。同时，考虑到美国2000年出台的《强化交通工具召回、责任与文件法案》规定的最高罚款额为1500万美元（该数额根据通货膨胀情况调整），目前规定的罚款上限数额与美国法律的规定也是接近的。

3. 没收违法所得：对生产者通过实施本条规定的违法行为牟利的，如果生产者由此获取非法所得，产品质量监督部门在责令改正、处以罚款的同时还应当没收其违法所得。

4. 吊销有关许可：对生产者违法情节严重的，还应当由许可机关吊销有关许可，包括由工业和信息化部门将生产者及其生产的汽车产品从有关车辆生产企业及产品公告中除名，以及由工商行政管理部门吊销生产者、经营者的营业执照等。

第二十五条　违反本条例规定，从事缺陷汽车产品召回监督管理工作的人员有下列行为之一的，依法给予处分：

（一）将生产者、经营者提供的资料、产品和专用设备用于缺陷调查所需的技术检测和鉴定以外的用途；

（二）泄露当事人商业秘密或者个人信息；

（三）其他玩忽职守、徇私舞弊、滥用职权行为。

【释义】本条是关于缺陷汽车产品召回监管人员违法行为的处分的规定。

一、本条规定的承担法律责任的主体

本条规定的承担法律责任的主体是缺陷汽车产品召回监督管理工作的人员。根据本条例第四条、第五条等相关规定，具体包括以下三类：

一是国务院产品质量监督部门及受国务院产品质量监督部门委托负责缺陷汽车产品召回监督管理工作的省、自治区、直辖市人民政府产品质量监督部门、进出口商品检验机构的工作人员。

二是负责缺陷汽车产品召回相关监督管理工作的汽车产品主管部门、商务主管部门、海关、公安机关交通管理部门、交通运输主管部门、工商行政管理部门等有关部门的工作人员。

三是国务院产品质量监督部门缺陷产品召回技术机构的工作

人员，以及参与召回工作的有关专家。

二、本条规定的违法行为

1. 将生产者、经营者提供的资料、产品和专用设备用于缺陷调查所需的技术检测和鉴定以外的用途：根据本条例第十四条规定，国务院产品质量监督部门不得将生产者、经营者提供的资料、产品和专用设备用于缺陷调查所需的技术检测和鉴定以外的用途，否则相关工作人员将会受到处分。

2. 泄露当事人商业秘密或者个人信息：根据本条例第七条规定，产品质量监督部门和有关部门、机构及其工作人员对履行本条例规定职责所知悉的商业秘密和个人信息，不得泄露。本条对泄露商业秘密和个人信息的有关部门、机构的工作人员也规定了相应的法律责任。

3. 其他玩忽职守、徇私舞弊、滥用职权行为：为避免出现列举不全，难以追究有关违法行为人员责任的问题，本条专门设置了概括性规定，对其他属于玩忽职守、徇私舞弊、滥用职权的行为也要予以追究。具体而言，玩忽职守是主观上具有过失，主要是指国家工作人员由于工作中严重不负责任，导致国家和人民生命财产受到重大损失的行为；徇私舞弊是主观上具有故意，即为了私情或者私利而弄虚作假，在缺陷汽车产品监督管理工作中故意违反事实或者法律作枉法处理或枉法决定；滥用职权则是指国家机关工作人员超越法律、法规赋予其的职权擅自处理其无权决定、处理的事项或者在行使职权时不正确地履行职责。

三、本条规定的责任追究主体

本条规定的责任追究主体是有违法行为的工作人员的任免机关或者监察机关。依照《行政机关公务员处分条例》第二条规定，行政机关公务员违反法律、法规、规章以及行政机关的决定和命令，应当承担纪律责任的，依照本条例给予处分；第三十四条规定，对行政机关公务员给予处分，由任免机关或者监察机关按照管理权限决定；第五十四条规定，对法律、法规授权的具有公共事务管理职能的事业单位中经批准参照《中华人民共和国公务员法》管理的工作人员给予处分，参照本条例的有关规定办理。

四、违反本条规定的法律后果

从事缺陷汽车产品召回监督管理相关工作人员违反本条规定，将依法受到处分。根据《中华人民共和国行政监察法》及其实施条例、《中华人民共和国公务员法》和《行政机关公务员处分条例》等法律、行政法规的规定，处分种类有警告、记过、记大过、降级、撤职、开除六种。《行政机关公务员处分条例》对处分的种类和适用违法违纪行为及其适用的处分、处分的权限、处分的程序、不服处分的申诉等作了明确的规定。

第二十六条　违反本条例规定，构成犯罪的，依法追究刑事责任。

【释义】本条是关于对有关违法行为追究刑事责任的衔接性规定。

本条是一条衔接性规定。之所以作出这样的规定，一方面是与刑法相衔接，体现本条例所设法律责任的系统性和完整性，另一方面有利于人们形成明确的行为预期，体现法律的指引功能。

第二十七条　汽车产品出厂时未随车装备的轮胎存在缺陷的，由轮胎的生产者负责召回。具体办法由国务院产品质量监督部门参照本条例制定。

【释义】本条是关于缺陷轮胎产品召回的规定。

汽车轮胎作为车主可以自行更换的易损耗零部件，与行车安全密切相关，社会关注度较高。轮胎是汽车唯一与地面接触的零部件，一旦车辆高速行驶中爆胎，后果将极为严重。对缺陷轮胎产品实施召回管理也是国际惯例，比如在美国，原装轮胎和售后轮胎均被纳入召回范围，而且《美国法典》第301章第49条要求，轮胎生产者应当保存用户记录，经销商应当向购买者提供登记表，并要求购买者填好后返回经销商处保存。美国《强化交通工具召回、责任与文件法案》进一步加强了对轮胎缺陷报告的义务。例如，2001年5月22日，福特汽车公司宣布召回价值21亿美元的1300万只“凡士通”AT轮胎。据报道，安装这种轮胎的福特“旅行者”SUV导致多起交通事故，造成203人丧生，700多人受伤。

因此，对轮胎产品质量加强监管，对缺陷轮胎产品实施召回将有利于降低交通事故、减少人员伤亡。根据本条规定，汽车产品出厂时随车装备的轮胎由整车生产者负责召回，未随车装备的替换轮胎由轮胎生产者负责。替换轮胎具体的召回办法由国务院产品质量监督部门参照本条例制定。也就是说轮胎召回在程序框架上与汽车产品召回一致，但是也有差异，既将轮胎纳入召回管理范畴，同时也避免了整车召回规定对轮胎产品的不适用之处，操作上具有较大灵活性。国务院产品质量监督部门应当根据这一授权性条款，制定具体办法来规范替换轮胎召回工作。

我国在2012年12月31日之前共开展了2次轮胎召回和1次轮胎风险预警。2011年4月15日，某轮胎公司召回2008~2011年生产的部分轮胎产品，涉及数量共计302673条。2011年6月10日，国家质检总局经调查确认某轮胎公司生产的轮胎存在缺陷，并发出风险警示通告，该公司随后召回了246条缺陷轮胎。

第二十八条　生产者依照本条例召回缺陷汽车产品，不免除其依法应当承担的责任。

汽车产品存在本条例规定的缺陷以外的质量问题的，车主有权依照产品质量法、消费者权益保护法等法律、行政法规和国家有关规定以及合同约定，要求生产者、销售者承担修理、更换、退货、赔偿损失等相应的法律责任。

【释义】本条是关于生产者承担召回缺陷汽车产品以外的其他法律责任的规定。

从我国现行法律来看，对缺陷产品的消费者进行救济和规范的法律主要是《中华人民共和国产品质量法》、《中华人民共和国消费者权益保护法》、《中华人民共和国合同法》、《中华人民共和国侵权责任法》等法律规定。虽然产品质量法、消费者权益保护法对生产者义务、消费者权利和产品责任等做出了较为详细的规定，但是这两部法律均未规定产品召回制度。上述制度明确赋予消费者要求修理、更换、退货的权利，但这与召回制度还是存在区别的。例如，消费者权益保护法只是从消费者的角度规定了产品质量存在问题时的救济手段，而没有强调经营者主动召回，如果消费者不主动行驶上述权利，缺陷产品仍然可能处于流通和使用中，很可能造成对公民人身和财产安全的威胁。此外，虽然《侵权责任法》第四十五条规定“因产品缺陷危及他人人身、财产安全的，被侵权人有权请求生产者、销售者承担排除妨碍、消除危险等侵权责任”，但是根据第四十六条规定，只有当生产者、销售者未及时采取补救措施或者补救措施不力造成损害的，才应当承担侵权责任。可见，侵权责任法对产品缺陷追究侵权责任是以发生损害后果为前提的。而汽车产品存在缺陷并不一定已经造成实际损害后果。召回制度是建立在潜在的损害的基础上，只要产品被证实存在具有缺陷，不管是否发生实际损害，生产者都应当主动召回该产品，其在产品缺陷尚未对人身财产造成实际损害之前就将产品召回，并采取修理等补救措施，可以防患于未然。

本条例作为第一部专门规范缺陷汽车产品召回及其监督管理的行政法规，明确了生产者应当依照本条例对存在缺陷的汽车产品实行召回，但是本条例主要是从行政管理的层面对“召回”这个单一事项作出规定，其调整范围有限，对有关合同、侵权、消费者权益保护、产品质量等民商事法律关系不可能面面俱到，这也不符合行政法规的作用和定位。但不能因此而认为只要生产者开展了缺陷汽车产品召回，就可以免除其依照产品质量法、消费者权益保护法、合同法、侵权责任法等法律、行政法规和国家有关规定以及合同约定所应当承担的法律责任。例如，如果缺陷汽车产品在使用过程中对消费者或他人的人身或财产造成了实际损害，即使生产者按照规定召回了缺陷汽车产品，受害者仍然有权依据合同法、侵权责任法等法律规定请求生产者赔偿因缺陷造成的损失。同理，如果生产者触犯了相关法律法规关于刑事责任规定的，也不能免除其依法应承担的刑事责任。

此外，需要注意的是，本条例规定的作为召回原因的“缺陷”，是指危及汽车产品安全使用的质量问题，即批量汽车产品普遍存在缺陷。这一规定，与其他国家关于汽车产品召回原因的规定相一致。对于汽车产品存在本条例规定的“缺陷”以外的质量问题的，不属于本条例规定的召回范围，但车主有权依照产品质量法、消费者权益保护法等法律、行政法规和国家有关规定以及合同约定，要求生产者、销售者承担修理、更换、退货、赔偿损失等相应的法律责任。

第二十九条　本条例自2013年1月1日起施行。

【释义】本条是关于本条例施行日期的规定。

行政法规的施行日期，是指行政法规对其所调整的主体、客体，以及不同主体间权利义务关系开始具有约束力的特定日期。任何行政法规都必须明确规定其产生法律效力的施行日期，但规定施行日期的方式不尽相同。从国务院制定行政法规的立法实践看，规定现行行政法规施行日期的方式主要有三种：

第一种是明确规定："自××××年××月××日起施行。"一般是行政法规在公布超过30日后的某个特定日期开始施行。这是《行政法规制定程序条例》规定的行政法规施行日期的主要方式。《行政法规制定程序条例》第二十九条规定："行政法规应当自公布之日起30日后施行；但是涉及国家安全、外汇汇率、货币政策的确定以及公布后不立即施行将有碍行政法规施行的，可以自公布之日起施行。"

第二种是行政法规自公布之日起施行。这就是《行政法规制定程序条例》第二十九条的例外规定，对于涉及国家安全、外汇汇率、货币政策的确定以及公布后不立即施行将有碍行政法规施行的行政法规，可以自公布之日起施行。

第三种是自有关法律施行之日起施行。采用这种方式规定施行日期的行政法规，一般都是为细化该法律的有关规定并作为法律的配套规定而制定的，作为一项完整的制度，法律和行政法规是一体的，必须同时施行，否则会导致执行该法律制度出现脱节，以至于某些法律事实难以认定或者难以认定一致。

本条例关于施行日期的规定，采用了上述第一种方式。国务院总理温家宝2012年10月22日签署中华人民共和国第626号国务院令，《缺陷汽车产品召回管理条例》已经于2012年10月10日国务院第219次常务会议通过，自2013年1月1日起施行。

第三部分

相关法律、标准及国内外有关制度

一、相关法律

中华人民共和国产品质量法

(1993 年 2 月 22 日第七届全国人民代表大会常务委员会第三十次会议通过 根据 2000 年 7 月 8 日第九届全国人民代表大会常务委员会第十六次会议《关于修改〈中华人民共和国产品质量法〉的决定》修正)

第一章 总 则

第一条 为了加强对产品质量的监督管理，提高产品质量水平，明确产品质量责任，保护消费者的合法权益，维护社会经济秩序，制定本法。

第二条 在中华人民共和国境内从事产品生产、销售活动，必须遵守本法。

本法所称产品是指经过加工、制作，用于销售的产品。

建设工程不适用本法规定；但是，建设工程使用的建筑材料、建筑构配件和设备，属于前款规定的产品范围的，适用本法规定。

第三条 生产者、销售者应当建立健全内部产品质量管理制度，严格实施岗位质量规范、质量责任以及相应的考核办法。

第四条 生产者、销售者依照本法规定承担产品质量责任。

第五条 禁止伪造或者冒用认证标志等质量标志；禁止伪造产品的产地，伪造或者冒用他人的厂名、厂址；禁止在生产、销售的产品中掺杂、掺假，以假充真，以次充好。

第六条 国家鼓励推行科学的质量管理方法，采用先进的科学技术，鼓励企业产品质量达到并且超过行业标准、国家标准和国际标准。

对产品质量管理先进和产品质量达到国际先进水平、成绩显著的单位和个人，给予奖励。

第七条 各级人民政府应当把提高产品质量纳入国民经济和社会发展规划，加强对产品质量工作的统筹规划和组织领导，引导、督促生产者、销售者加强产品质量管理，提高产品质量，组织各有关部门依法采取措施，制止产品生产、销售中违反本法规定的行为，保障本法的施行。

第八条 国务院产品质量监督部门主管全国产品质量监督工作。国务院有关部门在各自的职责范围内负责产品质量监督工作。

县级以上地方产品质量监督部门主管本行政区域内的产品质量监督工作。县级以上地方人民政府有关部门在各自的职责范围内负责产品质量监督工作。

法律对产品质量的监督部门另有规定的，依照有关法律的规定执行。

第九条 各级人民政府工作人员和其他国家机关工作人员不得滥用职权、玩忽职守或者徇私舞弊，包庇、放纵本地区、本系统发生的产品生产、销售中违反本法规定的行为，或者阻挠、干预依法对产品生产、销售中违反本法规定的行为进行查处。

各级地方人民政府和其他国家机关有包庇、放纵产品生产、销售中违反本法规定的行为的，依法追究其主要负责人的法律责任。

第十条 任何单位和个人有权对违反本法规定的行为，向产品质量监督部门或者其他有关部门检举。

产品质量监督部门和有关部门应当为检举人保密，并按照省、自治区、直辖市人民政府的规定给予奖励。

第十一条 任何单位和个人不得排斥非本地区或者非本系统企业生产的质量合格产品进入本地区、本系统。

第二章 产品质量的监督

第十二条 产品质量应当检验合格，不得以不合格产品冒充合格产品。

第十三条 可能危及人体健康和人身、财产安全的工业产品，必须符合保障人体健康和人身、财产安全的国家标准、行业标准；未制定国家标准、行业标准的，必须符合保障人体健康和人身、财产安全的要求。

禁止生产、销售不符合保障人体健康和人身、财产安全的标准和要求的工业产品。具体管理办法由国务院规定。

第十四条 国家根据国际通用的质量管理标准，推行企业质量体系认证制度。企业根据自愿原则可以向国务院产品质量监督部门认可的或者国务院产品质量监督部门授权的部门认可的认证机构申请企业质量体系认证。经认证合格的，由认证机构颁发企业质量体系认证证书。

国家参照国际先进的产品标准和技术要求，推行产品质量认证制度。企业根据自愿原则可以向国务院产品质量监督部门认可的或者国务院产品质量监督部门授权的部门认可的认证机构申请产品质量认证。经认证合格的，由认证机构颁发产品质量认证证书，准许企业在产品或者其包装上使用产品质量认证标志。

第十五条 国家对产品质量实行以抽查为主要方式的监督检查制度，对可能危及人体健康和人身、财产安全的产品，影响国计民生的重要工业产品以及消费者、有关组织反映有质量问题的产品进行抽查。抽查的样品应当在市场上或者企业成品仓库内的待销产品中随机抽取。监督抽查工作由国务院产品质量监督部门规划和组织。县级以上地方产品质量监督部门在本行政区域内也可以组织监督抽查。法律对产品质量的监督检查另有规定的，依照有关法律的规定执行。

国家监督抽查的产品，地方不得另行重复抽查；上级监督抽查的产品，下级不得另行重复抽查。

根据监督抽查的需要，可以对产品进行检验。检验抽取样品的数量不得超过检验的合理需要，并不得向被检查人收取检验费用。监督抽查所需检验费用按照国务院规定列支。

生产者、销售者对抽查检验的结果有异议的，可以自收到检验结果之日起十五日内向实施监督抽查的产品质量监督部门或者其上级产品质量监督部门申请复检，由受理复检的产品质量监督部门作出复检结论。

第十六条 对依法进行的产品质量监督检查，生产者、销售者不得拒绝。

第十七条 依照本法规定进行监督抽查的产品质量不合格的，由实施监督抽查的产品质量监督部门责令其生产者、销售者限期改正。逾期不改正的，由省级以上人民政府产品质量监督部门予以公告；公告后经复查仍不合格的，责令停业，限期整顿；整顿期满后经复查产品质量仍不合格的，吊销营业执照。

监督抽查的产品有严重质量问题的，依照本法第五章的有关规定处罚。

第十八条 县级以上产品质量监督部门根据已经取得的违法嫌疑证据或者举报，对涉嫌违反本法规定的行为进行查处时，可以行使下列职权：

（一）对当事人涉嫌从事违反本法的生产、销售活动的场所实施现场检查；

（二）向当事人的法定代表人、主要负责人和其他有关人员调查、了解与涉嫌从事违反本法的生产、销售活动有关的情况；

（三）查阅、复制当事人有关的合同、发票、账簿以及其他有关资料；

（四）对有根据认为不符合保障人体健康和人身、财产安全的国家标准、行业标准的产品或者有其他严重质量问题的产品，以及直接用于生产、销售该项产品的原辅材料、包装物、生产工具，予以查封或者扣押。

县级以上工商行政管理部门按照国务院规定的职责范围，对涉嫌违反本法规定的行为进行查处时，可以行使前款规定的职权。

第十九条 产品质量检验机构必须具备相应的检测条件和能力，经省级以上人民政府产品质量监督部门或者其授权的部门考核合格后，方可承担产品质量检验工作。法律、行政法规对产品质量检验机构另有规定的，依照有关法律、行政法规的规定执行。

第二十条 从事产品质量检验、认证的社会中介机构必须依法设立，不得与行政机关和其他国家机关存在隶属关系或者其他利益关系。

第二十一条 产品质量检验机构、认证机构必须依法按照有关标准，客观、公正地出具检验结果或者认证证明。

产品质量认证机构应当依照国家规定对准许使用认证标志的产品进行认证后的跟踪检查；对不符合认证标准而使用认证标志的，要求其改正；情节严重的，取消其使用认证标志的资格。

第二十二条 消费者有权就产品质量问题，向产品的生产者、销售者查询；向产品质量监督部门、工商行政管理部门及有关部门申诉，接受申诉的部门应当负责处理。

第二十三条 保护消费者权益的社会组织可以就消费者反映的产品质量问题建议有关部门负责处理，支持消费者对因产品质量造成的损害向人民法院起诉。

第二十四条 国务院和省、自治区、直辖市人民政府的产品质量监督部门应当定期发布其监督抽查的产品的质量状况公告。

第二十五条 产品质量监督部门或者其他国家机关以及产品质量检验机构不得向社会推荐生产者的产品；不得以对产品进行监制、监销等方式参与产品经营活动。

第三章 生产者、销售者的产品质量责任和义务

第一节 生产者的产品质量责任和义务

第二十六条 生产者应当对其生产的产品质量负责。

产品质量应当符合下列要求：

（一）不存在危及人身、财产安全的不合理的危险，有保障人体健康和人身、财产安全的国家标准、行业标准的，应当符合该标准；

（二）具备产品应当具备的使用性能，但是，对产品存在使用性能的瑕疵作出说明的除外；

（三）符合在产品或者其包装上注明采用的产品标准，符合以产品说明、实物样品等方式表明的质量状况。

第二十七条 产品或者其包装上的标识必须真实，并符合下列要求：

（一）有产品质量检验合格证明；

（二）有中文标明的产品名称、生产厂厂名和厂址；

（三）根据产品的特点和使用要求，需要标明产品规格、等级、所含主要成份的名称和含量的，用中文相应予以标明；需要事先让消费者知晓的，应当在外包装上标明，或者预先向消费者提供有关资料；

（四）限期使用的产品，应当在显著位置清晰地标明生产日

期和安全使用期或者失效日期；

（五）使用不当，容易造成产品本身损坏或者可能危及人身、财产安全的产品，应当有警示标志或者中文警示说明。

裸装的食品和其他根据产品的特点难以附加标识的裸装产品，可以不附加产品标识。

第二十八条 易碎、易燃、易爆、有毒、有腐蚀性、有放射性等危险物品以及储运中不能倒置和其他有特殊要求的产品，其包装质量必须符合相应要求，依照国家有关规定作出警示标志或者中文警示说明，标明储运注意事项。

第二十九条 生产者不得生产国家明令淘汰的产品。

第三十条 生产者不得伪造产地，不得伪造或者冒用他人的厂名、厂址。

第三十一条 生产者不得伪造或者冒用认证标志等质量标志。

第三十二条 生产者生产产品，不得掺杂、掺假，不得以假充真、以次充好，不得以不合格产品冒充合格产品。

第二节 销售者的产品质量责任和义务

第三十三条 销售者应当建立并执行进货检查验收制度，验明产品合格证明和其他标识。

第三十四条 销售者应当采取措施，保持销售产品的质量。

第三十五条 销售者不得销售国家明令淘汰并停止销售的产品和失效、变质的产品。

第三十六条 销售者销售的产品的标识应当符合本法第二十七条的规定。

第三十七条 销售者不得伪造产地，不得伪造或者冒用他人的厂名、厂址。

第三十八条 销售者不得伪造或者冒用认证标志等质量标志。

第三十九条 销售者销售产品，不得掺杂、掺假，不得以假充真、以次充好，不得以不合格产品冒充合格产品。

第四章 损害赔偿

第四十条 售出的产品有下列情形之一的，销售者应当负责修理、更换、退货；给购买产品的消费者造成损失的，销售者应当赔偿损失：

（一）不具备产品应当具备的使用性能而事先未作说明的；

（二）不符合在产品或者其包装上注明采用的产品标准的；

（三）不符合以产品说明、实物样品等方式表明的质量状况的。

销售者依照前款规定负责修理、更换、退货、赔偿损失后，属于生产者的责任或者属于向销售者提供产品的其他销售者（以下简称供货者）的责任的，销售者有权向生产者、供货者追偿。

销售者未按照第一款规定给予修理、更换、退货或者赔偿损失的，由产品质量监督部门或者工商行政管理部门责令改正。

生产者之间，销售者之间，生产者与销售者之间订立的买卖合同、承揽合同有不同约定的，合同当事人按照合同约定执行。

第四十一条 因产品存在缺陷造成人身、缺陷产品以外的其他财产（以下简称他人财产）损害的，生产者应当承担赔偿责任。

生产者能够证明有下列情形之一的，不承担赔偿责任：

（一）未将产品投入流通的；

（二）产品投入流通时，引起损害的缺陷尚不存在的；

（三）将产品投入流通时的科学技术水平尚不能发现缺陷的存在的。

第四十二条 由于销售者的过错使产品存在缺陷，造成人身、他人财产损害的，销售者应当承担赔偿责任。销售者不能指明缺陷产品的生产者也不能指明缺陷产品的供货者的，销售者应当承担赔偿责任。

第四十三条 因产品存在缺陷造成人身、他人财产损害的，受害人可以向产品的生产者要求赔偿，也可以向产品的销售者要求赔偿。属于产品的生产者的责任，产品的销售者赔偿的，产品的销售者有权向产品的生产者追偿。属于产品的销售者的责任，产品的生产者赔偿的，产品的生产者有权向产品的销售者追偿。

第四十四条 因产品存在缺陷造成受害人人身伤害的，侵害人应当赔偿医疗费、治疗期间的护理费、因误工减少的收入等费用；造成残疾的，还应当支付残疾者生活自助具费、生活补助费、残疾赔偿金以及由其扶养的人所必需的生活费等费用；造成受害人死亡的，并应当支付丧葬费、死亡赔偿金以及由死者生前扶养的人所必需的生活费等费用。

因产品存在缺陷造成受害人财产损失的，侵害人应当恢复原状或者折价赔偿。受害人因此遭受其他重大损失的，侵害人应当赔偿损失。

第四十五条 因产品存在缺陷造成损害要求赔偿的诉讼时效期间为二年，自当事人知道或者应当知道其权益受到损害时起计算。

因产品存在缺陷造成损害要求赔偿的请求权，在造成损害的缺陷产品交付最初消费者满十年丧失；但是，尚未超过明示的安全使用期的除外。

第四十六条 本法所称缺陷，是指产品存在危及人身、他人财产安全的不合理的危险；产品有保障人体健康和人身、财产安全的国家标准、行业标准的，是指不符合该标准。

第四十七条 因产品质量发生民事纠纷时，当事人可以通过协商或者调解解决。当事人不愿通过协商、调解解决或者协商、调解不成的，可以根据当事人各方的协议向仲裁机构申请仲裁；

当事人各方没有达成仲裁协议或者仲裁协议无效的，可以直接向人民法院起诉。

第四十八条 仲裁机构或者人民法院可以委托本法第十九条规定的产品质量检验机构，对有关产品质量进行检验。

第五章 罚 则

第四十九条 生产、销售不符合保障人体健康和人身、财产安全的国家标准、行业标准的产品的，责令停止生产、销售，没收违法生产、销售的产品，并处违法生产、销售产品（包括已售出和未售出的产品，下同）货值金额等值以上三倍以下的罚款；有违法所得的，并处没收违法所得；情节严重的，吊销营业执照；构成犯罪的，依法追究刑事责任。

第五十条 在产品中掺杂、掺假，以假充真，以次充好，或者以不合格产品冒充合格产品的，责令停止生产、销售，没收违法生产、销售的产品，并处违法生产、销售产品货值金额百分之五十以上三倍以下的罚款；有违法所得的，并处没收违法所得；情节严重的，吊销营业执照；构成犯罪的，依法追究刑事责任。

第五十一条 生产国家明令淘汰的产品的，销售国家明令淘汰并停止销售的产品的，责令停止生产、销售，没收违法生产、销售的产品，并处违法生产、销售产品货值金额等值以下的罚款；有违法所得的，并处没收违法所得；情节严重的，吊销营业执照。

第五十二条 销售失效、变质的产品的，责令停止销售，没收违法销售的产品，并处违法销售产品货值金额二倍以下的罚款；有违法所得的，并处没收违法所得；情节严重的，吊销营业执照；构成犯罪的，依法追究刑事责任。

第五十三条 伪造产品产地的，伪造或者冒用他人厂名、厂址的，伪造或者冒用认证标志等质量标志的，责令改正，没收违法生产、销售的产品，并处违法生产、销售产品货值金额等值以下的罚款；有违法所得的，并处没收违法所得；情节严重的，吊销营业执照。

第五十四条 产品标识不符合本法第二十七条规定的，责令改正；有包装的产品标识不符合本法第二十七条第（四）项、第（五）项规定，情节严重的，责令停止生产、销售，并处违法生产、销售产品货值金额百分之三十以下的罚款；有违法所得的，并处没收违法所得。

第五十五条 销售者销售本法第四十九条至第五十三条规定禁止销售的产品，有充分证据证明其不知道该产品为禁止销售的产品并如实说明其进货来源的，可以从轻或者减轻处罚。

第五十六条 拒绝接受依法进行的产品质量监督检查的，给予警告，责令改正；拒不改正的，责令停业整顿；情节特别严重的，吊销营业执照。

第五十七条 产品质量检验机构、认证机构伪造检验结果或者出具虚假证明的，责令改正，对单位处五万元以上十万元以下的罚款，对直接负责的主管人员和其他直接责任人员处一万元以上五万元以下的罚款；有违法所得的，并处没收违法所得；情节严重的，取消其检验资格、认证资格；构成犯罪的，依法追究刑事责任。

产品质量检验机构、认证机构出具的检验结果或者证明不实，造成损失的，应当承担相应的赔偿责任；造成重大损失的，撤销其检验资格、认证资格。

产品质量认证机构违反本法第二十一条第二款的规定，对不符合认证标准而使用认证标志的产品，未依法要求其改正或者取消其使用认证标志资格的，对因产品不符合认证标准给消费者造成的损失，与产品的生产者、销售者承担连带责任；情节严重的，撤销其认证资格。

第五十八条 社会团体、社会中介机构对产品质量作出承诺、保证，而该产品又不符合其承诺、保证的质量要求，给消费者造成损失的，与产品的生产者、销售者承担连带责任。

第五十九条 在广告中对产品质量作虚假宣传，欺骗和误导消费者的，依照《中华人民共和国广告法》的规定追究法律责任。

第六十条 对生产者专门用于生产本法第四十九条、第五十一条所列的产品或者以假充真的产品的原辅材料、包装物、生产工具，应当予以没收。

第六十一条 知道或者应当知道属于本法规定禁止生产、销售的产品而为其提供运输、保管、仓储等便利条件的，或者为以假充真的产品提供制假生产技术的，没收全部运输、保管、仓储或者提供制假生产技术的收入，并处违法收入百分之五十以上三倍以下的罚款；构成犯罪的，依法追究刑事责任。

第六十二条 服务业的经营者将本法第四十九条至第五十二条规定禁止销售的产品用于经营性服务的，责令停止使用；对知道或者应当知道所使用的产品属于本法规定禁止销售的产品的，按照违法使用的产品（包括已使用和尚未使用的产品）的货值金额，依照本法对销售者的处罚规定处罚。

第六十三条 隐匿、转移、变卖、损毁被产品质量监督部门或者工商行政管理部门查封、扣押的物品的，处被隐匿、转移、变卖、损毁物品货值金额等值以上三倍以下的罚款；有违法所得的，并处没收违法所得。

第六十四条 违反本法规定，应当承担民事赔偿责任和缴纳罚款、罚金，其财产不足以同时支付时，先承担民事赔偿责任。

第六十五条 各级人民政府工作人员和其他国家机关工作人员有下列情形之一的，依法给予行政处分；构成犯罪的，依法追究刑事责任：

（一）包庇、放纵产品生产、销售中违反本法规定行为的；

（二）向从事违反本法规定的生产、销售活动的当事人通风报信，帮助其逃避查处的；

（三）阻挠、干预产品质量监督部门或者工商行政管理部门依法对产品生产、销售中违反本法规定的行为进行查处，造成严重后果的。

第六十六条 产品质量监督部门在产品质量监督抽查中超过规定的数量索取样品或者向被检查人收取检验费用的，由上级产品质量监督部门或者监察机关责令退还；情节严重的，对直接负责的主管人员和其他直接责任人员依法给予行政处分。

第六十七条 产品质量监督部门或者其他国家机关违反本法第二十五条的规定，向社会推荐生产者的产品或者以监制、监销等方式参与产品经营活动的，由其上级机关或者监察机关责令改正，消除影响，有违法收入的予以没收；情节严重的，对直接负责的主管人员和其他直接责任人员依法给予行政处分。

产品质量检验机构有前款所列违法行为的，由产品质量监督部门责令改正，消除影响，有违法收入的予以没收，可以并处违法收入一倍以下的罚款；情节严重的，撤销其质量检验资格。

第六十八条 产品质量监督部门或者工商行政管理部门的工作人员滥用职权、玩忽职守、徇私舞弊，构成犯罪的，依法追究刑事责任；尚不构成犯罪的，依法给予行政处分。

第六十九条 以暴力、威胁方法阻碍产品质量监督部门或者工商行政管理部门的工作人员依法执行职务的，依法追究刑事责任；拒绝、阻碍未使用暴力、威胁方法的，由公安机关依照治安管理处罚条例的规定处罚。

第七十条 本法规定的吊销营业执照的行政处罚由工商行政管理部门决定，本法第四十九条至第五十七条、第六十条至第六十三条规定的行政处罚由产品质量监督部门或者工商行政管理部门按照国务院规定的职权范围决定。法律、行政法规对行使行政处罚权的机关另有规定的，依照有关法律、行政法规的规定执行。

第七十一条 对依照本法规定没收的产品，依照国家有关规定进行销毁或者采取其他方式处理。

第七十二条 本法第四十九条至第五十四条、第六十二条、第六十三条所规定的货值金额以违法生产、销售产品的标价计算；没有标价的，按照同类产品的市场价格计算。

第六章 附 则

第七十三条 军工产品质量监督管理办法，由国务院、中央军事委员会另行制定。

因核设施、核产品造成损害的赔偿责任，法律、行政法规另有规定的，依照其规定。

第七十四条 本法自 1993 年 9 月 1 日起施行。

中华人民共和国消费者权益保护法

（1993年10月31日第八届全国人民代表大会常务委员会第四次会议通过）

第一章　总　　则

第一条　为保护消费者的合法权益，维护社会经济秩序，促进社会主义市场经济健康发展，制定本法。

第二条　消费者为生活消费需要购买、使用商品或者接受服务，其权益受本法保护；本法未作规定的，受其他有关法律、法规保护。

第三条　经营者为消费者提供其生产、销售的商品或者提供服务，应当遵守本法；本法未作规定的，应当遵守其他有关法律、法规。

第四条　经营者与消费者进行交易，应当遵循自愿、平等、公平、诚实信用的原则。

第五条　国家保护消费者的合法权益不受侵害。

国家采取措施，保障消费者依法行使权利，维护消费者的合法权益。

第六条　保护消费者的合法权益是全社会的共同责任。

国家鼓励、支持一切组织和个人对损害消费者合法权益的行为进行社会监督。

大众传播媒介应当做好维护消费者合法权益的宣传，对损害消费者合法权益的行为进行舆论监督。

第二章　消费者的权利

第七条　消费者在购买、使用商品和接受服务时享有人身、财产安全不受损害的权利。

消费者有权要求经营者提供的商品和服务，符合保障人身、财产安全的要求。

第八条　消费者享有知悉其购买、使用的商品或者接受的服务的真实情况的权利。

消费者有权根据商品或者服务的不同情况，要求经营者提供商品的价格、产地、生产者、用途、性能、规格、等级、主要成份、生产日期、有效期限、检验合格证明、使用方法说明书、售后服务，或者服务的内容、规格、费用等有关情况。

第九条　消费者享有自主选择商品或者服务的权利。

消费者有权自主选择提供商品或者服务的经营者，自主选择商品品种或者服务方式，自主决定购买或者不购买任何一种商品、接受或者不接受任何一项服务。

消费者在自主选择商品或者服务时，有权进行比较、鉴别和挑选。

第十条　消费者享有公平交易的权利。

消费者在购买商品或者接受服务时，有权获得质量保障、价格合理、计量正确等公平交易条件，有权拒绝经营者的强制交易行为。

第十一条　消费者因购买、使用商品或者接受服务受到人身、财产损害的，享有依法获得赔偿的权利。

第十二条　消费者享有依法成立维护自身合法权益的社会团体的权利。

第十三条　消费者享有获得有关消费和消费者权益保护方面的知识的权利。

消费者应当努力掌握所需商品或者服务的知识和使用技能，正确使用商品，提高自我保护意识。

第十四条 消费者在购买、使用商品和接受服务时，享有其人格尊严、民族风俗习惯得到尊重的权利。

第十五条 消费者享有对商品和服务以及保护消费者权益工作进行监督的权利。

消费者有权检举、控告侵害消费者权益的行为和国家机关及其工作人员在保护消费者权益工作中的违法失职行为，有权对保护消费者权益工作提出批评、建议。

第三章 经营者的义务

第十六条 经营者向消费者提供商品或者服务，应当依照《中华人民共和国产品质量法》和其他有关法律、法规的规定履行义务。

经营者和消费者有约定的，应当按照约定履行义务，但双方的约定不得违背法律、法规的规定。

第十七条 经营者应当听取消费者对其提供的商品或者服务的意见，接受消费者的监督。

第十八条 经营者应当保证其提供的商品或者服务符合保障人身、财产安全的要求。对可能危及人身、财产安全的商品和服务，应当向消费者作出真实的说明和明确的警示，并说明和标明正确使用商品或者接受服务的方法以及防止危害发生的方法。

经营者发现其提供的商品或者服务存在严重缺陷，即使正确使用商品或者接受服务仍然可能对人身、财产安全造成危害的，应当立即向有关行政部门报告和告知消费者，并采取防止危害发生的措施。

第十九条 经营者应当向消费者提供有关商品或者服务的真

实信息，不得作引人误解的虚假宣传。

经营者对消费者就其提供的商品或者服务的质量和使用方法等问题提出的询问，应当作出真实、明确的答复。

商店提供商品应当明码标价。

第二十条 经营者应当标明其真实名称和标记。

租赁他人柜台或者场地的经营者，应当标明其真实名称和标记。

第二十一条 经营者提供商品或者服务，应当按照国家有关规定或者商业惯例向消费者出具购货凭证或者服务单据；消费者索要购货凭证或者服务单据的，经营者必须出具。

第二十二条 经营者应当保证在正常使用商品或者接受服务的情况下其提供的商品或者服务应当具有的质量、性能、用途和有效期限；但消费者在购买该商品或者接受该服务前已经知道其存在瑕疵的除外。

经营者以广告、产品说明、实物样品或者其他方式表明商品或者服务的质量状况的，应当保证其提供的商品或者服务的实际质量与表明的质量状况相符。

第二十三条 经营者提供商品或者服务，按照国家规定或者与消费者的约定，承担包修、包换、包退或者其他责任的，应当按照国家规定或者约定履行，不得故意拖延或者无理拒绝。

第二十四条 经营者不得以格式合同、通知、声明、店堂告示等方式作出对消费者不公平、不合理的规定，或者减轻、免除其损害消费者合法权益应当承担的民事责任。

格式合同、通知、声明、店堂告示等含有前款所列内容的，其内容无效。

第二十五条 经营者不得对消费者进行侮辱、诽谤，不得搜查消费者的身体及其携带的物品，不得侵犯消费者的人身自由。

第四章 国家对消费者合法权益的保护

第二十六条 国家制定有关消费者权益的法律、法规和政策时，应当听取消费者的意见和要求。

第二十七条 各级人民政府应当加强领导，组织、协调、督促有关行政部门做好保护消费者合法权益的工作。

各级人民政府应当加强监督，预防危害消费者人身、财产安全行为的发生，及时制止危害消费者人身、财产安全的行为。

第二十八条 各级人民政府工商行政管理部门和其他有关行政部门应当依照法律、法规的规定，在各自的职责范围内，采取措施，保护消费者的合法权益。

有关行政部门应当听取消费者及其社会团体对经营者交易行为、商品和服务质量问题的意见，及时调查处理。

第二十九条 有关国家机关应当依照法律、法规的规定，惩处经营者在提供商品和服务中侵害消费者合法权益的违法犯罪行为。

第三十条 人民法院应当采取措施，方便消费者提起诉讼。对符合《中华人民共和国民事诉讼法》起诉条件的消费者权益争议，必须受理，及时审理。

第五章 消费者组织

第三十一条 消费者协会和其他消费者组织是依法成立的对商品和服务进行社会监督的保护消费者合法权益的社会团体。

第三十二条 消费者协会履行下列职能：

（一）向消费者提供消费信息和咨询服务；

（二）参与有关行政部门对商品和服务的监督、检查；

（三）就有关消费者合法权益的问题，向有关行政部门反映、查询，提出建议；

（四）受理消费者的投诉，并对投诉事项进行调查、调解；

（五）投诉事项涉及商品和服务质量问题的，可以提请鉴定部门鉴定，鉴定部门应当告知鉴定结论；

（六）就损害消费者合法权益的行为，支持受损害的消费者提起诉讼；

（七）对损害消费者合法权益的行为，通过大众传播媒介予以揭露、批评。

各级人民政府对消费者协会履行职能应当予以支持。

第三十三条 消费者组织不得从事商品经营和营利性服务，不得以牟利为目的向社会推荐商品和服务。

第六章 争议的解决

第三十四条 消费者和经营者发生消费者权益争议的，可以通过下列途径解决：

（一）与经营者协商和解；

（二）请求消费者协会调解；

（三）向有关行政部门申诉；

（四）根据与经营者达成的仲裁协议提请仲裁机构仲裁；

（五）向人民法院提起诉讼。

第三十五条 消费者在购买、使用商品时，其合法权益受到损害的，可以向销售者要求赔偿。销售者赔偿后，属于生产者的责任或者属于向销售者提供商品的其他销售者的责任的，销售者有权向生产者或者其他销售者追偿。

消费者或者其他受害人因商品缺陷造成人身、财产损害的，可以向销售者要求赔偿，也可以向生产者要求赔偿。属于生产者责任的，销售者赔偿后，有权向生产者追偿。属于销售者责任的，生产者赔偿后，有权向销售者追偿。

消费者在接受服务时，其合法权益受到损害的，可以向服务者要求赔偿。

第三十六条 消费者在购买、使用商品或者接受服务时，其合法权益受到损害，因原企业分立、合并的，可以向变更后承受其权利义务的企业要求赔偿。

第三十七条 使用他人营业执照的违法经营者提供商品或者服务，损害消费者合法权益的，消费者可以向其要求赔偿，也可以向营业执照的持有人要求赔偿。

第三十八条 消费者在展销会、租赁柜台购买商品或者接受服务，其合法权益受到损害的，可以向销售者或者服务者要求赔偿。展销会结束或者柜台租赁期满后，也可以向展销会的举办者、柜台的出租者要求赔偿。展销会的举办者、柜台的出租者赔偿后，有权向销售者或者服务者追偿。

第三十九条 消费者因经营者利用虚假广告提供商品或者服务，其合法权益受到损害的，可以向经营者要求赔偿。广告的经营者发布虚假广告的，消费者可以请求行政主管部门予以惩处。广告的经营者不能提供经营者的真实名称、地址的，应当承担赔偿责任。

第七章 法律责任

第四十条 经营者提供商品或者服务有下列情形之一的，除本法另有规定外，应当依照《中华人民共和国产品质量法》和其他有关法律、法规的规定，承担民事责任：

（一）商品存在缺陷的；

（二）不具备商品应当具备的使用性能而出售时未作说明的；

（三）不符合在商品或者其包装上注明采用的商品标准的；

（四）不符合商品说明、实物样品等方式表明的质量状况的；

（五）生产国家明令淘汰的商品或者销售失效、变质的商品的；

（六）销售的商品数量不足的；

（七）服务的内容和费用违反约定的；

（八）对消费者提出的修理、重作、更换、退货、补足商品数量、退还货款和服务费用或者赔偿损失的要求，故意拖延或者无理拒绝的；

（九）法律、法规规定的其他损害消费者权益的情形。

第四十一条 经营者提供商品或者服务，造成消费者或者其他受害人人身伤害的，应当支付医疗费、治疗期间的护理费、因误工减少的收入等费用，造成残疾的，还应当支付残疾者生活自助具费、生活补助费、残疾赔偿金以及由其扶养的人所必需的生活费等费用；构成犯罪的，依法追究刑事责任。

第四十二条 经营者提供商品或者服务，造成消费者或者其他受害人死亡的，应当支付丧葬费、死亡赔偿金以及由死者生前扶养的人所必需的生活费等费用；构成犯罪的，依法追究刑事责任。

第四十三条 经营者违反本法第二十五条规定，侵害消费者的人格尊严或者侵犯消费者人身自由的，应当停止侵害、恢复名誉、消除影响、赔礼道歉，并赔偿损失。

第四十四条 经营者提供商品或者服务，造成消费者财产损害的，应当按照消费者的要求，以修理、重作、更换、退货、补足商品数量、退还货款和服务费用或者赔偿损失等方式承担民事责任。消费者与经营者另有约定的，按照约定履行。

第四十五条 对国家规定或者经营者与消费者约定包修、包换、包退的商品，经营者应当负责修理、更换或者退货。在保修期内两次修理仍不能正常使用的，经营者应当负责更换或者退货。

对包修、包换、包退的大件商品，消费者要求经营者修理、更换、退货的，经营者应当承担运输等合理费用。

第四十六条 经营者以邮购方式提供商品的，应当按照约定提供。未按照约定提供的，应当按照消费者的要求履行约定或者退回货款；并应当承担消费者必须支付的合理费用。

第四十七条 经营者以预收款方式提供商品或者服务的，应当按照约定提供。未按照约定提供的，应当按照消费者的要求履行约定或者退回预付款；并应当承担预付款的利息、消费者必须支付的合理费用。

第四十八条 依法经有关行政部门认定为不合格的商品，消费者要求退货的，经营者应当负责退货。

第四十九条 经营者提供商品或者服务有欺诈行为的，应当按照消费者的要求增加赔偿其受到的损失，增加赔偿的金额为消费者购买商品的价款或者接受服务的费用的一倍。

第五十条 经营者有下列情形之一，《中华人民共和国产品质量法》和其他有关法律、法规对处罚机关和处罚方式有规定的，依照法律、法规的规定执行；法律、法规未作规定的，由工商行政管理部门责令改正，可以根据情节单处或者并处警告、没收违法所得、处以违法所得一倍以上五倍以下的罚款，没有违法所得的，处以一万元以下的罚款；情节严重的，责令停业整顿、吊销营业执照：

（一）生产、销售的商品不符合保障人身、财产安全要求的；

（二）在商品中掺杂、掺假，以假充真，以次充好，或者以不合格商品冒充合格商品的；

（三）生产国家明令淘汰的商品或者销售失效、变质的商品的；

（四）伪造商品的产地，伪造或者冒用他人的厂名、厂址，伪造或者冒用认证标志、名优标志等质量标志的；

（五）销售的商品应当检验、检疫而未检验、检疫或者伪造检验、检疫结果的；

（六）对商品或者服务作引人误解的虚假宣传的；

（七）对消费者提出的修理、重作、更换、退货、补足商品数量、退还货款和服务费用或者赔偿损失的要求，故意拖延或者无理拒绝的；

（八）侵害消费者人格尊严或者侵犯消费者人身自由的；

（九）法律、法规规定的对损害消费者权益应当予以处罚的其他情形。

第五十一条 经营者对行政处罚决定不服的，可以自收到处罚决定之日起十五日内向上一级机关申请复议，对复议决定不服的，可以自收到复议决定书之日起十五日内向人民法院提起诉讼；也可以直接向人民法院提起诉讼。

第五十二条 以暴力、威胁等方法阻碍有关行政部门工作人员依法执行职务的，依法追究刑事责任；拒绝、阻碍有关行政部门工作人员依法执行职务，未使用暴力、威胁方法的，由公安机关依照《中华人民共和国治安管理处罚条例》的规定处罚。

第五十三条 国家机关工作人员玩忽职守或者包庇经营者侵害消费者合法权益的行为的，由其所在单位或者上级机关给予行政处分；情节严重，构成犯罪的，依法追究刑事责任。

第八章　附　　则

第五十四条 农民购买、使用直接用于农业生产的生产资料，参照本法执行。

第五十五条 本法自 1994 年 1 月 1 日起施行。

中华人民共和国侵权责任法

（2009年12月26日第十一届全国人民代表大会常务委员会第十二次会议通过）

第一章　一般规定

第一条　为保护民事主体的合法权益，明确侵权责任，预防并制裁侵权行为，促进社会和谐稳定，制定本法。

第二条　侵害民事权益，应当依照本法承担侵权责任。

本法所称民事权益，包括生命权、健康权、姓名权、名誉权、荣誉权、肖像权、隐私权、婚姻自主权、监护权、所有权、用益物权、担保物权、著作权、专利权、商标专用权、发现权、股权、继承权等人身、财产权益。

第三条　被侵权人有权请求侵权人承担侵权责任。

第四条　侵权人因同一行为应当承担行政责任或者刑事责任的，不影响依法承担侵权责任。

因同一行为应当承担侵权责任和行政责任、刑事责任，侵权人的财产不足以支付的，先承担侵权责任。

第五条　其他法律对侵权责任另有特别规定的，依照其规定。

第二章　责任构成和责任方式

第六条　行为人因过错侵害他人民事权益，应当承担侵权责任。

根据法律规定推定行为人有过错，行为人不能证明自己没有过错的，应当承担侵权责任。

第七条 行为人损害他人民事权益，不论行为人有无过错，法律规定应当承担侵权责任的，依照其规定。

第八条 二人以上共同实施侵权行为，造成他人损害的，应当承担连带责任。

第九条 教唆、帮助他人实施侵权行为的，应当与行为人承担连带责任。

教唆、帮助无民事行为能力人、限制民事行为能力人实施侵权行为的，应当承担侵权责任；该无民事行为能力人、限制民事行为能力人的监护人未尽到监护责任的，应当承担相应的责任。

第十条 二人以上实施危及他人人身、财产安全的行为，其中一人或者数人的行为造成他人损害，能够确定具体侵权人的，由侵权人承担责任；不能确定具体侵权人的，行为人承担连带责任。

第十一条 二人以上分别实施侵权行为造成同一损害，每个人的侵权行为都足以造成全部损害的，行为人承担连带责任。

第十二条 二人以上分别实施侵权行为造成同一损害，能够确定责任大小的，各自承担相应的责任；难以确定责任大小的，平均承担赔偿责任。

第十三条 法律规定承担连带责任的，被侵权人有权请求部分或者全部连带责任人承担责任。

第十四条 连带责任人根据各自责任大小确定相应的赔偿数额；难以确定责任大小的，平均承担赔偿责任。

支付超出自己赔偿数额的连带责任人，有权向其他连带责任人追偿。

第十五条 承担侵权责任的方式主要有：

（一）停止侵害；

（二）排除妨碍；

（三）消除危险；

（四）返还财产；

（五）恢复原状；

（六）赔偿损失；

（七）赔礼道歉；

（八）消除影响、恢复名誉。

以上承担侵权责任的方式，可以单独适用，也可以合并适用。

第十六条 侵害他人造成人身损害的，应当赔偿医疗费、护理费、交通费等为治疗和康复支出的合理费用，以及因误工减少的收入。造成残疾的，还应当赔偿残疾生活辅助具费和残疾赔偿金。造成死亡的，还应当赔偿丧葬费和死亡赔偿金。

第十七条 因同一侵权行为造成多人死亡的，可以以相同数额确定死亡赔偿金。

第十八条 被侵权人死亡的，其近亲属有权请求侵权人承担侵权责任。被侵权人为单位，该单位分立、合并的，承继权利的单位有权请求侵权人承担侵权责任。

被侵权人死亡的，支付被侵权人医疗费、丧葬费等合理费用的人有权请求侵权人赔偿费用，但侵权人已支付该费用的除外。

第十九条 侵害他人财产的，财产损失按照损失发生时的市场价格或者其他方式计算。

第二十条 侵害他人人身权益造成财产损失的，按照被侵权人因此受到的损失赔偿；被侵权人的损失难以确定，侵权人因此获得利益的，按照其获得的利益赔偿；侵权人因此获得的利益难以确定，被侵权人和侵权人就赔偿数额协商不一致，向人民法院提起诉讼的，由人民法院根据实际情况确定赔偿数额。

第二十一条 侵权行为危及他人人身、财产安全的，被侵权人可以请求侵权人承担停止侵害、排除妨碍、消除危险等侵权责任。

第二十二条 侵害他人人身权益，造成他人严重精神损害的，被侵权人可以请求精神损害赔偿。

第二十三条 因防止、制止他人民事权益被侵害而使自己受到损害的，由侵权人承担责任。侵权人逃逸或者无力承担责任，被侵权人请求补偿的，受益人应当给予适当补偿。

第二十四条 受害人和行为人对损害的发生都没有过错的，可以根据实际情况，由双方分担损失。

第二十五条 损害发生后，当事人可以协商赔偿费用的支付方式。协商不一致的，赔偿费用应当一次性支付；一次性支付确有困难的，可以分期支付，但应当提供相应的担保。

第三章　不承担责任和减轻责任的情形

第二十六条 被侵权人对损害的发生也有过错的，可以减轻侵权人的责任。

第二十七条 损害是因受害人故意造成的，行为人不承担责任。

第二十八条 损害是因第三人造成的，第三人应当承担侵权责任。

第二十九条 因不可抗力造成他人损害的，不承担责任。法律另有规定的，依照其规定。

第三十条 因正当防卫造成损害的，不承担责任。正当防卫超过必要的限度，造成不应有的损害的，正当防卫人应当承担适当的责任。

第三十一条 因紧急避险造成损害的，由引起险情发生的人承担责任。如果危险是由自然原因引起的，紧急避险人不承担责任或者给予适当补偿。紧急避险采取措施不当或者超过必要的限度，造成不应有的损害的，紧急避险人应当承担适当的责任。

第四章　关于责任主体的特殊规定

第三十二条　无民事行为能力人、限制民事行为能力人造成他人损害的，由监护人承担侵权责任。监护人尽到监护责任的，可以减轻其侵权责任。

有财产的无民事行为能力人、限制民事行为能力人造成他人损害的，从本人财产中支付赔偿费用。不足部分，由监护人赔偿。

第三十三条　完全民事行为能力人对自己的行为暂时没有意识或者失去控制造成他人损害有过错的，应当承担侵权责任；没有过错的，根据行为人的经济状况对受害人适当补偿。

完全民事行为能力人因醉酒、滥用麻醉药品或者精神药品对自己的行为暂时没有意识或者失去控制造成他人损害的，应当承担侵权责任。

第三十四条　用人单位的工作人员因执行工作任务造成他人损害的，由用人单位承担侵权责任。

劳务派遣期间，被派遣的工作人员因执行工作任务造成他人损害的，由接受劳务派遣的用工单位承担侵权责任；劳务派遣单位有过错的，承担相应的补充责任。

第三十五条　个人之间形成劳务关系，提供劳务一方因劳务造成他人损害的，由接受劳务一方承担侵权责任。提供劳务一方因劳务自己受到损害的，根据双方各自的过错承担相应的责任。

第三十六条　网络用户、网络服务提供者利用网络侵害他人民事权益的，应当承担侵权责任。

网络用户利用网络服务实施侵权行为的，被侵权人有权通知网络服务提供者采取删除、屏蔽、断开链接等必要措施。网络服务提供者接到通知后未及时采取必要措施的，对损害的扩大部分与该网络用户承担连带责任。

网络服务提供者知道网络用户利用其网络服务侵害他人民事权益，未采取必要措施的，与该网络用户承担连带责任。

第三十七条 宾馆、商场、银行、车站、娱乐场所等公共场所的管理人或者群众性活动的组织者，未尽到安全保障义务，造成他人损害的，应当承担侵权责任。

因第三人的行为造成他人损害的，由第三人承担侵权责任；管理人或者组织者未尽到安全保障义务的，承担相应的补充责任。

第三十八条 无民事行为能力人在幼儿园、学校或者其他教育机构学习、生活期间受到人身损害的，幼儿园、学校或者其他教育机构应当承担责任，但能够证明尽到教育、管理职责的，不承担责任。

第三十九条 限制民事行为能力人在学校或者其他教育机构学习、生活期间受到人身损害，学校或者其他教育机构未尽到教育、管理职责的，应当承担责任。

第四十条 无民事行为能力人或者限制民事行为能力人在幼儿园、学校或者其他教育机构学习、生活期间，受到幼儿园、学校或者其他教育机构以外的人员人身损害的，由侵权人承担侵权责任；幼儿园、学校或者其他教育机构未尽到管理职责的，承担相应的补充责任。

第五章　产 品 责 任

第四十一条 因产品存在缺陷造成他人损害的，生产者应当承担侵权责任。

第四十二条 因销售者的过错使产品存在缺陷，造成他人损害的，销售者应当承担侵权责任。

销售者不能指明缺陷产品的生产者也不能指明缺陷产品的供货者的，销售者应当承担侵权责任。

第四十三条 因产品存在缺陷造成损害的，被侵权人可以向产品的生产者请求赔偿，也可以向产品的销售者请求赔偿。

产品缺陷由生产者造成的，销售者赔偿后，有权向生产者追偿。

因销售者的过错使产品存在缺陷的，生产者赔偿后，有权向销售者追偿。

第四十四条 因运输者、仓储者等第三人的过错使产品存在缺陷，造成他人损害的，产品的生产者、销售者赔偿后，有权向第三人追偿。

第四十五条 因产品缺陷危及他人人身、财产安全的，被侵权人有权请求生产者、销售者承担排除妨碍、消除危险等侵权责任。

第四十六条 产品投入流通后发现存在缺陷的，生产者、销售者应当及时采取警示、召回等补救措施。未及时采取补救措施或者补救措施不力造成损害的，应当承担侵权责任。

第四十七条 明知产品存在缺陷仍然生产、销售，造成他人死亡或者健康严重损害的，被侵权人有权请求相应的惩罚性赔偿。

第六章 机动车交通事故责任

第四十八条 机动车发生交通事故造成损害的，依照道路交通安全法的有关规定承担赔偿责任。

第四十九条 因租赁、借用等情形机动车所有人与使用人不是同一人时，发生交通事故后属于该机动车一方责任的，由保险公司在机动车强制保险责任限额范围内予以赔偿。不足部分，由机动车使用人承担赔偿责任；机动车所有人对损害的发生有过错的，承担相应的赔偿责任。

第五十条 当事人之间已经以买卖等方式转让并交付机动车

但未办理所有权转移登记，发生交通事故后属于该机动车一方责任的，由保险公司在机动车强制保险责任限额范围内予以赔偿。不足部分，由受让人承担赔偿责任。

第五十一条 以买卖等方式转让拼装或者已达到报废标准的机动车，发生交通事故造成损害的，由转让人和受让人承担连带责任。

第五十二条 盗窃、抢劫或者抢夺的机动车发生交通事故造成损害的，由盗窃人、抢劫人或者抢夺人承担赔偿责任。保险公司在机动车强制保险责任限额范围内垫付抢救费用的，有权向交通事故责任人追偿。

第五十三条 机动车驾驶人发生交通事故后逃逸，该机动车参加强制保险的，由保险公司在机动车强制保险责任限额范围内予以赔偿；机动车不明或者该机动车未参加强制保险，需要支付被侵权人人身伤亡的抢救、丧葬等费用的，由道路交通事故社会救助基金垫付。道路交通事故社会救助基金垫付后，其管理机构有权向交通事故责任人追偿。

第七章　医疗损害责任

第五十四条 患者在诊疗活动中受到损害，医疗机构及其医务人员有过错的，由医疗机构承担赔偿责任。

第五十五条 医务人员在诊疗活动中应当向患者说明病情和医疗措施。需要实施手术、特殊检查、特殊治疗的，医务人员应当及时向患者说明医疗风险、替代医疗方案等情况，并取得其书面同意；不宜向患者说明的，应当向患者的近亲属说明，并取得其书面同意。

医务人员未尽到前款义务，造成患者损害的，医疗机构应当承担赔偿责任。

第五十六条 因抢救生命垂危的患者等紧急情况，不能取得患者或者其近亲属意见的，经医疗机构负责人或者授权的负责人批准，可以立即实施相应的医疗措施。

第五十七条 医务人员在诊疗活动中未尽到与当时的医疗水平相应的诊疗义务，造成患者损害的，医疗机构应当承担赔偿责任。

第五十八条 患者有损害，因下列情形之一的，推定医疗机构有过错：

（一）违反法律、行政法规、规章以及其他有关诊疗规范的规定；

（二）隐匿或者拒绝提供与纠纷有关的病历资料；

（三）伪造、篡改或者销毁病历资料。

第五十九条 因药品、消毒药剂、医疗器械的缺陷，或者输入不合格的血液造成患者损害的，患者可以向生产者或者血液提供机构请求赔偿，也可以向医疗机构请求赔偿。患者向医疗机构请求赔偿的，医疗机构赔偿后，有权向负有责任的生产者或者血液提供机构追偿。

第六十条 患者有损害，因下列情形之一的，医疗机构不承担赔偿责任：

（一）患者或者其近亲属不配合医疗机构进行符合诊疗规范的诊疗；

（二）医务人员在抢救生命垂危的患者等紧急情况下已经尽到合理诊疗义务；

（三）限于当时的医疗水平难以诊疗。

前款第一项情形中，医疗机构及其医务人员也有过错的，应当承担相应的赔偿责任。

第六十一条 医疗机构及其医务人员应当按照规定填写并妥善保管住院志、医嘱单、检验报告、手术及麻醉记录、病理资料、护理记录、医疗费用等病历资料。

患者要求查阅、复制前款规定的病历资料的，医疗机构应当提供。

第六十二条 医疗机构及其医务人员应当对患者的隐私保密。泄露患者隐私或者未经患者同意公开其病历资料，造成患者损害的，应当承担侵权责任。

第六十三条 医疗机构及其医务人员不得违反诊疗规范实施不必要的检查。

第六十四条 医疗机构及其医务人员的合法权益受法律保护。干扰医疗秩序，妨害医务人员工作、生活的，应当依法承担法律责任。

第八章 环境污染责任

第六十五条 因污染环境造成损害的，污染者应当承担侵权责任。

第六十六条 因污染环境发生纠纷，污染者应当就法律规定的不承担责任或者减轻责任的情形及其行为与损害之间不存在因果关系承担举证责任。

第六十七条 两个以上污染者污染环境，污染者承担责任的大小，根据污染物的种类、排放量等因素确定。

第六十八条 因第三人的过错污染环境造成损害的，被侵权人可以向污染者请求赔偿，也可以向第三人请求赔偿。污染者赔偿后，有权向第三人追偿。

第九章 高度危险责任

第六十九条 从事高度危险作业造成他人损害的，应当承担侵权责任。

第七十条 民用核设施发生核事故造成他人损害的，民用核设施的经营者应当承担侵权责任，但能够证明损害是因战争等情形或者受害人故意造成的，不承担责任。

第七十一条 民用航空器造成他人损害的，民用航空器的经营者应当承担侵权责任，但能够证明损害是因受害人故意造成的，不承担责任。

第七十二条 占有或者使用易燃、易爆、剧毒、放射性等高度危险物造成他人损害的，占有人或者使用人应当承担侵权责任，但能够证明损害是因受害人故意或者不可抗力造成的，不承担责任。被侵权人对损害的发生有重大过失的，可以减轻占有人或者使用人的责任。

第七十三条 从事高空、高压、地下挖掘活动或者使用高速轨道运输工具造成他人损害的，经营者应当承担侵权责任，但能够证明损害是因受害人故意或者不可抗力造成的，不承担责任。被侵权人对损害的发生有过失的，可以减轻经营者的责任。

第七十四条 遗失、抛弃高度危险物造成他人损害的，由所有人承担侵权责任。所有人将高度危险物交由他人管理的，由管理人承担侵权责任；所有人有过错的，与管理人承担连带责任。

第七十五条 非法占有高度危险物造成他人损害的，由非法占有人承担侵权责任。所有人、管理人不能证明对防止他人非法占有尽到高度注意义务的，与非法占有人承担连带责任。

第七十六条 未经许可进入高度危险活动区域或者高度危险物存放区域受到损害，管理人已经采取安全措施并尽到警示义务的，可以减轻或者不承担责任。

第七十七条 承担高度危险责任，法律规定赔偿限额的，依照其规定。

第十章　饲养动物损害责任

第七十八条 饲养的动物造成他人损害的，动物饲养人或者管理人应当承担侵权责任，但能够证明损害是因被侵权人故意或者重大过失造成的，可以不承担或者减轻责任。

第七十九条 违反管理规定，未对动物采取安全措施造成他人损害的，动物饲养人或者管理人应当承担侵权责任。

第八十条 禁止饲养的烈性犬等危险动物造成他人损害的，动物饲养人或者管理人应当承担侵权责任。

第八十一条 动物园的动物造成他人损害的，动物园应当承担侵权责任，但能够证明尽到管理职责的，不承担责任。

第八十二条 遗弃、逃逸的动物在遗弃、逃逸期间造成他人损害的，由原动物饲养人或者管理人承担侵权责任。

第八十三条 因第三人的过错致使动物造成他人损害的，被侵权人可以向动物饲养人或者管理人请求赔偿，也可以向第三人请求赔偿。动物饲养人或者管理人赔偿后，有权向第三人追偿。

第八十四条 饲养动物应当遵守法律，尊重社会公德，不得妨害他人生活。

第十一章 物件损害责任

第八十五条 建筑物、构筑物或者其他设施及其搁置物、悬挂物发生脱落、坠落造成他人损害，所有人、管理人或者使用人不能证明自己没有过错的，应当承担侵权责任。所有人、管理人或者使用人赔偿后，有其他责任人的，有权向其他责任人追偿。

第八十六条 建筑物、构筑物或者其他设施倒塌造成他人损害的，由建设单位与施工单位承担连带责任。建设单位、施工单位赔偿后，有其他责任人的，有权向其他责任人追偿。

因其他责任人的原因，建筑物、构筑物或者其他设施倒塌造成他人损害的，由其他责任人承担侵权责任。

第八十七条 从建筑物中抛掷物品或者从建筑物上坠落的物品造成他人损害，难以确定具体侵权人的，除能够证明自己不是侵权人的外，由可能加害的建筑物使用人给予补偿。

第八十八条 堆放物倒塌造成他人损害，堆放人不能证明自己没有过错的，应当承担侵权责任。

第八十九条 在公共道路上堆放、倾倒、遗撒妨碍通行的物品造成他人损害的，有关单位或者个人应当承担侵权责任。

第九十条 因林木折断造成他人损害，林木的所有人或者管理人不能证明自己没有过错的，应当承担侵权责任。

第九十一条 在公共场所或者道路上挖坑、修缮安装地下设施等，没有设置明显标志和采取安全措施造成他人损害的，施工人应当承担侵权责任。

窨井等地下设施造成他人损害，管理人不能证明尽到管理职责的，应当承担侵权责任。

第十二章 附 则

第九十二条 本法自2010年7月1日起施行。

中华人民共和国道路交通安全法

（2003年10月28日第十届全国人民代表大会常务委员会第五次会议通过　根据2007年12月29日第十届全国人民代表大会常务委员会第三十一次会议《关于修改〈中华人民共和国道路交通安全法〉的决定》第一次修正　根据2011年4月22日第十一届全国人民代表大会常务委员会第二十次会议《关于修改〈中华人民共和国道路交通安全法〉的决定》第二次修正）

第一章　总　　则

第一条　为了维护道路交通秩序，预防和减少交通事故，保护人身安全，保护公民、法人和其他组织的财产安全及其他合法权益，提高通行效率，制定本法。

第二条　中华人民共和国境内的车辆驾驶人、行人、乘车人以及与道路交通活动有关的单位和个人，都应当遵守本法。

第三条　道路交通安全工作，应当遵循依法管理、方便群众的原则，保障道路交通有序、安全、畅通。

第四条　各级人民政府应当保障道路交通安全管理工作与经济建设和社会发展相适应。

县级以上地方各级人民政府应当适应道路交通发展的需要，依据道路交通安全法律、法规和国家有关政策，制定道路交通安全管理规划，并组织实施。

第五条　国务院公安部门负责全国道路交通安全管理工作。县级以上地方各级人民政府公安机关交通管理部门负责本行政区域内的道路交通安全管理工作。

县级以上各级人民政府交通、建设管理部门依据各自职责，负责有关的道路交通工作。

第六条 各级人民政府应当经常进行道路交通安全教育，提高公民的道路交通安全意识。

公安机关交通管理部门及其交通警察执行职务时，应当加强道路交通安全法律、法规的宣传，并模范遵守道路交通安全法律、法规。

机关、部队、企业事业单位、社会团体以及其他组织，应当对本单位的人员进行道路交通安全教育。

教育行政部门、学校应当将道路交通安全教育纳入法制教育的内容。

新闻、出版、广播、电视等有关单位，有进行道路交通安全教育的义务。

第七条 对道路交通安全管理工作，应当加强科学研究，推广、使用先进的管理方法、技术、设备。

第二章 车辆和驾驶人

第一节 机动车、非机动车

第八条 国家对机动车实行登记制度。机动车经公安机关交通管理部门登记后，方可上道路行驶。尚未登记的机动车，需要临时上道路行驶的，应当取得临时通行牌证。

第九条 申请机动车登记，应当提交以下证明、凭证：

（一）机动车所有人的身份证明；

（二）机动车来历证明；

（三）机动车整车出厂合格证明或者进口机动车进口凭证；

（四）车辆购置税的完税证明或者免税凭证；

（五）法律、行政法规规定应当在机动车登记时提交的其他证明、凭证。

公安机关交通管理部门应当自受理申请之日起五个工作日内完成机动车登记审查工作，对符合前款规定条件的，应当发放机动车登记证书、号牌和行驶证；对不符合前款规定条件的，应当向申请人说明不予登记的理由。

公安机关交通管理部门以外的任何单位或者个人不得发放机动车号牌或者要求机动车悬挂其他号牌，本法另有规定的除外。

机动车登记证书、号牌、行驶证的式样由国务院公安部门规定并监制。

第十条 准予登记的机动车应当符合机动车国家安全技术标准。申请机动车登记时，应当接受对该机动车的安全技术检验。但是，经国家机动车产品主管部门依据机动车国家安全技术标准认定的企业生产的机动车型，该车型的新车在出厂时经检验符合机动车国家安全技术标准，获得检验合格证的，免予安全技术检验。

第十一条 驾驶机动车上道路行驶，应当悬挂机动车号牌，放置检验合格标志、保险标志，并随车携带机动车行驶证。

机动车号牌应当按照规定悬挂并保持清晰、完整，不得故意遮挡、污损。

任何单位和个人不得收缴、扣留机动车号牌。

第十二条 有下列情形之一的，应当办理相应的登记：

（一）机动车所有权发生转移的；

（二）机动车登记内容变更的；

（三）机动车用作抵押的；

（四）机动车报废的。

第十三条 对登记后上道路行驶的机动车，应当依照法律、行政法规的规定，根据车辆用途、载客载货数量、使用年限等不同情况，定期进行安全技术检验。对提供机动车行驶证和机动车第三者责任强制保险单的，机动车安全技术检验机构应当予以检验，任何单位不得附加其他条件。对符合机动车国家安全技术标准的，公安机关交通管理部门应当发给检验合格标志。

对机动车的安全技术检验实行社会化。具体办法由国务院规定。

机动车安全技术检验实行社会化的地方，任何单位不得要求机动车到指定的场所进行检验。

公安机关交通管理部门、机动车安全技术检验机构不得要求机动车到指定的场所进行维修、保养。

机动车安全技术检验机构对机动车检验收取费用，应当严格执行国务院价格主管部门核定的收费标准。

第十四条 国家实行机动车强制报废制度，根据机动车的安全技术状况和不同用途，规定不同的报废标准。

应当报废的机动车必须及时办理注销登记。

达到报废标准的机动车不得上道路行驶。报废的大型客、货车及其他营运车辆应当在公安机关交通管理部门的监督下解体。

第十五条 警车、消防车、救护车、工程救险车应当按照规定喷涂标志图案，安装警报器、标志灯具。其他机动车不得喷涂、安装、使用上述车辆专用的或者与其相类似的标志图案、警报器或者标志灯具。

警车、消防车、救护车、工程救险车应当严格按照规定的用途和条件使用。

公路监督检查的专用车辆，应当依照公路法的规定，设置统一的标志和示警灯。

第十六条 任何单位或者个人不得有下列行为：

（一）拼装机动车或者擅自改变机动车已登记的结构、构造或者特征；

（二）改变机动车型号、发动机号、车架号或者车辆识别代号；

（三）伪造、变造或者使用伪造、变造的机动车登记证书、号牌、行驶证、检验合格标志、保险标志；

（四）使用其他机动车的登记证书、号牌、行驶证、检验合格标志、保险标志。

第十七条 国家实行机动车第三者责任强制保险制度，设立道路交通事故社会救助基金。具体办法由国务院规定。

第十八条 依法应当登记的非机动车，经公安机关交通管理部门登记后，方可上道路行驶。

依法应当登记的非机动车的种类，由省、自治区、直辖市人民政府根据当地实际情况规定。

非机动车的外形尺寸、质量、制动器、车铃和夜间反光装置，应当符合非机动车安全技术标准。

第二节 机动车驾驶人

第十九条 驾驶机动车，应当依法取得机动车驾驶证。

申请机动车驾驶证，应当符合国务院公安部门规定的驾驶许可条件；经考试合格后，由公安机关交通管理部门发给相应类别的机动车驾驶证。

持有境外机动车驾驶证的人，符合国务院公安部门规定的驾驶许可条件，经公安机关交通管理部门考核合格的，可以发给中国的机动车驾驶证。

驾驶人应当按照驾驶证载明的准驾车型驾驶机动车；驾驶机动车时，应当随身携带机动车驾驶证。

公安机关交通管理部门以外的任何单位或者个人，不得收缴、扣留机动车驾驶证。

第二十条 机动车的驾驶培训实行社会化，由交通主管部门对驾驶培训学校、驾驶培训班实行资格管理，其中专门的拖拉机驾驶培训学校、驾驶培训班由农业（农业机械）主管部门实行资格管理。

驾驶培训学校、驾驶培训班应当严格按照国家有关规定，对学员进行道路交通安全法律、法规、驾驶技能的培训，确保培训质量。

任何国家机关以及驾驶培训和考试主管部门不得举办或者参与举办驾驶培训学校、驾驶培训班。

第二十一条 驾驶人驾驶机动车上道路行驶前，应当对机动车的安全技术性能进行认真检查；不得驾驶安全设施不全或者机件不符合技术标准等具有安全隐患的机动车。

第二十二条 机动车驾驶人应当遵守道路交通安全法律、法规的规定，按照操作规范安全驾驶、文明驾驶。

饮酒、服用国家管制的精神药品或者麻醉药品，或者患有妨碍安全驾驶机动车的疾病，或者过度疲劳影响安全驾驶的，不得驾驶机动车。

任何人不得强迫、指使、纵容驾驶人违反道路交通安全法律、法规和机动车安全驾驶要求驾驶机动车。

第二十三条 公安机关交通管理部门依照法律、行政法规的规定，定期对机动车驾驶证实施审验。

第二十四条 公安机关交通管理部门对机动车驾驶人违反道路交通安全法律、法规的行为，除依法给予行政处罚外，实行累积记分制度。公安机关交通管理部门对累积记分达到规定分值的机动车驾驶人，扣留机动车驾驶证，对其进行道路交通安全法律、法规教育，重新考试；考试合格的，发还其机动车驾驶证。

对遵守道路交通安全法律、法规，在一年内无累积记分的机动车驾驶人，可以延长机动车驾驶证的审验期。具体办法由国务院公安部门规定。

第三章 道路通行条件

第二十五条 全国实行统一的道路交通信号。

交通信号包括交通信号灯、交通标志、交通标线和交通警察的指挥。

交通信号灯、交通标志、交通标线的设置应当符合道路交通安全、畅通的要求和国家标准，并保持清晰、醒目、准确、完好。

根据通行需要，应当及时增设、调换、更新道路交通信号。增设、调换、更新限制性的道路交通信号，应当提前向社会公告，广泛进行宣传。

第二十六条 交通信号灯由红灯、绿灯、黄灯组成。红灯表示禁止通行，绿灯表示准许通行，黄灯表示警示。

第二十七条 铁路与道路平面交叉的道口，应当设置警示灯、警示标志或者安全防护设施。无人看守的铁路道口，应当在距道口一定距离处设置警示标志。

第二十八条 任何单位和个人不得擅自设置、移动、占用、损毁交通信号灯、交通标志、交通标线。

道路两侧及隔离带上种植的树木或者其他植物，设置的广告牌、管线等，应当与交通设施保持必要的距离，不得遮挡路灯、交通信号灯、交通标志，不得妨碍安全视距，不得影响通行。

第二十九条 道路、停车场和道路配套设施的规划、设计、建设，应当符合道路交通安全、畅通的要求，并根据交通需求及时调整。

公安机关交通管理部门发现已经投入使用的道路存在交通事故频发路段，或者停车场、道路配套设施存在交通安全严重隐患的，应当及时向当地人民政府报告，并提出防范交通事故、消除隐患的建议，当地人民政府应当及时作出处理决定。

第三十条 道路出现坍塌、坑漕、水毁、隆起等损毁或者交通信号灯、交通标志、交通标线等交通设施损毁、灭失的，道路、交通设施的养护部门或者管理部门应当设置警示标志并及时修复。

公安机关交通管理部门发现前款情形，危及交通安全，尚未设置警示标志的，应当及时采取安全措施，疏导交通，并通知道路、交通设施的养护部门或者管理部门。

第三十一条 未经许可，任何单位和个人不得占用道路从事非交通活动。

第三十二条 因工程建设需要占用、挖掘道路，或者跨越、穿越道路架设、增设管线设施，应当事先征得道路主管部门的同意；影响交通安全的，还应当征得公安机关交通管理部门的同意。

施工作业单位应当在经批准的路段和时间内施工作业，并在距离施工作业地点来车方向安全距离处设置明显的安全警示标志，采取防护措施；施工作业完毕，应当迅速清除道路上的障碍物，消除安全隐患，经道路主管部门和公安机关交通管理部门验收合格，符合通行要求后，方可恢复通行。

对未中断交通的施工作业道路，公安机关交通管理部门应当加强交通安全监督检查，维护道路交通秩序。

第三十三条 新建、改建、扩建的公共建筑、商业街区、居住区、大（中）型建筑等，应当配建、增建停车场；停车泊位不足的，应当及时改建或者扩建；投入使用的停车场不得擅自停止使用或者改作他用。

在城市道路范围内，在不影响行人、车辆通行的情况下，政府有关部门可以施划停车泊位。

第三十四条 学校、幼儿园、医院、养老院门前的道路没有行人过街设施的，应当施划人行横道线，设置提示标志。

城市主要道路的人行道，应当按照规划设置盲道。盲道的设置应当符合国家标准。

第四章　道路通行规定

第一节　一 般 规 定

第三十五条　机动车、非机动车实行右侧通行。

第三十六条　根据道路条件和通行需要，道路划分为机动车道、非机动车道和人行道的，机动车、非机动车、行人实行分道通行。没有划分机动车道、非机动车道和人行道的，机动车在道路中间通行，非机动车和行人在道路两侧通行。

第三十七条　道路划设专用车道的，在专用车道内，只准许规定的车辆通行，其他车辆不得进入专用车道内行驶。

第三十八条　车辆、行人应当按照交通信号通行；遇有交通警察现场指挥时，应当按照交通警察的指挥通行；在没有交通信号的道路上，应当在确保安全、畅通的原则下通行。

第三十九条　公安机关交通管理部门根据道路和交通流量的具体情况，可以对机动车、非机动车、行人采取疏导、限制通行、禁止通行等措施。遇有大型群众性活动、大范围施工等情况，需要采取限制交通的措施，或者作出与公众的道路交通活动直接有关的决定，应当提前向社会公告。

第四十条　遇有自然灾害、恶劣气象条件或者重大交通事故等严重影响交通安全的情形，采取其他措施难以保证交通安全时，公安机关交通管理部门可以实行交通管制。

第四十一条　有关道路通行的其他具体规定，由国务院规定。

第二节　机动车通行规定

第四十二条　机动车上道路行驶，不得超过限速标志标明的最高时速。在没有限速标志的路段，应当保持安全车速。

夜间行驶或者在容易发生危险的路段行驶，以及遇有沙尘、冰雹、雨、雪、雾、结冰等气象条件时，应当降低行驶速度。

第四十三条 同车道行驶的机动车，后车应当与前车保持足以采取紧急制动措施的安全距离。有下列情形之一的，不得超车：

（一）前车正在左转弯、掉头、超车的；

（二）与对面来车有会车可能的；

（三）前车为执行紧急任务的警车、消防车、救护车、工程救险车的；

（四）行经铁路道口、交叉路口、窄桥、弯道、陡坡、隧道、人行横道、市区交通流量大的路段等没有超车条件的。

第四十四条 机动车通过交叉路口，应当按照交通信号灯、交通标志、交通标线或者交通警察的指挥通过；通过没有交通信号灯、交通标志、交通标线或者交通警察指挥的交叉路口时，应当减速慢行，并让行人和优先通行的车辆先行。

第四十五条 机动车遇有前方车辆停车排队等候或者缓慢行驶时，不得借道超车或者占用对面车道，不得穿插等候的车辆。

在车道减少的路段、路口，或者在没有交通信号灯、交通标志、交通标线或者交通警察指挥的交叉路口遇到停车排队等候或者缓慢行驶时，机动车应当依次交替通行。

第四十六条 机动车通过铁路道口时，应当按照交通信号或者管理人员的指挥通行；没有交通信号或者管理人员的，应当减速或者停车，在确认安全后通过。

第四十七条 机动车行经人行横道时，应当减速行驶；遇行人正在通过人行横道，应当停车让行。

机动车行经没有交通信号的道路时，遇行人横过道路，应当避让。

第四十八条 机动车载物应当符合核定的载质量，严禁超载；载物的长、宽、高不得违反装载要求，不得遗洒、飘散载运物。

机动车运载超限的不可解体的物品，影响交通安全的，应当按照公安机关交通管理部门指定的时间、路线、速度行驶，悬挂明显标志。在公路上运载超限的不可解体的物品，并应当依照公路法的规定执行。

机动车载运爆炸物品、易燃易爆化学物品以及剧毒、放射性等危险物品，应当经公安机关批准后，按指定的时间、路线、速度行驶，悬挂警示标志并采取必要的安全措施。

第四十九条 机动车载人不得超过核定的人数，客运机动车不得违反规定载货。

第五十条 禁止货运机动车载客。

货运机动车需要附载作业人员的，应当设置保护作业人员的安全措施。

第五十一条 机动车行驶时，驾驶人、乘坐人员应当按规定使用安全带，摩托车驾驶人及乘坐人员应当按规定戴安全头盔。

第五十二条 机动车在道路上发生故障，需要停车排除故障时，驾驶人应当立即开启危险报警闪光灯，将机动车移至不妨碍交通的地方停放；难以移动的，应当持续开启危险报警闪光灯，并在来车方向设置警告标志等措施扩大示警距离，必要时迅速报警。

第五十三条 警车、消防车、救护车、工程救险车执行紧急任务时，可以使用警报器、标志灯具；在确保安全的前提下，不受行驶路线、行驶方向、行驶速度和信号灯的限制，其他车辆和行人应当让行。

警车、消防车、救护车、工程救险车非执行紧急任务时，不得使用警报器、标志灯具，不享有前款规定的道路优先通行权。

第五十四条 道路养护车辆、工程作业车进行作业时，在不影响过往车辆通行的前提下，其行驶路线和方向不受交通标志、标线限制，过往车辆和人员应当注意避让。

洒水车、清扫车等机动车应当按照安全作业标准作业；在不影响其他车辆通行的情况下，可以不受车辆分道行驶的限制，但是不得逆向行驶。

第五十五条 高速公路、大中城市中心城区内的道路，禁止拖拉机通行。其他禁止拖拉机通行的道路，由省、自治区、直辖市人民政府根据当地实际情况规定。

在允许拖拉机通行的道路上，拖拉机可以从事货运，但是不得用于载人。

第五十六条 机动车应当在规定地点停放。禁止在人行道上停放机动车；但是，依照本法第三十三条规定施划的停车泊位除外。

在道路上临时停车的，不得妨碍其他车辆和行人通行。

第三节 非机动车通行规定

第五十七条 驾驶非机动车在道路上行驶应当遵守有关交通安全的规定。非机动车应当在非机动车道内行驶；在没有非机动车道的道路上，应当靠车行道的右侧行驶。

第五十八条 残疾人机动轮椅车、电动自行车在非机动车道内行驶时，最高时速不得超过十五公里。

第五十九条 非机动车应当在规定地点停放。未设停放地点的，非机动车停放不得妨碍其他车辆和行人通行。

第六十条 驾驭畜力车，应当使用驯服的牲畜；驾驭畜力车横过道路时，驾驭人应当下车牵引牲畜；驾驭人离开车辆时，应当拴系牲畜。

第四节 行人和乘车人通行规定

第六十一条 行人应当在人行道内行走，没有人行道的靠路边行走。

第六十二条 行人通过路口或者横过道路，应当走人行横道或者过街设施；通过有交通信号灯的人行横道，应当按照交通信号灯指示通行；通过没有交通信号灯、人行横道的路口，或者在没有过街设施的路段横过道路，应当在确认安全后通过。

第六十三条 行人不得跨越、倚坐道路隔离设施，不得扒车、强行拦车或者实施妨碍道路交通安全的其他行为。

第六十四条 学龄前儿童以及不能辨认或者不能控制自己行为的精神疾病患者、智力障碍者在道路上通行，应当由其监护人、监护人委托的人或者对其负有管理、保护职责的人带领。

盲人在道路上通行，应当使用盲杖或者采取其他导盲手段，车辆应当避让盲人。

第六十五条 行人通过铁路道口时，应当按照交通信号或者管理人员的指挥通行；没有交通信号和管理人员的，应当在确认无火车驶临后，迅速通过。

第六十六条 乘车人不得携带易燃易爆等危险物品，不得向车外抛洒物品，不得有影响驾驶人安全驾驶的行为。

第五节 高速公路的特别规定

第六十七条 行人、非机动车、拖拉机、轮式专用机械车、铰接式客车、全挂拖斗车以及其他设计最高时速低于七十公里的机动车，不得进入高速公路。高速公路限速标志标明的最高时速不得超过一百二十公里。

第六十八条 机动车在高速公路上发生故障时，应当依照本法第五十二条的有关规定办理；但是，警告标志应当设置在故障车来车方向一百五十米以外，车上人员应当迅速转移到右侧路肩上或者应急车道内，并且迅速报警。

机动车在高速公路上发生故障或者交通事故，无法正常行驶的，应当由救援车、清障车拖曳、牵引。

第六十九条 任何单位、个人不得在高速公路上拦截检查行驶的车辆，公安机关的人民警察依法执行紧急公务除外。

第五章　交通事故处理

第七十条　在道路上发生交通事故，车辆驾驶人应当立即停车，保护现场；造成人身伤亡的，车辆驾驶人应当立即抢救受伤人员，并迅速报告执勤的交通警察或者公安机关交通管理部门。因抢救受伤人员变动现场的，应当标明位置。乘车人、过往车辆驾驶人、过往行人应当予以协助。

在道路上发生交通事故，未造成人身伤亡，当事人对事实及成因无争议的，可以即行撤离现场，恢复交通，自行协商处理损害赔偿事宜；不即行撤离现场的，应当迅速报告执勤的交通警察或者公安机关交通管理部门。

在道路上发生交通事故，仅造成轻微财产损失，并且基本事实清楚的，当事人应当先撤离现场再进行协商处理。

第七十一条　车辆发生交通事故后逃逸的，事故现场目击人员和其他知情人员应当向公安机关交通管理部门或者交通警察举报。举报属实的，公安机关交通管理部门应当给予奖励。

第七十二条　公安机关交通管理部门接到交通事故报警后，应当立即派交通警察赶赴现场，先组织抢救受伤人员，并采取措施，尽快恢复交通。

交通警察应当对交通事故现场进行勘验、检查，收集证据；因收集证据的需要，可以扣留事故车辆，但是应当妥善保管，以备核查。

对当事人的生理、精神状况等专业性较强的检验，公安机关交通管理部门应当委托专门机构进行鉴定。鉴定结论应当由鉴定人签名。

第七十三条　公安机关交通管理部门应当根据交通事故现场勘验、检查、调查情况和有关的检验、鉴定结论，及时制作交通事故认定书，作为处理交通事故的证据。交通事故认定书应当载明交通事故的基本事实、成因和当事人的责任，并送达当事人。

第七十四条 对交通事故损害赔偿的争议，当事人可以请求公安机关交通管理部门调解，也可以直接向人民法院提起民事诉讼。

经公安机关交通管理部门调解，当事人未达成协议或者调解书生效后不履行的，当事人可以向人民法院提起民事诉讼。

第七十五条 医疗机构对交通事故中的受伤人员应当及时抢救，不得因抢救费用未及时支付而拖延救治。肇事车辆参加机动车第三者责任强制保险的，由保险公司在责任限额范围内支付抢救费用；抢救费用超过责任限额的，未参加机动车第三者责任强制保险或者肇事后逃逸的，由道路交通事故社会救助基金先行垫付部分或者全部抢救费用，道路交通事故社会救助基金管理机构有权向交通事故责任人追偿。

第七十六条 机动车发生交通事故造成人身伤亡、财产损失的，由保险公司在机动车第三者责任强制保险责任限额范围内予以赔偿；不足的部分，按照下列规定承担赔偿责任：

（一）机动车之间发生交通事故的，由有过错的一方承担赔偿责任；双方都有过错的，按照各自过错的比例分担责任。

（二）机动车与非机动车驾驶人、行人之间发生交通事故，非机动车驾驶人、行人没有过错的，由机动车一方承担赔偿责任；有证据证明非机动车驾驶人、行人有过错的，根据过错程度适当减轻机动车一方的赔偿责任；机动车一方没有过错的，承担不超过百分之十的赔偿责任。

交通事故的损失是由非机动车驾驶人、行人故意碰撞机动车造成的，机动车一方不承担赔偿责任。

第七十七条 车辆在道路以外通行时发生的事故，公安机关交通管理部门接到报案的，参照本法有关规定办理。

第六章 执法监督

第七十八条 公安机关交通管理部门应当加强对交通警察的管理，提高交通警察的素质和管理道路交通的水平。

公安机关交通管理部门应当对交通警察进行法制和交通安全管理业务培训、考核。交通警察经考核不合格的，不得上岗执行职务。

第七十九条 公安机关交通管理部门及其交通警察实施道路交通安全管理，应当依据法定的职权和程序，简化办事手续，做到公正、严格、文明、高效。

第八十条 交通警察执行职务时，应当按照规定着装，佩带人民警察标志，持有人民警察证件，保持警容严整，举止端庄，指挥规范。

第八十一条 依照本法发放牌证等收取工本费，应当严格执行国务院价格主管部门核定的收费标准，并全部上缴国库。

第八十二条 公安机关交通管理部门依法实施罚款的行政处罚，应当依照有关法律、行政法规的规定，实施罚款决定与罚款收缴分离；收缴的罚款以及依法没收的违法所得，应当全部上缴国库。

第八十三条 交通警察调查处理道路交通安全违法行为和交通事故，有下列情形之一的，应当回避：

（一）是本案的当事人或者当事人的近亲属；

（二）本人或者其近亲属与本案有利害关系；

（三）与本案当事人有其他关系，可能影响案件的公正处理。

第八十四条 公安机关交通管理部门及其交通警察的行政执法活动，应当接受行政监察机关依法实施的监督。

公安机关督察部门应当对公安机关交通管理部门及其交通警

察执行法律、法规和遵守纪律的情况依法进行监督。

上级公安机关交通管理部门应当对下级公安机关交通管理部门的执法活动进行监督。

第八十五条 公安机关交通管理部门及其交通警察执行职务，应当自觉接受社会和公民的监督。

任何单位和个人都有权对公安机关交通管理部门及其交通警察不严格执法以及违法违纪行为进行检举、控告。收到检举、控告的机关，应当依据职责及时查处。

第八十六条 任何单位不得给公安机关交通管理部门下达或者变相下达罚款指标；公安机关交通管理部门不得以罚款数额作为考核交通警察的标准。

公安机关交通管理部门及其交通警察对超越法律、法规规定的指令，有权拒绝执行，并同时向上级机关报告。

第七章 法律责任

第八十七条 公安机关交通管理部门及其交通警察对道路交通安全违法行为，应当及时纠正。

公安机关交通管理部门及其交通警察应当依据事实和本法的有关规定对道路交通安全违法行为予以处罚。对于情节轻微，未影响道路通行的，指出违法行为，给予口头警告后放行。

第八十八条 对道路交通安全违法行为的处罚种类包括：警告、罚款、暂扣或者吊销机动车驾驶证、拘留。

第八十九条 行人、乘车人、非机动车驾驶人违反道路交通安全法律、法规关于道路通行规定的，处警告或者五元以上五十元以下罚款；非机动车驾驶人拒绝接受罚款处罚的，可以扣留其非机动车。

第九十条 机动车驾驶人违反道路交通安全法律、法规关于道路通行规定的，处警告或者二十元以上二百元以下罚款。本法另有规定的，依照规定处罚。

第九十一条　饮酒后驾驶机动车的，处暂扣六个月机动车驾驶证，并处一千元以上二千元以下罚款。因饮酒后驾驶机动车被处罚，再次饮酒后驾驶机动车的，处十日以下拘留，并处一千元以上二千元以下罚款，吊销机动车驾驶证。

醉酒驾驶机动车的，由公安机关交通管理部门约束至酒醒，吊销机动车驾驶证，依法追究刑事责任；五年内不得重新取得机动车驾驶证。

饮酒后驾驶营运机动车的，处十五日拘留，并处五千元罚款，吊销机动车驾驶证，五年内不得重新取得机动车驾驶证。

醉酒驾驶营运机动车的，由公安机关交通管理部门约束至酒醒，吊销机动车驾驶证，依法追究刑事责任；十年内不得重新取得机动车驾驶证，重新取得机动车驾驶证后，不得驾驶营运机动车。

饮酒后或者醉酒驾驶机动车发生重大交通事故，构成犯罪的，依法追究刑事责任，并由公安机关交通管理部门吊销机动车驾驶证，终生不得重新取得机动车驾驶证。

第九十二条　公路客运车辆载客超过额定乘员的，处二百元以上五百元以下罚款；超过额定乘员百分之二十或者违反规定载货的，处五百元以上二千元以下罚款。

货运机动车超过核定载质量的，处二百元以上五百元以下罚款；超过核定载质量百分之三十或者违反规定载客的，处五百元以上二千元以下罚款。

有前两款行为的，由公安机关交通管理部门扣留机动车至违法状态消除。

运输单位的车辆有本条第一款、第二款规定的情形，经处罚不改的，对直接负责的主管人员处二千元以上五千元以下罚款。

第九十三条　对违反道路交通安全法律、法规关于机动车停放、临时停车规定的，可以指出违法行为，并予以口头警告，令其立即驶离。

机动车驾驶人不在现场或者虽在现场但拒绝立即驶离，妨碍其他车辆、行人通行的，处二十元以上二百元以下罚款，并可以将该机动车拖移至不妨碍交通的地点或者公安机关交通管理部门指定的地点停放。公安机关交通管理部门拖车不得向当事人收取费用，并应当及时告知当事人停放地点。

因采取不正确的方法拖车造成机动车损坏的，应当依法承担补偿责任。

第九十四条 机动车安全技术检验机构实施机动车安全技术检验超过国务院价格主管部门核定的收费标准收取费用的，退还多收取的费用，并由价格主管部门依照《中华人民共和国价格法》的有关规定给予处罚。

机动车安全技术检验机构不按照机动车国家安全技术标准进行检验，出具虚假检验结果的，由公安机关交通管理部门处所收检验费用五倍以上十倍以下罚款，并依法撤销其检验资格；构成犯罪的，依法追究刑事责任。

第九十五条 上道路行驶的机动车未悬挂机动车号牌，未放置检验合格标志、保险标志，或者未随车携带行驶证、驾驶证的，公安机关交通管理部门应当扣留机动车，通知当事人提供相应的牌证、标志或者补办相应手续，并可以依照本法第九十条的规定予以处罚。当事人提供相应的牌证、标志或者补办相应手续的，应当及时退还机动车。

故意遮挡、污损或者不按规定安装机动车号牌的，依照本法第九十条的规定予以处罚。

第九十六条 伪造、变造或者使用伪造、变造的机动车登记证书、号牌、行驶证、驾驶证的，由公安机关交通管理部门予以收缴，扣留该机动车，处十五日以下拘留，并处二千元以上五千元以下罚款；构成犯罪的，依法追究刑事责任。

伪造、变造或者使用伪造、变造的检验合格标志、保险标志的，由公安机关交通管理部门予以收缴，扣留该机动车，处十日以下拘留，并处一千元以上三千元以下罚款；构成犯罪的，依法追究刑事责任。

使用其他车辆的机动车登记证书、号牌、行驶证、检验合格标志、保险标志的，由公安机关交通管理部门予以收缴，扣留该机动车，处二千元以上五千元以下罚款。

当事人提供相应的合法证明或者补办相应手续的，应当及时退还机动车。

第九十七条 非法安装警报器、标志灯具的，由公安机关交通管理部门强制拆除，予以收缴，并处二百元以上二千元以下罚款。

第九十八条 机动车所有人、管理人未按照国家规定投保机动车第三者责任强制保险的，由公安机关交通管理部门扣留车辆至依照规定投保后，并处依照规定投保最低责任限额应缴纳的保险费的二倍罚款。

依照前款缴纳的罚款全部纳入道路交通事故社会救助基金。具体办法由国务院规定。

第九十九条 有下列行为之一的，由公安机关交通管理部门处二百元以上二千元以下罚款：

（一）未取得机动车驾驶证、机动车驾驶证被吊销或者机动车驾驶证被暂扣期间驾驶机动车的；

（二）将机动车交由未取得机动车驾驶证或者机动车驾驶证被吊销、暂扣的人驾驶的；

（三）造成交通事故后逃逸，尚不构成犯罪的；

（四）机动车行驶超过规定时速百分之五十的；

（五）强迫机动车驾驶人违反道路交通安全法律、法规和机动车安全驾驶要求驾驶机动车，造成交通事故，尚不构成犯罪的；

（六）违反交通管制的规定强行通行，不听劝阻的；

（七）故意损毁、移动、涂改交通设施，造成危害后果，尚不构成犯罪的；

（八）非法拦截、扣留机动车辆，不听劝阻，造成交通严重阻塞或者较大财产损失的。

行为人有前款第二项、第四项情形之一的，可以并处吊销机动车驾驶证；有第一项、第三项、第五项至第八项情形之一的，可以并处十五日以下拘留。

第一百条 驾驶拼装的机动车或者已达到报废标准的机动车上道路行驶的，公安机关交通管理部门应当予以收缴，强制报废。

对驾驶前款所列机动车上道路行驶的驾驶人，处二百元以上二千元以下罚款，并吊销机动车驾驶证。

出售已达到报废标准的机动车的，没收违法所得，处销售金额等额的罚款，对该机动车依照本条第一款的规定处理。

第一百零一条 违反道路交通安全法律、法规的规定，发生重大交通事故，构成犯罪的，依法追究刑事责任，并由公安机关交通管理部门吊销机动车驾驶证。

造成交通事故后逃逸的，由公安机关交通管理部门吊销机动车驾驶证，且终生不得重新取得机动车驾驶证。

第一百零二条 对六个月内发生二次以上特大交通事故负有主要责任或者全部责任的专业运输单位，由公安机关交通管理部门责令消除安全隐患，未消除安全隐患的机动车，禁止上道路行驶。

第一百零三条 国家机动车产品主管部门未按照机动车国家安全技术标准严格审查，许可不合格机动车型投入生产的，对负有责任的主管人员和其他直接责任人员给予降级或者撤职的行政处分。

机动车生产企业经国家机动车产品主管部门许可生产的机动车型，不执行机动车国家安全技术标准或者不严格进行机动车成品质量检验，致使质量不合格的机动车出厂销售的，由质量技术监督部门依照《中华人民共和国产品质量法》的有关规定给予处罚。

擅自生产、销售未经国家机动车产品主管部门许可生产的机动车型的，没收非法生产、销售的机动车成品及配件，可以并处非法产品价值三倍以上五倍以下罚款；有营业执照的，由工商行政管理部门吊销营业执照，没有营业执照的，予以查封。

生产、销售拼装的机动车或者生产、销售擅自改装的机动车的，依照本条第三款的规定处罚。

有本条第二款、第三款、第四款所列违法行为，生产或者销售不符合机动车国家安全技术标准的机动车，构成犯罪的，依法追究刑事责任。

第一百零四条 未经批准，擅自挖掘道路、占用道路施工或者从事其他影响道路交通安全活动的，由道路主管部门责令停止违法行为，并恢复原状，可以依法给予罚款；致使通行的人员、车辆及其他财产遭受损失的，依法承担赔偿责任。

有前款行为，影响道路交通安全活动的，公安机关交通管理部门可以责令停止违法行为，迅速恢复交通。

第一百零五条 道路施工作业或者道路出现损毁，未及时设置警示标志、未采取防护措施，或者应当设置交通信号灯、交通标志、交通标线而没有设置或者应当及时变更交通信号灯、交通标志、交通标线而没有及时变更，致使通行的人员、车辆及其他财产遭受损失的，负有相关职责的单位应当依法承担赔偿责任。

第一百零六条 在道路两侧及隔离带上种植树木、其他植物或者设置广告牌、管线等，遮挡路灯、交通信号灯、交通标志，妨碍安全视距的，由公安机关交通管理部门责令行为人排除妨碍；拒不执行的，处二百元以上二千元以下罚款，并强制排除妨碍，所需费用由行为人负担。

第一百零七条 对道路交通违法行为人予以警告、二百元以下罚款，交通警察可以当场作出行政处罚决定，并出具行政处罚决定书。

行政处罚决定书应当载明当事人的违法事实、行政处罚的依据、处罚内容、时间、地点以及处罚机关名称，并由执法人员签名或者盖章。

第一百零八条 当事人应当自收到罚款的行政处罚决定书之日起十五日内，到指定的银行缴纳罚款。

对行人、乘车人和非机动车驾驶人的罚款，当事人无异议的，可以当场予以收缴罚款。

罚款应当开具省、自治区、直辖市财政部门统一制发的罚款收据；不出具财政部门统一制发的罚款收据的，当事人有权拒绝缴纳罚款。

第一百零九条 当事人逾期不履行行政处罚决定的，作出行政处罚决定的行政机关可以采取下列措施：

（一）到期不缴纳罚款的，每日按罚款数额的百分之三加处罚款；

（二）申请人民法院强制执行。

第一百一十条 执行职务的交通警察认为应当对道路交通违法行为人给予暂扣或者吊销机动车驾驶证处罚的，可以先予扣留机动车驾驶证，并在二十四小时内将案件移交公安机关交通管理部门处理。

道路交通违法行为人应当在十五日内到公安机关交通管理部门接受处理。无正当理由逾期未接受处理的，吊销机动车驾驶证。

公安机关交通管理部门暂扣或者吊销机动车驾驶证的，应当出具行政处罚决定书。

第一百一十一条 对违反本法规定予以拘留的行政处罚，由县、市公安局、公安分局或者相当于县一级的公安机关裁决。

第一百一十二条 公安机关交通管理部门扣留机动车、非机动车，应当当场出具凭证，并告知当事人在规定期限内到公安机关交通管理部门接受处理。

公安机关交通管理部门对被扣留的车辆应当妥善保管，不得使用。

逾期不来接受处理，并且经公告三个月仍不来接受处理的，对扣留的车辆依法处理。

第一百一十三条 暂扣机动车驾驶证的期限从处罚决定生效之日起计算；处罚决定生效前先予扣留机动车驾驶证的，扣留一日折抵暂扣期限一日。

吊销机动车驾驶证后重新申请领取机动车驾驶证的期限，按照机动车驾驶证管理规定办理。

第一百一十四条 公安机关交通管理部门根据交通技术监控记录资料，可以对违法的机动车所有人或者管理人依法予以处罚。对能够确定驾驶人的，可以依照本法的规定依法予以处罚。

第一百一十五条 交通警察有下列行为之一的，依法给予行政处分：

（一）为不符合法定条件的机动车发放机动车登记证书、号牌、行驶证、检验合格标志的；

（二）批准不符合法定条件的机动车安装、使用警车、消防车、救护车、工程救险车的警报器、标志灯具，喷涂标志图案的；

（三）为不符合驾驶许可条件、未经考试或者考试不合格人员发放机动车驾驶证的；

（四）不执行罚款决定与罚款收缴分离制度或者不按规定将依法收取的费用、收缴的罚款及没收的违法所得全部上缴国库的；

（五）举办或者参与举办驾驶学校或者驾驶培训班、机动车修理厂或者收费停车场等经营活动的；

（六）利用职务上的便利收受他人财物或者谋取其他利益的；

（七）违法扣留车辆、机动车行驶证、驾驶证、车辆号牌的；

（八）使用依法扣留的车辆的；

（九）当场收取罚款不开具罚款收据或者不如实填写罚款额的；

（十）徇私舞弊，不公正处理交通事故的；

（十一）故意刁难，拖延办理机动车牌证的；

（十二）非执行紧急任务时使用警报器、标志灯具的；

（十三）违反规定拦截、检查正常行驶的车辆的；

（十四）非执行紧急公务时拦截搭乘机动车的；

（十五）不履行法定职责的。

公安机关交通管理部门有前款所列行为之一的，对直接负责的主管人员和其他直接责任人员给予相应的行政处分。

第一百一十六条 依照本法第一百一十五条的规定，给予交通警察行政处分的，在作出行政处分决定前，可以停止其执行职务；必要时，可以予以禁闭。

依照本法第一百一十五条的规定，交通警察受到降级或者撤职行政处分的，可以予以辞退。

交通警察受到开除处分或者被辞退的，应当取消警衔；受到撤职以下行政处分的交通警察，应当降低警衔。

第一百一十七条 交通警察利用职权非法占有公共财物，索取、收受贿赂，或者滥用职权、玩忽职守，构成犯罪的，依法追究刑事责任。

第一百一十八条 公安机关交通管理部门及其交通警察有本法第一百一十五条所列行为之一，给当事人造成损失的，应当依法承担赔偿责任。

第八章　附　　则

第一百一十九条 本法中下列用语的含义：

（一）“道路”，是指公路、城市道路和虽在单位管辖范围但允许社会机动车通行的地方，包括广场、公共停车场等用于公众通行的场所。

（二）“车辆”，是指机动车和非机动车。

（三）“机动车”，是指以动力装置驱动或者牵引，上道路行驶的供人员乘用或者用于运送物品以及进行工程专项作业的轮式车辆。

（四）“非机动车”，是指以人力或者畜力驱动，上道路行驶的交通工具，以及虽有动力装置驱动但设计最高时速、空车质量、外形尺寸符合有关国家标准的残疾人机动轮椅车、电动自行车等交通工具。

（五）“交通事故”，是指车辆在道路上因过错或者意外造成的人身伤亡或者财产损失的事件。

第一百二十条 中国人民解放军和中国人民武装警察部队在编机动车牌证、在编机动车检验以及机动车驾驶人考核工作，由中国人民解放军、中国人民武装警察部队有关部门负责。

第一百二十一条 对上道路行驶的拖拉机，由农业（农业机械）主管部门行使本法第八条、第九条、第十三条、第十九条、第二十三条规定的公安机关交通管理部门的管理职权。

农业（农业机械）主管部门依照前款规定行使职权，应当遵守本法有关规定，并接受公安机关交通管理部门的监督；对违反规定的，依照本法有关规定追究法律责任。

本法施行前由农业（农业机械）主管部门发放的机动车牌证，在本法施行后继续有效。

第一百二十二条 国家对入境的境外机动车的道路交通安全实施统一管理。

第一百二十三条 省、自治区、直辖市人民代表大会常务委员会可以根据本地区的实际情况，在本法规定的罚款幅度内，规定具体的执行标准。

第一百二十四条 本法自2004年5月1日起施行。

中华人民共和国进出口商品检验法

（1989年2月21日第七届全国人民代表大会常务委员会第六次会议通过　根据2002年4月28日第九届全国人民代表大会常务委员会第二十七次会议《关于修改〈中华人民共和国进出口商品检验法〉的决定》修正）

第一章　总　　则

第一条　为了加强进出口商品检验工作，规范进出口商品检验行为，维护社会公共利益和进出口贸易有关各方的合法权益，促进对外经济贸易关系的顺利发展，制定本法。

第二条　国务院设立进出口商品检验部门（以下简称国家商检部门），主管全国进出口商品检验工作。国家商检部门设在各地的进出口商品检验机构（以下简称商检机构）管理所辖地区的进出口商品检验工作。

第三条　商检机构和经国家商检部门许可的检验机构，依法对进出口商品实施检验。

第四条　进出口商品检验应当根据保护人类健康和安全、保护动物或者植物的生命和健康、保护环境、防止欺诈行为、维护国家安全的原则，由国家商检部门制定、调整必须实施检验的进出口商品目录（以下简称目录）并公布实施。

第五条　列入目录的进出口商品，由商检机构实施检验。

前款规定的进口商品未经检验的，不准销售、使用；前款规定的出口商品未经检验合格的，不准出口。

本条第一款规定的进出口商品，其中符合国家规定的免予检验条件的，由收货人或者发货人申请，经国家商检部门审查批准，可以免予检验。

第六条 必须实施的进出口商品检验，是指确定列入目录的进出口商品是否符合国家技术规范的强制性要求的合格评定活动。

合格评定程序包括：抽样、检验和检查；评估、验证和合格保证；注册、认可和批准以及各项的组合。

第七条 列入目录的进出口商品，按照国家技术规范的强制性要求进行检验；尚未制定国家技术规范的强制性要求的，应当依法及时制定，未制定之前，可以参照国家商检部门指定的国外有关标准进行检验。

第八条 经国家商检部门许可的检验机构，可以接受对外贸易关系人或者外国检验机构的委托，办理进出口商品检验鉴定业务。

第九条 法律、行政法规规定由其他检验机构实施检验的进出口商品或者检验项目，依照有关法律、行政法规的规定办理。

第十条 国家商检部门和商检机构应当及时收集和向有关方面提供进出口商品检验方面的信息。

国家商检部门和商检机构的工作人员在履行进出口商品检验的职责中，对所知悉的商业秘密负有保密义务。

第二章 进口商品的检验

第十一条 本法规定必须经商检机构检验的进口商品的收货人或者其代理人，应当向报关地的商检机构报检。海关凭商检机构签发的货物通关证明验放。

第十二条 本法规定必须经商检机构检验的进口商品的收货人或者其代理人，应当在商检机构规定的地点和期限内，接受商检机构对进口商品的检验。商检机构应当在国家商检部门统一规定的期限内检验完毕，并出具检验证单。

第十三条 本法规定必须经商检机构检验的进口商品以外的进口商品的收货人，发现进口商品质量不合格或者残损短缺，需要由商检机构出证索赔的，应当向商检机构申请检验出证。

第十四条 对重要的进口商品和大型的成套设备，收货人应当依据对外贸易合同约定在出口国装运前进行预检验、监造或者监装，主管部门应当加强监督；商检机构根据需要可以派出检验人员参加。

第三章 出口商品的检验

第十五条 本法规定必须经商检机构检验的出口商品的发货人或者其代理人，应当在商检机构规定的地点和期限内，向商检机构报检。商检机构应当在国家商检部门统一规定的期限内检验完毕，并出具检验证单。

对本法规定必须实施检验的出口商品，海关凭商检机构签发的货物通关证明验放。

第十六条 经商检机构检验合格发给检验证单的出口商品，应当在商检机构规定的期限内报关出口；超过期限的，应当重新报检。

第十七条 为出口危险货物生产包装容器的企业，必须申请商检机构进行包装容器的性能鉴定。生产出口危险货物的企业，必须申请商检机构进行包装容器的使用鉴定。使用未经鉴定合格的包装容器的危险货物，不准出口。

第十八条 对装运出口易腐烂变质食品的船舱和集装箱，承运人或者装箱单位必须在装货前申请检验。未经检验合格的，不准装运。

第四章 监 督 管 理

第十九条 商检机构对本法规定必须经商检机构检验的进出口商品以外的进出口商品，根据国家规定实施抽查检验。

国家商检部门可以公布抽查检验结果或者向有关部门通报抽查检验情况。

第二十条 商检机构根据便利对外贸易的需要，可以按照国家规定对列入目录的出口商品进行出厂前的质量监督管理和检验。

第二十一条 为进出口货物的收发货人办理报检手续的代理人应当在商检机构进行注册登记；办理报检手续时应当向商检机构提交授权委托书。

第二十二条 国家商检部门可以按照国家有关规定，通过考核，许可符合条件的国内外检验机构承担委托的进出口商品检验鉴定业务。

第二十三条 国家商检部门和商检机构依法对经国家商检部门许可的检验机构的进出口商品检验鉴定业务活动进行监督，可以对其检验的商品抽查检验。

第二十四条 国家商检部门根据国家统一的认证制度，对有关的进出口商品实施认证管理。

第二十五条 商检机构可以根据国家商检部门同外国有关机构签订的协议或者接受外国有关机构的委托进行进出口商品质量认证工作，准许在认证合格的进出口商品上使用质量认证标志。

第二十六条 商检机构依照本法对实施许可制度的进出口商品实行验证管理，查验单证，核对证货是否相符。

第二十七条 商检机构根据需要，对检验合格的进出口商品，可以加施商检标志或者封识。

第二十八条 进出口商品的报检人对商检机构作出的检验结

果有异议的，可以向原商检机构或者其上级商检机构以至国家商检部门申请复验，由受理复验的商检机构或者国家商检部门及时作出复验结论。

第二十九条 当事人对商检机构、国家商检部门作出的复验结论不服或者对商检机构作出的处罚决定不服的，可以依法申请行政复议，也可以依法向人民法院提起诉讼。

第三十条 国家商检部门和商检机构履行职责，必须遵守法律，维护国家利益，依照法定职权和法定程序严格执法，接受监督。

国家商检部门和商检机构应当根据依法履行职责的需要，加强队伍建设，使商检工作人员具有良好的政治、业务素质。商检工作人员应当定期接受业务培训和考核，经考核合格，方可上岗执行职务。

商检工作人员必须忠于职守，文明服务，遵守职业道德，不得滥用职权，谋取私利。

第三十一条 国家商检部门和商检机构应当建立健全内部监督制度，对其工作人员的执法活动进行监督检查。

商检机构内部负责受理报检、检验、出证放行等主要岗位的职责权限应当明确，并相互分离、相互制约。

第三十二条 任何单位和个人均有权对国家商检部门、商检机构及其工作人员的违法、违纪行为进行控告、检举。收到控告、检举的机关应当依法按照职责分工及时查处，并为控告人、检举人保密。

第五章 法律责任

第三十三条 违反本法规定，将必须经商检机构检验的进口商品未报经检验而擅自销售或者使用的，或者将必须经商检机构检验的出口商品未报经检验合格而擅自出口的，由商检机构没收违法所得，并处货值金额百分之五以上百分之二十以下的罚款；构成犯罪的，依法追究刑事责任。

第三十四条 违反本法规定，未经国家商检部门许可，擅自从事进出口商品检验鉴定业务的，由商检机构责令停止非法经营，没收违法所得，并处违法所得一倍以上三倍以下的罚款。

第三十五条 进口或者出口属于掺杂掺假、以假充真、以次充好的商品或者以不合格进出口商品冒充合格进出口商品的，由商检机构责令停止进口或者出口，没收违法所得，并处货值金额百分之五十以上三倍以下的罚款；构成犯罪的，依法追究刑事责任。

第三十六条 伪造、变造、买卖或者盗窃商检单证、印章、标志、封识、质量认证标志的，依法追究刑事责任；尚不够刑事处罚的，由商检机构责令改正，没收违法所得，并处货值金额等值以下的罚款。

第三十七条 国家商检部门、商检机构的工作人员违反本法规定，泄露所知悉的商业秘密的，依法给予行政处分，有违法所得的，没收违法所得；构成犯罪的，依法追究刑事责任。

第三十八条 国家商检部门、商检机构的工作人员滥用职权，故意刁难的，徇私舞弊，伪造检验结果的，或者玩忽职守，延误检验出证的，依法给予行政处分；构成犯罪的，依法追究刑事责任。

第六章　附　　则

第三十九条 商检机构和其他检验机构依照本法的规定实施检验和办理检验鉴定业务，依照国家有关规定收取费用。

第四十条 国务院根据本法制定实施条例。

第四十一条 本法自 1989 年 8 月 1 日起施行。

二、相关标准

汽车和挂车类型的术语和定义

（中华人民共和国国家质量监督检验检疫总局
2001 年 7 月 3 日发布　自 2002 年 3 月 1 日起实施）

GB/T 3730.1—2001

（代替 GB/T 3730.1—1988）

前　　言

本标准修改采用 ISO/WD 3833：1999《道路车辆 类型 术语和定义》，是对 GB/T 3730.1—1988《汽车和半挂车的术语和定义 车辆类型》的修订。本标准与 ISO/WD 3833 不同点：因我国已有摩托车和轻便摩托车术语标准，因此在本标准中删除了 ISO/WD 3833 中摩托车和轻便摩托车的术语和定义部分，其他技术内容则等同采用 ISO/WD 3833 的内容；并按 GB/T 1.1 的要求，在 ISO/WD 3833 内容基础上增加了索引部分。

本标准与上一版本在标准内容上有较大差别，不再对车辆进行分类和分级，而是给出各种车型的具体术语和定义，并给出了相应的示意图。

本标准自实施之日起，代替 GB/T 3730.1—1988。

本标准的附录 A、附录 B 都是提示的附录。

本标准由国家机械工业局提出。

本标准由全国汽车标准化技术委员会归口。

本标准起草单位：中国汽车技术研究中心。

本标准主要起草人：刘彦戎、吴卫、赵静炜、刘翔海。

本标准于1983年6月首次发布，1988年6月第一次修订。

1 范围

本标准对汽车、挂车和汽车列车的类型给出术语和定义。

本标准适用于为在道路上运行而设计的汽车、挂车和汽车列车。

2 术语和定义

2.1 汽车 motor vehicle

由动力驱动，具有四个[1)]或四个以上车轮的非轨道承载的车辆，主要用于：

——载运人员和/或货物；

——牵引载运人员和/或货物的车辆；

——特殊用途。

本术语还包括：

a）与电力线相联的车辆，如无轨电车；

b）整车整备质量超过400kg的三轮车辆。[1)]

2.1.1 乘用车 passenger car（见表1）

在其设计和技术特性上主要用于载运乘客及其随身行李和/或临时物品的汽车，包括驾驶员座位在内最多不超过9个座位。它也可以牵引一辆挂车。

注：表1中2.1.1.1～2.1.1.6给出的乘用车也可俗称轿车。

表1

序号	术语	定义	示意图
2.1.1.1	普通乘用车 saloon(sedan)	车身： 封闭式，侧窗中柱有或无。 车顶（顶盖）： 固定式，硬顶。有的顶盖一部分可以开启。 座位： 4个或4个以上座位，至少两排。 后座椅可折叠或移动，以形成装载空间。 车门： 2个或4个侧门，可有一后开启门	

1）b）中规定的三轮车亦可作为汽车处理。

续表

序号	术 语	定 义	示 意 图
2. 1. 1. 2	活顶乘用车 convertible saloon	车身： 具有固定侧围框架的可开启式车身。 车顶（顶盖）： 车顶为硬顶或软顶，至少有两个位置： 1. 封闭；2. 开启或拆除。 可开启式车身可以通过使用一个或数个硬顶部件和/或合拢软顶将开启的车身关闭。 座位： 4 个或 4 个以上座位，至少两排。 车门： 2 个或 4 个侧门。 车窗： 4 个或 4 个以上侧窗	
2. 1. 1. 3	高级乘用车 pullman saloon (pullman sedan) (executive limousine)	车身： 封闭式。前后座之间可以设有隔板。 车顶（顶盖）： 固定式，硬顶。有的顶盖一部分可以开启。 座位： 4 个或 4 个以上座位，至少两排。后排座椅前可安装折叠式座椅。 车门： 4 个或 6 个侧门，也可有一个后开启门。 车窗： 6 个或 6 个以上侧窗	
2. 1. 1. 4	小型乘用车 coupé	车身： 封闭式，通常后部空间较小。 车顶（顶盖）： 固定式，硬顶。有的顶盖一部分可以开启。 座位： 2 个或 2 个以上的座位，至少一排。 车门： 2 个侧门，也可有一个后开启门。 车窗： 2 个或 2 个以上侧窗	

续表

序号	术 语	定 义	示 意 图
2. 1. 1. 5	敞篷车 convertible (open tourer) (roadster) (spider)	车身： 可开启式。 车顶（顶盖）： 车顶可为软顶或硬顶，至少有两个位置：第一个位置遮覆车身；第二个位置车顶卷收或可拆除。 座位： 2 个或 2 个以上的座位，至少一排。 车门： 2 个或 4 个侧门。 车窗： 2 个或 2 个以上侧窗	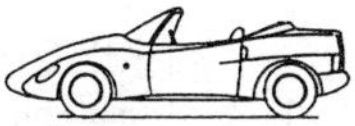
2. 1. 1. 6	仓背乘用车 hatchback	车身： 封闭式，侧窗中柱可有可无。 车顶（顶盖）： 固定式，硬顶。有的顶盖一部分可以开启。 座位： 4 个或 4 个以上座位，至少两排。 后座椅可折叠或可移动，以形成一个装载空间。 车门： 2 个或 4 个侧门，车身后部有一仓门。	
2. 1. 1. 7	旅行车 station wagon	车身： 封闭式。车尾外形按可提供较大的内部空间。 车顶（顶盖）： 固定式，硬顶。有的顶盖一部分可以开启。 座位： 4 个或 4 个以上座位，至少两排。 座椅的一排或多排可拆除，或装有向前翻倒的座椅靠背，以提供装载平台。 车门： 2 个或 4 个侧门，并有一后开启门。 车窗： 4 个或 4 个以上侧窗	

续表

序号	术 语	定 义	示意图
2. 1. 1. 8	多用途乘用车 multipurpose passenger car	上述 2. 1. 1. 1 ~ 2. 1. 1. 7 车辆以外的，只有单一车室载运乘客及其行李或物品的乘用车。但是，如果这种车辆同时具有下列两个条件，则不属于乘用车而属于货车： 1. 除驾驶员以外的座位数不超过 6 个； 只要车辆具有可使用的座椅安装点，就应算“座位”存在。 2. $P-(M+N\times68)>N\times68$ 式中 P——最大设计总质量； M——整车整备质量与 1 位驾驶员质量之和； N——除驾驶员以外的座位数	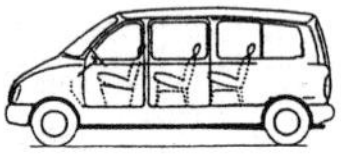
2. 1. 1. 9	短头乘用车 forward control passenger car	一种乘用车，它一半以上的发动机长度位于车辆前风窗玻璃最前点以后，并且方向盘的中心位于车辆总长的前四分之一部分内	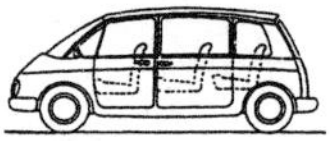
2. 1. 1. 10	越野乘用车 off-road passenger car	在其设计上所有车轮同时驱动（包括一个驱动轴可以脱开的车辆），或其几何特性（接近角、离去角、纵向通过角，最小离地间隙）、技术特性（驱动轴数、差速锁止机构或其他型式机构）和它的性能（爬坡度）允许在非道路上行驶的一种乘用车	
2. 1. 1. 11	专用乘用车 special purpose passenger car	运载乘员或物品并完成特定功能的乘用车，它具备完成特定功能所需的特殊车身和/或装备。 例如：旅居车、防弹车、救护车、殡仪车等	
2. 1. 1. 11. 1	旅居车 motor caravan	旅居车是一种至少具有下列生活设施结构的乘用车： —座椅和桌子； —睡具，可由座椅转换而来； —炊事设施； —储藏设施	

续表

序号	术　语	定　　义	示　意　图
2.1.1.11.2	防弹车 armoured passenger car	用于保护所运送的乘员和/或物品并符合装甲防弹要求的乘用车	
2.1.1.11.3	救护车 ambulance	用于运送病人或伤员并为此目的配有专用设备的乘用车	
2.1.1.11.4	殡仪车 hearse	用于运送死者并为此目的而配有专用设备的乘用车	

注：定义中的车窗指一个玻璃窗口，它可由一块或几块玻璃组成（例如通风窗为车窗的一个组成部分）。

2.1.2　商用车辆　commercial vehicle（见表2）

在设计和技术特性上用于运送人员和货物的汽车，并且可以牵引挂车。

乘用车不包括在内。

表2

序号	术　语	定　　义	示　意　图
2.1.2.1	客车 bus	在设计和技术特性上用于载运乘客及其随身行李的商用车辆，包括驾驶员座位在内座位数超过9座。客车有单层的或双层的，也可牵引一挂车	
2.1.2.1.1	小型客车 minibus	用于载运乘客，除驾驶员座位外，座位数不超过16座的客车	
2.1.2.1.2	城市客车 city-bus	一种为城市内运输而设计和装备的客车。这种车辆设有座椅及站立乘客的位置，并有足够的空间供频繁停站时乘客上下车走动用	
2.1.2.1.3	长途客车 interurban coach	一种为城间运输而设计和装备的客车。这种车辆没有专供乘客站立的位置，但在其通道内可载运短途站立的乘客	

续表

序号	术　语	定　　义	示 意 图
2. 1. 2. 1. 4	旅游客车 touring coach	一种为旅游而设计和装备的客车。这种车辆的布置要确保乘客的舒适性，不载运站立的乘客	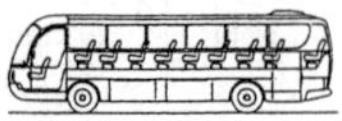
2. 1. 2. 1. 5	铰接客车 articulated bus	一种由两节刚性车厢铰接组成的客车。在这种车辆上，两节车厢是相通的，乘客可通过铰接部分在两节车厢之间自由走动。 这种车辆可以按 2. 1. 2. 1. 2 ~ 2. 1. 2. 1. 4 进行装备。 两节刚性车厢永久联结，只有在工厂车间使用专用的设施才能将其拆开	
2. 1. 2. 1. 6	无轨电车 trolley bus	一种经架线由电力驱动的客车。这种电车可指定用作多种用途，并按 2. 1. 2. 1. 2、2. 1. 2. 1. 3 和 2. 1. 2. 1. 5 进行装备	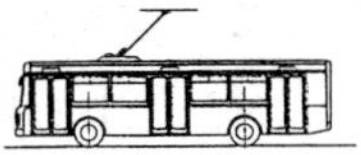
2. 1. 2. 1. 7	越野客车 off-road bus	在其设计上所有车轮同时驱动（包括一个驱动轴可以脱开的车辆）或其几何特性（接近角、离去角、纵向通过角，最小离地间隙）、技术特性（驱动轴数、差速锁止机构或其他型式机构）和它的性能（爬坡度）允许在非道路上行驶的一种车辆	
2. 1. 2. 1. 8	专用客车 special bus	在其设计和技术特性上只适用于需经特殊布置安排后才能载运人员的车辆	
2. 1. 2. 2	半挂牵引车 semi-trailer towing vehicle	装备有特殊装置用于牵引半挂车的商用车辆	
2. 1. 2. 3	货车 goods vehicle	一种主要为载运货物而设计和装备的商用车辆，它能否牵引一挂车均可	
2. 1. 2. 3. 1	普通货车 general purpose goods vehicle	一种在敞开（平板式）或封闭（厢式）载货空间内载运货物的货车	

续表

序号	术 语	定 义	示 意 图
2. 1. 2. 3. 2	多用途货车 multipurpose goods vehicle	在其设计和结构上主要用于载运货物，但在驾驶员座椅后带有固定或折叠式座椅，可运载3个以上的乘客的货车	
2. 1. 2. 3. 3	全挂牵引车 trailer towing vehicle	一种牵引牵引杆式挂车的货车。它本身可在附属的载运平台上运载货物	
2. 1. 2. 3. 4	越野货车 off-road goods vehicle	在其设计上所有车轮同时驱动（包括一个驱动轴可以脱开的车辆）或其几何特性（接近角、离去角、纵向通过角，最小离地间隙）、技术特性（驱动轴数、差速锁止机构或其他型式的机构）和它的性能（爬坡度）允许在非道路上行驶的一种车辆	
2. 1. 2. 3. 5	专用作业车 special goods vehicle	在其设计和技术特性上用于特殊工作的货车。例如：消防车、救险车，垃圾车、应急车、街道清洗车、扫雪车、清洁车等	
2. 1. 2. 3. 6	专用货车 specialized goods vehicle	在其设计和技术特性上用于运输特殊物品的货车。例如：罐式车、乘用车运输车、集装箱运输车等	

2. 2 挂车 trailer

就其设计和技术特性需由汽车牵引，才能正常使用的一种无动力的道路车辆，用于：

——载运人员和/或货物；

——特殊用途。

2. 2. 1 牵引杆挂车 draw-bar trailer（见表3）

至少有两根轴的挂车，具有：

——一轴可转向；

——通过角向移动的牵引杆与牵引车联结；

——牵引杆可垂直移动，联结到底盘上，因此不能承受任何垂直力。

具有隐藏支地架的半挂车也作为牵引杆挂车。

表 3

序号	术　语	定　　义	示 意 图
2. 2. 1. 1	客车挂车 bus trailer	在其设计和技术特性上，用于载运人员及其随身行李的牵引杆挂车。它可按 2. 1. 2. 2 和 2. 1. 2. 3 装备	
2. 2. 1. 2	牵引杆 货车挂车 goods draw-bar trailer	在其设计和技术特性上用于载运货物的牵引杆挂车	
2. 2. 1. 3	通用牵引杆挂车 general purpose draw-bar trailer	一种在敞开（平板式）或封闭（厢式）载货空间内载运货物的牵引杆挂车	
2. 2. 1. 4	专用牵引杆挂车 special draw-bar trailer	一种牵引杆挂车，按其设计和技术特性用作： ——需经特殊布置后才能载运人员和/（或）货物； ——只执行某种规定的运输任务。（例如：乘用车运输挂车、消防挂车、低地板挂车、空气压缩机挂车等，不限于本表所列）	

2. 2. 2　半挂车　semi-trailer（见表 4）

车轴置于车辆重心（当车辆均匀受载时）后面，并且装有可将水平或垂直力传递到牵引车的联结装置的挂车。

表 4

序号	术　语	定　　义	示 意 图
2. 2. 2. 1	客车半挂车 bus semi-trailer	在其设计和技术特性上用于载运乘客及其随身行李的半挂车。这种半挂车可按 2. 1. 2. 1 至 2. 1. 2. 3 加以装备	

续表

序号	术　语	定　　义	示　意　图
2.2.2.2	通用货车半挂车 general purpose goods semi-trailer	一种在敞开（平板式）或封闭（厢式）载货空间内载运货物的半挂车	
2.2.2.3	专用半挂车 special semi-trailer	一种半挂车，按其设计和技术特性用作： ——需经特殊布置后才能载运人员和（或）货物； ——只执行某种规定的运输任务。（例如：原木半挂车、消防半挂车、低地板半挂车、空气压缩机半挂车等，不限于本表所列）	
2.2.2.4	旅居半挂车 caravan semi-trailer	能够提供活动睡具的半挂车	

2.2.3　中置轴挂车 centre axle trailer（见表5）

牵引装置不能垂直移动（相对于挂车），车轴位于紧靠挂车的重心（当均匀载荷时）的挂车，这种车辆只有较小的垂直静载荷作用于牵引车，不超过相当于挂车最大质量的10%或1000N的载荷（两者取较小者）。其中一轴或多轴可由牵引车来驱动。

表5

序号	术　语	定　　义	示　意　图
2.2.3.1	旅居挂车 caravan	能够提供活动睡具的中置轴挂车	

2.3　汽车列车 combination vehicles（见表6）

一辆汽车与一辆或多辆挂车的组合。

表 6

序号	术 语	定 义	示 意 图
2. 3. 1	乘用车列车 passenger/car trailer combination	乘用车和中置轴挂车的组合	
2. 3. 2	客车列车 bus road train	一辆客车与一辆或多辆挂车的组合。 各节乘客车厢不相通，有时可设服务走廊	
2. 3. 3	货车列车 goods road train	一辆货车与一辆或多辆挂车的组合	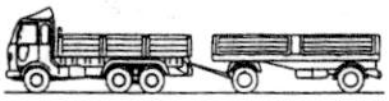
2. 3. 4	牵引杆挂车列车 draw-bar tractor combination	一辆全挂牵引车与一辆或多辆挂车的组合	
2. 3. 5	铰接列车 articulated vehicle	一辆半挂牵引车与具有角向移动联结的半挂车组成的车辆	
2. 3. 6	双挂列车 double road train	一辆铰接式列车与一辆牵引杆挂车的组合	
2. 3. 7	双半挂列车 double semi-trailer road train	一辆铰接式列车与一辆半挂车的组合。两辆车的联结是通过第二个半挂车的联结装置来实现	
2. 3. 8	平板列车 platform road train	一辆货车和一辆牵引杆货车挂车的组合；在可角向移动的货物承载平板的整个长度上载荷都是不可分地置于牵引车和挂车上。为了支撑这个载荷可以使用辅助装置。这个载荷和/或它的支撑装置构成了这两个车辆的联接装置，因此不允许挂车再有转向联结	

附录 A

（提示的附录）

中文索引

B

C

D

F

G

H

J

K

L

P

附录 B
（提示的附录）
英文索引

R

S

T

GB/T 3730.1—2001《汽车和挂车类型的术语和定义》第1号修改单

本修改单经国家标准化管理委员会于2002年9月24日以国标委工交函［2002］56号文批准，自2002年12月1日起实施。

标准原文：

2.2.3　中置轴挂车 center trailer（见表4）

牵引装置不能垂直移动（相对于挂车），车轴位于紧靠挂车的重心（当均匀载荷时）的挂车，这种车辆只有较小的垂直静载荷作用于牵引车，不超过相当于挂车最大质量的10%或1000N的载荷（两者取较小者）。其中一轴或多轴可由牵引车来驱动。

更改为：

2.2.3　中置轴挂车 center trailer（见表4）

牵引装置不能垂直移动（相对于挂车），车轴位于紧靠挂车的重心（当均匀载荷时）的挂车，这种车辆只有较小的垂直静载荷作用于牵引车，不超过相当于挂车最大质量的10%或10000N的载荷（两者取较小者）。其中一轴或多轴可由牵引车来驱动。

机动车运行安全技术条件

（中华人民共和国国家质量监督检验检疫总局、
中国国家标准化管理委员会2012年5月11日发布
自2012年9月1日起实施）

GB 7258—2012

（代替 GB 7258—2004）

前　　言

本标准的附录A和附录B为推荐性的，其余为强制性的。

本标准按照GB/T 1.1—2009给出的规则起草。

本标准代替GB 7258—2004《机动车运行安全技术条件》。与GB 7258—2004相比，除编辑性修改外主要技术变化如下：

——修改了第1章的适用范围（见第1章）；

——修改了第3章的机动车、汽车、乘用车、客车、公共汽车（城市客车）、货车、半挂牵引车、专项作业车、两用燃料汽车、双燃料汽车、挂车、牵引杆挂车、中置轴挂车、半挂车、汽车列车、铰接列车、摩托车、轻便摩托车、轮式专用机械车的定义，增加了载客汽车、公路客车（长途客车）、旅游客车、校车、幼儿校车、小学生校车、中小学生校车、专用校车、低速汽车、危险货物运输车、纯电动汽车、插电式混合动力汽车、燃料电池汽车、教练车、残疾人专用汽车、普通摩托车、两轮普通摩托车、边三轮摩托车、正三轮摩托车、两轮轻便摩托车、正三轮轻便摩托车、特型机动车的定义，删除了卧铺客车（2004年版的3.2.2.1）、电动汽车（2004年版的3.2.9）的定义；将汽车分为载客汽车、载货汽车和专项作业车三大类，将2004年版中的摩托车（2004 年版的 3. 5）及轻便摩托车（2004 年版的 3. 6）合称为摩托车（见 3. 5），将 2004 年版中的摩托车（2004 年版的 3. 5）改称为普通摩托车（见 3. 5. 1）；

——修改了第 4 章的部分机动车产品标牌需标识的内容（见 4. 1. 2）和车辆识别代号的打刻要求（见 4. 1. 3），增加了纯电动汽车、插电式混合动力汽车、燃料电池汽车和电动摩托车应打刻电动机型号、编号的要求及标识的视认性和永久保持性的要求（见 4. 1. 4）；

——增加了乘用车和总质量小于等于 3 500kg 的货车（低速汽车除外）应在靠近风窗立柱的位置设置能永久保持的车辆识别代号标识的要求，以及乘用车应具有能读取车辆识别代号的电子数据接口、在后备箱（或行李区）的合适位置标示车辆识别代号，且应在至少 5 个主要部件上标示车辆识别代号或零部件编号的要求（见 4. 1. 5 和 4. 1. 6），修改了危险货物运输车的标志要求（见 4. 1. 7），增加了对机动车进行改装或修理时不得对车辆识别代号等整车标志进行遮盖（遮挡）、打磨、挖补、垫片等处理及凿孔、钻孔等破坏性操作的要求（见 4. 1. 8）；

——修改了车长小于 16 m 的发动机后置的铰接客车的后悬要求（见 4. 3），增加了铰接列车的半挂车的总质量不得大于半挂牵引车的最大允许牵引质量的要求（见 4. 5. 1. 5），修改了载客汽车乘员数的核定要求（见 4. 5. 2 和 4. 5. 3），增加了乘员数核定的特殊规定（见 4. 5. 6）；

——修改了客车、罐式汽车和罐式挂车的侧倾稳定角要求（见 4. 7. 1 和 4. 7. 2），增加了旅居车和旅居挂车旅居室内的专用装备设施应明示安全使用规定（见 4. 8. 4）、所有货车和专项作业车应喷涂总质量、栏板货车和自卸车应喷涂栏板高度、罐式车辆应喷涂灌体容积及允许装运货物的种类、部分货车及所有挂车应标识放大号、部分客车应喷涂座位数、专用校车车身外观标识和校车标牌（见 4. 8. 6 ~ 4. 8. 9）及教练车应喷涂“教练车”字样和机动车外部喷涂标志图案和安装灯具的原则规定（见4.8.11和4.8.12），删除了专门用于运输易燃和易爆物品的危险货物运输车应在车身两侧喷涂“禁止烟火”的要求（2004年版的4.8.5）；

——增加了机动车环保要求的原则规定（见4.15）和机动车产品使用说明书的相关规定（见4.16）；

——增加了轮式专用机械车的外廓尺寸、轴荷及质量参数、转向系、制动系、外部照明和信号装置等要求按土方机械相关强制性标准实施的规定（见4.17.2）；

——增加了有驾驶室的正三轮摩托车使用方向盘转向时的相关规定（见6.1），修改了机动车方向盘的最大自由转动量要求（见6.4）和转向力测试的要求（见6.8），增加了专用校车应采用转向助力装置（见6.9）及前轴采用双转向轴时转向轮的横向侧滑量不作要求的规定（见6.11）；

——修改了三轴及三轴以上汽车的制动完全释放时间要求（见7.1.6）和应安装防抱死制动装置的机动车类型（见7.2.11），增加了部分汽车的前轮应装备盘式制动器（见7.2.6）、教练车（三轮汽车除外）应装备有副制动踏板（见7.2.12）、部分汽车应装备辅助制动装置（见7.5）及气压制动系应安装保持压缩空气干燥、油水分离的装置的要求（见7.7.4）；

——修改了路试检验时的列车的行车制动距离要求（见7.10.2.1）和充分发出的平均减速度要求（见7.10.2.2）、驻车制动性能检验要求（见7.10.4）及台试检验时的制动力要求和制动力平衡要求（见7.11.1.1和7.11.1.2），增加了台试检验汽车、汽车列车行车制动性能的合格判定要求（见7.11.1.5），修改了检验结果的复核要求（见7.11.3）；

——增加了机动车不得安装遮挡外部照明和信号装置透光面的装置、用户不得对外部照明和信号装置进行改装或加装强制性标准以外的外部照明和信号装置的要求（见 8.1.2 和 8.1.3），修改了外部灯具闪烁的相关规定（见 8.1.2），增加了部分货车、专项作业车和挂车后部照明和信号装置的透光面面积要求（见 8.2.1）、校车应配备统一的校车标志灯和停车指示标志的要求（见 8.2.7）、某一转向灯发生故障（短路除外）时的要求（见 8.3.8）和部分货车和挂车、低速车辆应设置车辆尾部标志板的要求（见 8.4.1），修改了车身反光标识设置及车身反光标识材料的相关规定（见 8.4.1 ~8.4.5），增加了柔性车身反光标识的相关规定（见 8.4.6），删除了附加的灯具、反射器或附属装置不允许影响本标准规定安装的灯具和信号装置的性能且不应对其他的道路使用者造成不利影响的要求（2004 年版的 8.2.10）；

——增加了打开所有前照灯（远光）时总的远光发光强度要求及两灯制轻便摩托车的远光光束发光强度最小值要求（见 8.5.2），修改了前照灯远光照射位置的检验要求（见 8.5.3.3），删除了前照灯远、近光布置的要求（2004 年版的 8.4.3）；

——增加了教练车（三轮汽车除外）应设置辅助喇叭开关的要求（见 8.6.1）、客车电器导线的阻燃要求和乘员舱外部接插件的防水要求（见 8.6.2），修改了机动车应装备仪表或显示信息的相关规定（见 8.6.3），增加了专用校车应设置电源总开关和车长大于等于 6 m 的客车应设置电磁式电源总开关的相关规定（见 8.6.4），修改了应安装行驶记录仪的汽车车型要求，增加了显示、数据接口布置的规定、行驶记录功能符合要求的卫星定位装置视同行驶记录仪的规定及专用校车和卧铺客车还应安装车内外录像监控系统的规定（见 8.6.5）及汽车装备、加装电气设备的原则性要求（见 8.6.6），修改了无轨电车的特殊要求（见 8.6.7）；

——修改了不得装用翻新的轮胎的车轮范围（见 9.1.2），增加了机动车使用的翻新胎应符合相关标准的规定（见 9.1.2）、专用校车和卧铺客车应装用无内胎子午线轮胎、危险货物运输车和车长大于9 m的其他客车应装用子午线轮胎（见9.1.5）、空气弹簧应无裂损、变形及漏气、控制系统应齐全有效（见9.3.3）和三轴公路客车的随动轴应具有随动转向或主动转向功能的要求（见9.4.4）；

——增加了自动变速器的相关规定（见10.2.1）及部分车型应具有超速报警和限速功能（或装备限速装置）的要求（见10.5）；

——增加了车身外部不应产生明显的镜面反光（见11.1.1）、客车上部结构强度要求的相关规定、专用校车车身结构的特殊要求及车长大于11 m的公路客车和旅游客车和所有卧铺客车应采用全承载整体式框架结构车身的要求（见11.2.1）、幼儿专用校车乘客区应采用平地板结构的要求（见11.2.3）、专用校车的踏步高要求（见11.2.4）和行李架（舱）设置要求（见11.2.5）、专用校车前部应设置碰撞安全结构的要求（见11.2.6）及校车侧窗下边缘的高度要求（见11.2.7）；

——增加了集装箱运输车和集装箱运输半挂车的构造应保证集装箱运输过程中始终安全、稳妥地固定在车辆上的要求（见11.3.2）、货车和挂车的载货部分不得设置乘客座椅且不得设计成可伸缩的结构（见11.3.3和11.3.4）及货车驾驶区座椅布置的相关规定（见11.3.5），增加了摩托车外部凸出物和扶手的相关规定（见11.4.2和11.4.3）；

——增加了乘用车车门的相关规定（见11.5.2），修改了客车乘客门的相关规定（见11.5.3~11.5.5），增加了击碎玻璃式应急窗的安全玻璃类型和厚度要求（见11.5.6），公路客车、旅游客车、校车所有车窗玻璃的可见光透射比均应大于等于50%的要求（见11.5.7）及厢式货车和封闭式货车的货箱部位不得设置车窗的要求（见11.5.8）；

——修改了载客汽车座椅布置的规定（见11.6.2~11.6.6）和卧铺布置的规定（见11.6.7），增加了校车照管人员座位的设置及专用校车座椅及其固定件的强度要求（见 11.6.8）、专用校车靠近通道的学生座椅的扶手要求（见 11.6.9）及正三轮摩托车乘客座椅的布置要求（见 11.6.10）；

——修改了客车内饰材料的阻燃要求，增加了发动机舱隔热防火的相关规定（见 11.7.1 和 11.7.2），增加了号牌板（架）应有号牌安装孔的要求（见 11.8.2）、乘用车（三厢车除外）行李区的纵向长度要求（见 11.9.2）及自卸车液压举升装置的相关规定（见 11.9.6）；

——修改了应装备汽车安全带的座椅范围（见 12.1.1），增加了安全带的型式要求（见 12.1.2 和 12.1.3）、乘用车驾驶人座位应装备汽车安全带佩戴提示装置（见 12.1.5）及乘用车儿童座椅固定的要求（见 12.1.6）；

——增加了总质量大于 7 500kg 的货车和货车底盘改装的专项作业车应在右侧设置广角后视镜和补盲后视镜的要求（见 12.2.1），修改了外后视镜的视野要求（见 12.2.2），增加了专用校车驾驶人视野、汽车列车必要时应加装后视镜加长架（见 12.2.2）及教练车应加装辅助后视镜的要求（见 12.2.7）；

——增加了应设置应急门的情形（见 12.4.1.2），修改了应急门的尺寸和开启要求、应急门引道要求（见 12.4.2.1、12.4.2.3、12.4.2.5）及应急锤的相关规定（见 12.4.3.2），增加了设有乘客站立区的公共汽车的应急窗均应为推拉式应急窗或外推式应急窗的要求（见 12.4.3.2）；

——增加了不准许用户改动燃料管路（见 12.5.1）、发动机后置的公路客车和旅游客车燃料箱的前端面应位于前轴之后（见 12.5.5）、每一个钢瓶阀出口端都应安装高压过流保护装置（见 12.6.1）、不准许用户改动或加装钢瓶（见 12.6.3）、钢瓶安装在车上后钢瓶编号应易见（见 12.6.4）及气体燃料车辆应安装泄露报警装置的要求（见 12.6.15），修改了气体燃料专用装置通气接口的相关规定（见 12.6.9）；

——修改了客车灭火器布置的相关规定（见12.9.2），增加了所有专用校车和发动机后置的其他客车应装备发动机舱自动灭火装置（见12.9.3）和危险货物运输车的特殊安全防护要求（见12.11），删除了专门用于运送易燃和易爆物品的危险货物运输车应在驾驶室上方安装红色标志灯的要求（2004年版的12.10）；

——修改了应装备三角警告牌、保险杠和前风窗玻璃除雾除霜装置的汽车范围（见12.13.2、12.13.3、12.13.4）和机动车发动机的排气管口布置要求（见12.13.7），增加了校车应配备急救箱的要求及汽车安全气囊系统的原则性规定（见12.13.5和12.13.6）；

——增加了残疾人专用汽车的附加要求（见第14章）；

——删除了车速表指示误差检验方法、转向轮横向侧滑量检验方法、制动性能检验方法、前照灯光束照射位置检验方法、气密性检验方法（2004年版的附录A～附录E）及四种类型机动车技术条件要求对应一览表（2004年版的附录G），增加了典型车型车身反光标识粘贴示例及要求的相关说明（见附录B）。

本标准由公安部道路交通管理标准化技术委员会归口。

本标准负责起草单位：公安部交通管理科学研究所、交通运输部公路科学研究院、中国汽车技术研究中心。

本标准参加起草单位：成都市公安局交通管理局车辆管理所、上海浦江出入境检验检疫局、中国公路学会客车分会、天津摩托车技术中心、中国农业机械化科学研究院、洛阳拖拉机研究所。

本标准主要起草人：应朝阳、周天佑、耿磊、罗跃、王凡、刘雪梅、孟秋、龚标、何勇、王学平、王冬梅、吴云强、刘欣、张炳荣、张咸胜、尚项绳、秦煜麟、孙巍、裴志浩。

GB 7258—2004的历次版本发布情况为：

——GB 7258—1987、GB 7258—1997。

引　　言

国家标准《机动车运行安全技术条件》（以下简称“GB 7258”）是我国机动车运行安全管理最基本的技术标准，是进行注册登记检验和在用机动车检验、机动车查验、事故车检验的主要技术依据，同时也是我国机动车新车定型强制性检验、新车出厂检验及进口机动车检验的重要技术依据之一。

GB 7258—2004 自 2004 年 10 月 1 日起实施以来，在加强机动车运行安全管理、提高机动车运行安全水平等方面起到了积极的作用。但是，随着我国经济社会的持续快速发展和机动化步伐的不断加快，广大人民群众对安全出行的期待越来越高，机动车运行安全管理不断遇到新情况、新问题。特别是当前我国大型客货车辆的安全技术要求仍较低，与车辆安全性能相关的重特大道路交通事故比例较高。为此，根据我国道路交通实际情况修订 GB 7258—2004，提高机动车（特别是大型客货车辆）运行安全技术要求，严密机动车运行安全管理技术依据，已十分必要。

本次 GB 7258 修订工作的原则主要有：

a）从 GB 7258 是我国机动车运行安全管理最基本的技术标准这一属性出发，根据道路交通发展实际情况，进一步明确 GB 7258 的适用范围，提出特型机动车、教练车、残疾人专用汽车等各类机动车的定义和运行安全管理的技术依据，严密机动车运行安全管理主要环节。

b）根据 GB 7258—2004 执行过程中暴露出来的问题，采用与管理要求相适应的机动车分类标准，提高标准的可操作性。

c）提高重点车辆的安全装置配备要求和结构安全要求，加严卧铺客车的安全技术要求，提高道路运行机动车的整体安全技术性能。

d）进一步明确公共汽车运行安全技术要求，为加强公共汽车运行安全管理提供技术依据。

需要说明的是：

a）鉴于轮式专用机械车的种类繁多、功能各异，本标准未对其外廓尺寸、轴荷及质量参数、转向性能、制动性能、外部照明和信号装置及电气设备、车身、安全防护装置等参数和要求作出具体规定。

b）叉车不属于道路车辆，鉴于其外型和结构的特殊性，不适于在道路上行驶和使用。

1 范围

本标准规定了机动车的整车及主要总成、安全防护装置等有关运行安全的基本技术要求，以及消防车、救护车、工程救险车和警车及残疾人专用汽车的附加要求。

本标准适用于在我国道路上行驶的所有机动车，但不适用于有轨电车及并非为在道路上行驶和使用而设计和制造、主要用于封闭道路和场所作业施工的轮式专用机械车。

注： 有轨电车是指以电动机驱动，架线供电，有轨道承载的道路车辆。

2 规范性引用文件

下列文件对于本文件的应用是必不可少的。凡是注日期的引用文件，仅注日期的版本适用于本文件。凡是不注日期的引用文件，其最新版本（包括所有的修改单）适用于本文件。

GB 1589　道路车辆外廓尺寸、轴荷及质量限值

GB/T 2408—2008　塑料　燃烧性能的测定　水平法和垂直法

GB/T 3181　漆膜颜色标准

GB 4094　汽车操纵件、指示器及信号装置的标志

GB 4599　汽车用灯丝灯泡前照灯

GB 4785　汽车及挂车外部照明和光信号装置的安装规定

GB 5948　摩托车白炽丝光源前照灯配光性能

GB 8108　车用电子警报器

GB/T 8196　机械安全　固定式和活动式防护装置设计与制造一般要求

GB 8410—2006　汽车内饰材料的燃烧特性

GB 9656　汽车安全玻璃

GB 10396　农林拖拉机和机械、草坪和园艺动力机械　安全标志和危险图形　总则

GB 11567.1　汽车和挂车侧面防护要求

GB 11567.2　汽车和挂车后下部防护要求

GB/T 12428　客车装载质量计算方法

GB 12268　危险货物品名表

GB 12676　汽车制动系统　结构、性能和试验方法

GB 13057　客车座椅及其车辆固定件的强度

GB 13365　机动车排气火花熄灭器

GB 13392　道路运输危险货物车辆标志

GB/T 13594　机动车和挂车防抱制动性能和试验方法

GB 13954　警车、消防车、救护车、工程救险车标志灯具

GB/T 14172　汽车静侧翻稳定性台架试验方法

GB 15084　机动车辆后视镜的性能和安装要求

GB 15365　摩托车和轻便摩托车操纵件、指示器及信号装置的图形符号

GB 16735　道路车辆　车辆识别代号（VIN）

GB 17352　摩托车和轻便摩托车后视镜的性能和安装要求

GB/T 17578　客车上部结构强度的规定

GB/T 17676　天然气汽车和液化石油气汽车　标志

GB 18100.1　摩托车照明和光信号装置的安装规定　第1部分：两轮摩托车

GB 18100.2　摩托车照明和光信号装置的安装规定　第2部

分：两轮轻便摩托车

GB 18100.3　摩托车照明和光信号装置的安装规定　第3部分：三轮摩托车

GB/T 18411　道路车辆　产品标牌

GB 18447.1　拖拉机　安全要求　第1部分：轮式拖拉机

GB 18564.1　道路运输液体危险货物罐式车辆　第1部分：金属常压罐体技术要求

GB 18564.2　道路运输液体危险货物罐式车辆　第2部分：非金属常压罐体技术要求

GB 18565　营运车辆综合性能要求和检验方法

GB/T 18697—2002　声学　汽车车内噪声测量方法

GB/T 19056　汽车行驶记录仪

GB 19151　机动车用三角警告牌

GB 19152　轻便摩托车前照灯配光性能

GB 20074　摩托车和轻便摩托车外部凸出物

GB 20075　摩托车乘员扶手

GB 20300　道路运输爆炸品和剧毒化学品车辆安全技术条件

GB 21259　汽车用气体放电光源前照灯

GB 23254　货车及挂车　车身反光标识

GB 24315　校车标识

GB 24406　专用校车学生座椅系统及其车辆固定件的强度

GB 24407　专用校车安全技术条件

GB/T 24545　车辆车速限制系统技术要求

GB/T 25978　道路车辆　标牌和标签

GB 25990　车辆尾部标志板

GB 25991　汽车用LED前照灯

GA 524　2004式警车汽车类外观制式涂装规范

GA 525　2004式警车摩托车类外观制式涂装规范

3 术语和定义

下列术语和定义适用于本文件。

3.1

机动车 power-driven vehicle

由动力装置驱动或牵引，上道路行驶的供人员乘用或用于运送物品以及进行工程专项作业的轮式车辆，包括汽车及汽车列车、摩托车、拖拉机运输机组、轮式专用机械车、挂车。

3.2

汽车 motor vehicle

由动力驱动，具有四个或四个以上车轮的非轨道承载的车辆，主要用于：

——载运人员和/或货物（物品）；

——牵引载运货物（物品）的车辆或特殊用途的车辆；

——专项作业。

本术语还包括：

a）与电力线相联的车辆，如无轨电车；

b）整车整备质量超过400kg的不带驾驶室的三轮车辆；

c）整车整备质量超过600kg的带驾驶室的三轮车辆。

3.2.1

载客汽车 passenger vehicle

设计和制造上主要用于载运人员的汽车，包括装置有专用设备或器具但以载运人员为主要目的的汽车。

3.2.1.1

乘用车 passenger car

设计和制造上主要用于载运乘客及其随身行李和/或临时物品的汽车，包括驾驶人座位在内最多不超过9个座位。它也可以牵引一辆中置轴挂车。

3.2.1.2

客车　bus

设计和制造上主要用于载运乘客及其随身行李的汽车，包括驾驶人座位在内座位数超过 9 个。

3.2.1.2.1

公路客车　interurban bus

长途客车　interurban bus

为城间（城乡）运输乘客设计和制造、专门从事旅客运输的客车，包括卧铺客车，即设计和制造供全体乘客卧睡的客车。

3.2.1.2.2

旅游客车　touring bus

为旅游设计和制造、专门用于运载游客的客车。

3.2.1.2.3

公共汽车　public bus

城市客车　public bus

为城市内运输乘客设计和制造的客车，根据是否设有乘客站立区可分为：

a）设有乘客站立区的公共汽车，即最大设计车速小于 70km/h、设有座椅及乘客站立区，并有足够的空间供频繁停站时乘客上下车走动，有固定的线路和车站，主要在城市建成区运营的客车；也包括无轨电车，即以电动机驱动，与电力线相连的客车。

b）未设置乘客站立区的公共汽车，即未设置乘客站立区，有固定的线路和车站，主要在城市道路运营的客车。

3.2.1.3

校车　school bus

用于有组织地接送 3 周岁以上学龄前幼儿或接受义务教育的学生上下学的 7 座以上的载客汽车。

3.2.1.3.1

幼儿校车　school bus for infants

接送3周岁以上学龄前幼儿上下学的校车。

3.2.1.3.2

小学生校车　school bus for primary student

接送小学生上下学的校车。

3.2.1.3.3

中小学生校车　school bus for junior middle school student

接送九年制义务教育阶段学生（小学生和初中生）上下学的校车。

3.2.1.3.4

专用校车　special school bus

设计和制造上专门用于运送3周岁以上学龄前幼儿或义务教育阶段学生的校车。

3.2.2

载货汽车　goods vehicle

货车　goods vehicle

设计和制造上主要用于载运货物或牵引挂车的汽车，包括装置有专用设备或器具但以载运货物为主要目的的汽车。

3.2.2.1

半挂牵引车　semi-trailer towing vehicle

装备有特殊装置用于牵引半挂车的汽车。

3.2.2.2

低速汽车　low-speed vehicle

三轮汽车和低速货车的总称。

3.2.2.2.1

三轮汽车　tri-wheel vehicle

最大设计车速小于等于50km/h的，具有三个车轮的货车。

3.2.2.2.2

低速货车　low-speed goods vehicle

低速载货汽车　low-speed goods vehicle

最大设计车速小于 70km/h 的，具有四个车轮的货车。

3.2.2.3

危险货物运输车　road transportation vehicle of dangerous goods

专门用于运输符合 GB 12268 等相关标准规定的危险货物的货车。

3.2.3

专项作业车　specical motor vehicle

专用作业车　specical motor vehicle

装置有专用设备或器具，在设计和制造上用于专项作业的汽车，如汽车起重机、消防车、混凝土泵车、清障车、高空作业车、扫路车、吸污车、钻机车、仪器车、检测车、监测车、电源车、通信车、电视车、采血车、医疗车、体检医疗车等，但不包括以载运人员或货物为主要目的的汽车。

3.2.4

气体燃料汽车　gaseous fuel vehicle

装备以石油气、天然气或煤气等气体为燃料的发动机的汽车。

3.2.5

两用燃料汽车　bi-fuel vehicle

具有两套相互独立的燃料供给系统，一套供给天然气或液化石油气，另一套供给其他燃料，两套燃料供给系统可分别但不可同时向燃烧室供给燃料的汽车，如汽油/压缩天然气两用燃料汽车、汽油/液化石油气两用燃料汽车等。

3.2.6

双燃料汽车　dual-fuel vehicle

具有两套燃料供给系统，一套供给天然气或液化石油气，另一套供给其他燃料，两套燃料供给系统按预定的配比向燃烧室供给燃料，在缸内混合燃烧的汽车，如柴油-压缩天然气双燃料汽车，柴油-液化石油气双燃料汽车等。

3.2.7

纯电动汽车　batery electric vehicle

由电动机驱动，且驱动电能来源于车载可充电蓄电池或其他能量储存装置的汽车。

[GB/T 19596—2004 的 3.1.1.1.1]

3.2.8

插电式混合动力汽车　plug-in hybrid electric vehicle

具有一定的纯电驱动行驶里程，且在正常使用情况下可从非车载装置中获取电能量的混合动力汽车。

3.2.9

燃料电池汽车　fuel cell electric vehicle

以燃料电池作为动力电源的汽车。

[GB/T 19596—2004 的 3.1.1.1.3]

3.2.10

教练车　driving school training vehicle

专门从事驾驶技能培训的汽车。

3.2.11

残疾人专用汽车　vehicle for handicapped driving

在采用自动变速器的乘用车上加装符合标准和规定的驾驶辅助装置，专门供特定类型的肢体残疾人驾驶的汽车。

3.3

挂车　trailer

设计和制造上需由汽车或拖拉机牵引，才能在道路上正常使用的无动力道路车辆，包括牵引杆挂车、中置轴挂车和半挂车，用于：

——载运货物；

——专项作业。

3.3.1

牵引杆挂车 draw-bar-trailer

全挂车 draw-bar-trailer

至少有两根轴的挂车，具有：

——一轴可转向；

——通过角向移动的牵引杆与牵引车联结；

——牵引杆可垂直移动，联结到底盘上，因此不能承受任何垂直力。

3.3.2

中置轴挂车 centre axle trailer

均匀受载时挂车质心紧靠车轴位置，牵引装置相对于挂车不能垂直移动、与牵引车连接时只有较小的垂直载荷作用于牵引车的挂车。

3.3.3

半挂车 semi-trailer

均匀受载时挂车质心位于车轴前面，装有可将垂直力和/或水平力传递到牵引车的联结装置的挂车。

3.4

汽车列车 combination vehicles

由汽车（低速汽车除外）牵引挂车组成的机动车，包括乘用车列车、货车列车和铰接列车。

3.4.1

乘用车列车 passenger/car trailer combination

乘用车和中置轴挂车的组合。

3.4.2

货车列车 goods road train

货车和牵引杆挂车或中置轴挂车的组合。

3.4.2.1

牵引杆挂车列车　draw-bar trailer combination

全挂拖斗车　draw-bar trailer combination

全挂汽车列车　draw-bar trailer combination

货车和牵引杆挂车的组合。

3.4.2.2

中置轴挂车列车　centre axle trailer combination

货车和中置轴挂车的组合。

3.4.3

铰接列车　articulated vehicle

半挂汽车列车　articulated vehicle

半挂牵引车和半挂车的组合。

3.5

摩托车　motorcycle and moped

由动力装置驱动的，具有两个或三个车轮的道路车辆，但不包括：

a）整车整备质量超过400kg的不带驾驶室的三轮车辆；

b）整车整备质量超过600kg的带驾驶室的三轮车辆；

c）最大设计车速、整车整备质量、外廓尺寸等指标符合相关国家标准和规定的，专供残疾人驾驶的机动轮椅车；

d）电驱动的，最大设计车速不大于20km/h，具有人力骑行功能，且整车整备质量、外廓尺寸、电动机额定功率等指标符合相关国家标准规定的两轮车辆。

3.5.1

普通摩托车　motorcycle

无论采用何种驱动方式，其最大设计车速大于50km/h，或如使用内燃机，其排量大于50mL，或如使用电驱动，其电动机最大输出功率总和大于4kW的摩托车，包括两轮普通摩托车、边三轮摩托车和正三轮摩托车。

3.5.1.1

两轮普通摩托车　motorcycle with two wheels

装有一个从动轮和一个驱动轮的普通摩托车。

3.5.1.2

边三轮摩托车　motorcycle with sidecar

在两轮普通摩托车的右侧装有边车的摩托车。

3.5.1.3

正三轮摩托车　right three-wheeled motorcycle

装有与前轮对称分布的两个后轮的普通摩托车，且如设计和制造上允许装载货物或载运乘员，其最大设计车速小于70km/h。

3.5.2

轻便摩托车　moped

无论采用何种驱动方式，其最大设计车速不大于50km/h的摩托车，且：

——如使用内燃机，其排量不大于50mL；

——如使用电驱动，其电动机最大输出功率总和不大于4kW。

3.5.2.1

两轮轻便摩托车　moped with two wheels

装有一个从动轮和一个驱动轮的轻便摩托车。

3.5.2.2

正三轮轻便摩托车　right three-wheeled moped

装有与前轮对称分布的两个后轮的轻便摩托车。

3.6

拖拉机运输机组　tractor towing trailer for transportation

由拖拉机牵引一辆挂车组成的用于载运货物的机动车，包括轮式拖拉机运输机组和手扶拖拉机运输机组。

注1：本标准所指的拖拉机是指最高设计车速不大于20 km/h、牵引挂车方可从事道路货物运输作业的手扶拖拉机，和最高设计车速不大于

40 km/h、牵引挂车方可从事道路货物运输作业的轮式拖拉机。

注2：手扶拖拉机运输机组还包含手扶变型运输机，即发动机12 h标定功率不大于14.7 kW，采用手扶拖拉机底盘，将扶手把改成方向盘，与挂车连在一起组成的折腰转向式运输机组。

3.7

轮式专用机械车　wheeled mobile machinery for special purpose

有特殊结构和专门功能，装有橡胶车轮可以自行行驶，最大设计车速大于20 km/h的轮式机械，如装载机、平地机、挖掘机、推土机等，但不包括叉车。

3.8

特型机动车　special size vehicle

质量参数和/或尺寸参数超出GB 1589规定的汽车、挂车、汽车列车。

4　整车

4.1　整车标志

4.1.1　机动车在车身前部外表面的易见部位上应至少装置一个能永久保持的商标或厂标。

4.1.2　机动车应至少装置一个能永久保持的产品标牌，该标牌的固定、位置及型式应符合GB/T 18411的规定；如采用标签标示，则标签应符合GB/T 25978规定的标签一般性能、防篡改性能及防伪性能要求。改装车应同时具有改装后的整车产品标牌及改装前的整车（或底盘）产品标牌。

机动车均应在产品标牌上标明品牌、整车型号、制造年月、生产厂名及制造国，各类机动车产品标牌应标明的其他项目见表1。产品标牌上标明的内容应规范、清晰耐久且易于识别，项目名称均应有中文名称。

4.1.3　汽车、摩托车、半挂车和中置轴挂车应具有唯一的车辆识别代号，其内容和构成应符合GB 16735 的规定；应至少有一个车辆识别代号打刻在车架（无车架的机动车为车身主要承载且不能拆卸的部件）能防止锈蚀、磨损的部位上。

表1　各类机动车产品标牌应补充标明的项目

机动车类型		应补充标明的项目
汽车[a]	载客汽车[b]	车辆识别代号、发动机型号、发动机最大净功率、最大允许总质量（以下简称为“总质量”）、乘坐人数（乘员数）
	载货汽车[c]	车辆识别代号、发动机型号、发动机最大净功率、总质量（半挂牵引车除外）、整车整备质量（以下简称为“整备质量”）、最大允许牵引质量（无牵引功能的货车除外）
	专项作业车	车辆识别代号、发动机型号、发动机最大净功率、总质量、专用功能主要技术参数
挂车		车辆识别代号[d]、总质量、整备质量
摩托车[e]		车辆识别代号、发动机型号、发动机实际排量或最大净功率、整备质量
轮式专用机械车		车架号（或产品识别代码、车辆识别代号）、发动机型号、发动机标定功率、整备质量、最大设计车速
组成拖拉机运输机组的拖拉机		出厂编号、发动机标定功率、使用质量
特型机动车		车辆识别代号（或车架号）、发动机型号、发动机最大净功率、总质量、整备质量、外廓尺寸

[a] 非插电式混合动力汽车还应标明电动动力系统最大输出功率；纯电动汽车、插电式混合动力汽车、燃料电池汽车还应标明主驱动电机型号和功率，动力电池工作电压和容量（安时数），储氢容器形式、容积、工作压力（燃料电池汽车）；纯电动汽车不标发动机相关信息。

[b] 乘用车还应标明发动机排量，具备牵引功能时还应标明最大允许牵引质量。

[c] 半挂牵引车还应标明牵引座最大设计静载荷。

[d] 牵引杆挂车在未采用统一的车辆识别代号之前应标明车架号。

[e] 电动摩托车应标明车辆识别代号、电动机型号、电动机最大输出功率、额定电压、整备质量；正三轮摩托车还应标明装载质量或乘坐人数，两轮普通摩托车及两轮轻便摩托车可不标车辆识别代号。

乘用车的车辆识别代号应打刻在发动机舱内能防止替换的车辆结构件上，或打刻在车门立柱上，如受结构限制没有打刻空间时也可打刻在右侧除后备箱（后行李区）外的车辆其他结构件上；其他汽车、半挂车和中置轴挂车的车辆识别代号应打刻在前部右侧，如受结构限制也可打刻在右侧其他车辆结构件上。其他机动车应在相应的易见位置打刻整车型号和出厂编号，型号在前，出厂编号在后，在出厂编号的两端应打刻起止标记。

打刻车辆识别代号（或整车型号和出厂编号）的部件不得采用打磨、挖补、垫片等方式处理，从上（前）方观察时打刻区域周边足够大面积的表面不应有任何覆盖物；如有覆盖物，该覆盖物的表面应明确标示“车辆识别代号”或“VIN”字样，且覆盖物在不使用任何专用工具的情况下能直接取下（或揭开）及复原，以方便地观察到足够大的包括打刻区域的表面。

打刻的车辆识别代号（或整车型号和出厂编号）从上（前）方应易拓印。打刻的车辆识别代号的字母和数字的字高应大于等于7.0mm、深度应大于等于0.3mm（乘用车深度应大于等于0.2mm），但摩托车字高应大于等于5.0mm、深度应大于等于0.2mm。打刻的整车型号和出厂编号字高应为10.0mm，深度应大于等于0.3mm。

车辆识别代号（或整车型号和出厂编号）一经打刻不得更改、变动，并符合GB 16735的规定。同一辆机动车的车架（无车架的机动车为车身主要承载且不能拆卸的部件）上，不得既打刻车辆识别代号，又打刻整车型号和出厂编号。同一辆车上标识的所有车辆识别代号内容应相同。

注：打刻区域周边足够大面积的表面（足够大的包括打刻区域的表面）是指打刻车辆识别代号的部件的全部表面；但所暴露表面能满足查看打刻车辆识别代号的部件有无挖补、重新焊接、粘贴等痕迹的需要时，也应视为满足要求。

4.1.4 发动机型号和出厂编号应打刻（或铸出）在气缸体上且

应能永久保持，在出厂编号的两端应打刻起止标记（没有打刻起止标记的空间时不打刻）；摩托车应在发动机的易见部位铸出商标或厂标，发动机出厂编号应打刻在曲轴箱易见部位，在出厂编号的两端应打刻起止标记（没有打刻起止标记的空间时不打刻）；如打刻（或铸出）的发动机型号和出厂编号不易见，则应在发动机易见部位增加能永久保持的发动机型号和出厂编号的标识。

纯电动汽车、插电式混合动力汽车、燃料电池汽车和电动摩托车应在主驱动电动机壳体上打刻电动机型号和编号；如打刻的电动机型号和编号被覆盖，应留出观察口，或在覆盖件上增加能永久保持的电动机型号和编号的标识。

增加的标识应易见，且非经破坏性操作不能被完整取下。

4.1.5 乘用车和总质量小于等于 3500kg 的货车（低速汽车除外）应在靠近风窗立柱的位置设置能永久保持的车辆识别代号标识；该标识从车外应能清晰地识读，且非经破坏性操作不能被完整取下。对具有发动机电子控制单元（ECU）的乘用车，其 ECU 应记载有车辆识别代号等特征信息，且记载的特征信息应能被读取；但如乘用车至少有一处电子数据接口，且通过读取工具能够获得车辆识别代号等特征信息的，应视为满足要求。

4.1.6 除按照 4.1.2、4.1.3、4.1.5 标示车辆识别代号之外，乘用车还应在后备箱（或行李区）从车外无法观察但打开后能直接观察的合适位置标示车辆识别代号，并至少在 5 个主要部件上标示车辆识别代号；但如制造厂家使用了能从零部件编号溯及车辆识别代号等车辆唯一性信息的生产管理系统，主要部件上可标示零部件编号。

车辆识别代号或零部件编号应直接打刻或采用能永久保持的标签粘贴在制造厂家规定主要部件的目标区域内，其字码高度应保证内容能清晰确认。

4.1.7 危险货物运输车的标志应符合 GB 13392 的规定；其中，

罐式危险货物运输车还应按照 GB 18564.1 或 GB 18564.2 在罐体上喷涂装运货物的名称，道路运输爆炸品和剧毒化学品车辆还应符合 GB 20300 的规定。

4.1.8 对机动车进行改装或修理时，不得对车辆识别代号（或整车型号和出厂编号）、发动机型号和出厂编号、零部件编号、产品标牌、发动机标识等整车标志进行遮盖（遮挡）、打磨、挖补、垫片等处理及凿孔、钻孔等破坏性操作。

4.2 外廓尺寸

汽车及汽车列车、挂车的外廓尺寸应符合 GB 1589 的规定，摩托车、拖拉机运输机组的外廓尺寸限值见表 2。

表 2 摩托车、拖拉机运输机组外廓尺寸限值 单位为米

机动车类型		长	宽	高
摩托车	两轮普通摩托车	≤2.50	≤1.00	≤1.40
	边三轮摩托车	≤2.70	≤1.75	≤1.40
	正三轮摩托车	≤3.50	≤1.50	≤2.00
	两轮轻便摩托车	≤2.00	≤0.80	≤1.10
	正三轮轻便摩托车	≤2.00	≤1.00	≤1.10
拖拉机运输机组	轮式拖拉机运输机组	≤10.00[a]	≤2.50	≤3.00[a]
	手扶拖拉机运输机组	≤5.00	≤1.70	≤2.20

[a] 对标定功率大于 58kW 的轮式拖拉机运输机组长度限值为 12.00m，高度限值为 3.50m。

4.3 后悬

客车及封闭式车厢（或罐体）的机动车后悬应小于等于轴距的 65%。专项作业车和轮式专用机械车，在保证安全的情况下，后悬可按客车后悬要求核算，其他机动车后悬应小于等于轴距的 55%。车长小于 16m 的发动机后置的铰接客车，在保证安全的情况下，后悬可不超过轴距的 70%。机动车的后悬均应小于等于 3.5m。

注：多轴机动车的轴距按第一轴至最后轴的距离计算（对铰接客车按第一轴至第二轴的距离计算），后悬从最后一轴的中心线往后计算。客车的后悬以车身外蒙皮尺寸计算，如后保险杠突出于后背外蒙皮，则以后保险杠尺寸计算，不计后尾梯。

4.4 轴荷和质量参数

4.4.1 汽车及汽车列车、挂车的轴荷和质量参数应符合 GB 1589 的规定。

4.4.2 机动车在空载和满载状态下，整备质量和总质量应在各轴之间合理分配，轴荷应在左右车轮之间均衡分配。

4.4.3 边三轮摩托车处于空载及满载状态时，边车车轮轮荷应分别为整备质量及总质量的 35% 以下。

4.5 核载

4.5.1 质量参数核定

4.5.1.1 机动车最大允许总质量依据发动机功率、最大设计轴荷、轮胎的承载能力及正式批准的技术文件进行核算后，从中取最小值核定。

4.5.1.2 机动车在空载和满载状态下，转向轴轴荷（或转向轮轮荷）分别与该车整备质量和总质量的比值应大于等于：

——乘用车：30%；

——三轮汽车、正三轮摩托车：18%；

——其他机动车：20%。

铰接列车应在空载和满载状态下对牵引车部分进行核算，铰接客车和铰接式无轨电车应在空载和满载状态下对前车进行核算。

4.5.1.3 清障车在托举状态下，转向轴轴荷应大于等于总质量的 15%。

4.5.1.4 汽车或汽车列车驱动轴的轴荷应大于等于汽车或汽车列车总质量的 25%。

4.5.1.5 货车列车的挂车的最大允许装载质量应小于等于货车

的最大允许装载质量。

4.5.1.6 铰接列车的半挂车的总质量应小于等于半挂牵引车的最大允许牵引质量。

4.5.1.7 轮式拖拉机运输机组的挂拖质量比（挂车最大允许总质量与拖拉机使用质量之比）应小于等于3。

4.5.2 乘用车乘坐人数核定

4.5.2.1 前排座位按乘客舱内部宽度（系指驾驶人两侧门窗下缘，并在车门后支柱内侧量取）大于等于1 200mm时核定2人，大于等于1 650mm时核定3人，但每名前排乘员的座垫宽和座垫深均应大于等于400mm，且不得作为学生座位核定乘坐人数。

4.5.2.2 除前排座位外的其他排座位，在能保证与前一排座位的间距大于等于600mm且座垫深度大于等于400mm（对第二排以后的可折叠座椅座间距大于等于570mm且座垫深度大于等于350mm）时，按座垫宽每400mm核定1人；但作为学生座位使用时，对幼儿校车按每280mm核定1人，对小学生校车按每350mm核定1人，对中小学生校车按380mm核定1人。单人座椅座垫宽大于等于400mm时核定1人。

注1： 学生座位（椅）是指幼儿校车上专门供幼儿乘坐的座位（椅）、小学生校车上专门供小学生乘坐的座位（椅）及中小学生校车上专门供义务教育阶段学生使用的座位（椅）。

注2： 可折叠座椅是指靠背、座垫铰接且折叠在一起后能完全收起的座椅。

注3： 座间距是指座椅座垫和靠背均未被压陷、驾驶人座椅和前排乘员座椅处于滑轨中间位置、靠背角度可调式座椅的靠背角度及座椅其他调整量处于制造厂规定的正常使用位置时，在通过（单人）座椅中心线的垂直平面内，在座垫上表面最高点所处平面与地板上方620mm高度范围内水平测量所得的座椅间距数值。

4.5.2.3 旅居车的核定乘员数应小于等于9人。

4.5.2.4 车长大于等于6m的乘用车设置的侧向座椅不核定乘坐人数。

4.5.3　客车乘员数核定

4.5.3.1　按乘员质量核定：按 GB/T 12428 确定。

4.5.3.2　按座垫宽和站立乘客有效面积核定：长条座椅（指座垫靠背均为条形的供两人或多人乘坐的座椅）按座垫宽每400mm 核定 1 人，但作为学生座位使用时，对幼儿校车按每280mm（对幼儿专用校车按每 330mm）核定 1 人，对小学生校车按每 350mm 核定 1 人，对中小学生校车按 380mm 核定1 人；单人座椅座垫宽大于等于 400mm（对学生座椅为 380mm）时核定 1 人。设有乘客站立区的公共汽车，按 GB/T 12428 确定的站立乘客有效面积计算，每 0.125 m^2 核定站立乘客 1 人；双层客车的上层及其他客车不核定站立人数。

4.5.3.3　按卧铺铺位核定：卧铺客车的每个铺位核定 1 人，驾驶人座椅核定 1 人，乘客座椅（包括车组人员座椅）不核定乘坐人数。

4.5.3.4　可折叠的单人座椅及驾驶人座椅 R 点所处的横向垂直平面之前的座椅不得作为学生座位（椅）核定人数。

4.5.3.5　幼儿校车、小学生校车和中小学生校车按 4.5.3.2 和 4.5.3.4 核定乘员数，其他客车以 4.5.3.1、4.5.3.2 及 4.5.3.3 计算的乘员数取最小值核定乘员数。幼儿校车的核定乘员数应小于等于 45 人，其他校车的核定乘员数应小于等于 56 人。二轴卧铺客车的核定乘员数应小于等于 36 人，三轴卧铺客车的核定乘员数应小于等于 40 人。

4.5.4　有驾驶室机动车的驾驶室乘坐人数核定（摩托车除外）

4.5.4.1　驾驶室的前排座位，按驾驶室内部宽度（系指驾驶室门窗下缘，并在车门后支柱内侧量取）大于等于 1 200mm 时核定 2 人，大于等于 1 650mm 时核定 3 人，但每名前排乘员的座垫宽和座垫深均应大于等于 400mm。

4.5.4.2　双排座位驾驶室的后排座位，按座垫中间位置测量的车身内部宽度，在能保证与前排座位的间距大于等于 650mm 且座垫深度大于等于400mm时，每400mm核定1人。

4.5.4.3 带卧铺的货车，卧铺铺位不核定乘坐人数。

4.5.4.4 有驾驶室的拖拉机运输机组和使用方向盘转向的三轮汽车，除驾驶人外可再核定一名乘员，但其座垫宽应大于等于350mm，座椅深应大于等于300mm，且座椅不应增加拖拉机运输机组或三轮汽车的外廓尺寸；不具备上述条件时，只准许乘坐驾驶人1人。

4.5.4.5 货车核定乘坐人数应小于等于6人。

4.5.5 摩托车乘坐人数核定

4.5.5.1 两轮普通摩托车除驾驶人外，有固定座位的可再核定乘坐1人。

4.5.5.2 边三轮摩托车除驾驶人外，主车和边车有固定座位的各核定乘坐1人。

4.5.5.3 正三轮摩托车驾驶室核定乘坐驾驶人1人；车厢在有纵向布置（与机动车前进方向相同）的固定座椅（该固定座椅的座垫深度大于等于400mm且与驾驶人座椅的间距大于等于650mm）时，按座垫宽度每400mm核定1人，但最多为2人；不具备上述条件时，车厢不核定乘坐人数。

4.5.5.4 轻便摩托车核定乘坐驾驶人1人。

4.5.6 特殊规定

4.5.6.1 装备有残疾人轮椅固定装置的残疾人汽车、装备有担架的救护车等用于载运特定乘客的载客汽车的乘坐人数，以及医疗车、体检医疗车等专项作业车的乘坐人数，参照4.5.2、4.5.3和4.5.4核定。

4.5.6.2 旅居半挂车不核定乘坐人数。

4.5.6.3 货车驾驶室（区）以外部位设置的座椅和卧铺不核定乘坐人数。

4.6 比功率

低速汽车及拖拉机运输机组的比功率应大于等于4.0 kW/t，

除无轨电车外的其他机动车的比功率应大于等于5.0kW/t。

注：比功率为发动机最大净功率（或0.9倍的发动机额定功率，或0.9倍的发动机标定功率）与机动车最大允许总质量之比。

4.7　侧倾稳定角及驻车稳定角

4.7.1　按GB/T 14172规定的方法，客车在乘客区满载、行李舱空载的情况下测试时，向左侧和右侧倾斜最大侧倾稳定角均应大于等于28°（对专用校车均应大于等于32°）；且除定线行驶的双层（公共）汽车外，在空载、静态条件下，向左侧和右侧倾斜最大侧倾稳定角均应大于等于35°。

注：铰接客车和铰接式无轨电车按前车考核。

4.7.2　罐式汽车和罐式挂车在满载、静态状态下，向左侧和右侧倾斜最大侧倾稳定角应大于等于23°。

4.7.3　其他机动车在空载、静态状态下，向左侧和右侧倾斜最大侧倾稳定角应大于等于：

——三轮机动车（包括三轮汽车和三轮摩托车，下同）：25°；

——总质量为整备质量的1.2倍以下的机动车：30°；

——总质量不小于整备质量的1.2倍的专项作业车和轮式专用机械车：32°；

——其他机动车（特型机动车、两轮普通摩托车及轻便摩托车除外）：35°。

4.7.4　两轮普通摩托车和两轮轻便摩托车在用撑杆支撑时，向左、向右、向前的驻车稳定角分别应大于等于9°、5°、6°；在用停车架支撑时，向左、向右、向前的驻车稳定角均应大于等于8°。

4.8　图形和文字标志

4.8.1　汽车（三轮汽车和装用单缸柴油机的低速货车除外）、摩托车应分别按照GB 4094和GB 15365的规定设置操纵件、指示器及信号装置的图形标志。

4.8.2 三轮汽车和装用单缸柴油机的低速货车的变速杆、手柄和开关等操纵机构，除作用非常明确的外，应在操纵机构上或其附近用耐久性标志明确标明其功能、操作方向等。标志用操作符号应与背景有明显的色差。

4.8.3 机动车标注的警告性文字应有中文。

4.8.4 旅居车和旅居挂车旅居室内的专用装备设施应明示相应的安全使用规定。

4.8.5 低速汽车和拖拉机运输机组应对需要提醒人们注意的安全事项设置相应的安全标志。安全标志应符合 GB 10396 的规定。

4.8.6 所有货车和专项作业车均应在驾驶室（区）两侧喷涂总质量（半挂牵引车为最大允许牵引质量）；其中，栏板货车和自卸车还应在驾驶室两侧喷涂栏板高度，罐式汽车和罐式挂车还应在罐体上喷涂罐体容积及允许装运货物的种类。栏板挂车应在车厢两侧喷涂栏板高度。喷涂的中文及阿拉伯数字应清晰，高度应大于等于 80mm。

4.8.7 总质量大于等于 4500kg 的货车（半挂牵引车除外）、所有挂车均应在车厢后部喷涂或粘贴放大的号牌号码，放大的号牌号码字样应清晰。

4.8.8 所有客车（专用校车和设有乘客站立区的公共汽车除外）应在乘客门附近车身外部易见位置，用高度大于等于 100mm 的中文及阿拉伯数字标明该车提供给乘员（包括驾驶人）的座位数。

4.8.9 专用校车车身外观标识应符合 GB 24315 规定。校车运送学生时，应在前风窗玻璃右下角和后风窗玻璃适当位置各放置一块可以从车外清楚识别的校车标牌；但专门用于接送学生上下学的非专用校车，车身外观标识还应符合专用校车相关规定。

注：非专用校车是指除专用校车外的其他校车。

4.8.10 气体燃料汽车、两用燃料汽车和双燃料汽车应按 GB/T 17676的规定标注其使用的气体燃料类型。

4.8.11 教练车应在车身两侧及后部喷涂高度大于等于 100mm 的“教练车”等字样。

4.8.12 警车、消防车、救护车和工程救险车以外的机动车，不得喷涂和安装与警车、消防车、救护车和工程救险车相同或相类似的标志图案和灯具。

4.9 外观

4.9.1 机动车外观应整洁，各零部件应完好，联接牢固，无缺损。

4.9.2 车体应周正，车体外缘左右对称部位高度差应小于等于 40mm。

4.9.3 两轮普通摩托车和轻便摩托车的方向把和导流板等左右对称的零部件离地面高度差应小于等于 10mm；正三轮摩托车的驾驶室和车厢等左右对称的零部件离地面高度差应小于等于 20mm。

4.10 漏水检查

在发动机运转及停车时，散热器、水泵、缸体、缸盖、暖风装置及所有连接部位均不得有明显渗漏现象。

4.11 漏油检查

机动车连续行驶距离不小于 10 km，停车 5 min 后观察，不得有明显渗漏现象。

4.12 车速表指示误差（最大设计车速不大于 40km/h 的机动车除外）

车速表指示车速 v_1（单位：km/h）与实际车速 v_2（单位：km/h）之间应符合下列关系式：

$$0 \leqslant v_1 - v_2 \leqslant (v_2/10) + 4$$

4.13 行驶轨迹

汽车列车和轮式拖拉机运输机组在平坦、干燥的路面上直线行驶时，挂车后轴中心相对于牵引车前轴中心的最大摆动幅度，铰接列车、乘用车列车和中置轴挂车列车应小于等于 110mm，牵引杆挂车列车和轮式拖拉机运输机组应小于等于220mm。

4.14　驾驶人耳旁噪声要求

汽车（低速汽车除外）驾驶人耳旁噪声声级应小于等于90dB（A），其检验方法见附录A。

4.15　环保要求

机动车的排气污染物排放及噪声控制应符合国家环保标准的规定。

4.16　产品使用说明书

4.16.1　机动车的产品使用说明书应用文字标明与车型（整车型号）相一致的以下结构参数和技术特征，必要时还应用图案辅助说明：

——整车产品标牌、按4.1.3规定打刻的车辆识别代号（或整车型号和出厂编号）、打刻（或铸出的）发动机型号和出厂编号（或电动机型号和编号）、标有发动机型号和出厂编号（或电动机型号和编号）的标识等标志的具体位置；

——长、宽、高等整车外廓尺寸参数；

——轴荷、整备质量、最大允许总质量等质量参数；

——发动机主要技术参数（如发动机最大净功率、额定功率/转速、额定扭矩/转速）；

——罐体容积及允许装运货物的种类；

——燃料种类及标号；

——机动车整车出厂时所达到的排放水平；

——指定试验条件下的整车燃料消耗量；

——最大设计车速、最大爬坡度等动力性能参数；

——起步气压的具体数值；

——可以使用的轮胎规格、备胎规格，以及轮胎气压等使用注意事项；

——钢板弹簧的形式和规格；

——侧面及后下部防护装置的材质、结构、尺寸、连接部位和形式、外形；

——封闭式货车隔离装置的承受能力及装载货物注意事项；

——电动转向助力装置等电气设备的安全使用要求及注意事项；

——最大设计车速大于 100km/h 的机动车的车轮动平衡要求；

——车轮定位值；

——制动踏板自由行程的合理范围；

——制动摩擦副的合理使用范围；

——涉及安全使用车辆的其他事项。

注：对发动机最大净功率、额定功率/转速等发动机主要技术参数，以及车轮动平衡要求、车轮定位值、制动踏板自由行程的合理范围、制动摩擦副的合理使用范围等主要用于车辆维修的技术参数，在其他随车正式文件上有说明的，也视为满足要求。

4.16.2 汽车的产品使用说明书应对其装备的安全气囊、电子稳定控制系统、防抱死制动装置等安全装置的功能、用法和注意事项等加以说明；装备有安全气囊的汽车，还应在产品使用说明书中明确安全气囊展开的条件和情形。

4.16.3 乘用车的产品使用说明书应对适合安装的儿童座椅的类型及固定方法加以说明。

4.16.4 旅居挂车的产品使用说明书应明示车辆行驶过程中旅居室内不得载人。

4.16.5 三轮汽车和装用单缸柴油机的低速货车的产品使用说明书应明示所有操纵机构的操作说明。

4.16.6 轮式专用机械车、特型机动车的产品使用说明书应明示其制造时所执行的相关国家标准和/或行业标准的标准顺序号和年号。

4.16.7 机动车的产品使用说明书的所有文字性内容均应有中文。

4.17 其他要求

4.17.1 专项作业车和轮式专用机械车的特殊结构和专用装置不得影响机动车的安全运行。

4.17.2 轮式专用机械车的外廓尺寸、轴荷及质量参数、转向系、制动系、外部照明和信号装置及电气设备、车身、安全防护装置等要求按土方机械相关强制性标准实施。

5 发动机

5.1 发动机应动力性能良好，运转平稳，怠速稳定，无异响，机油压力和温度正常。发动机功率应大于等于标牌（或产品使用说明书）标明的发动机功率的75%。

5.2 发动机应有良好的起动性能。汽车（三轮汽车和装用单缸柴油机的低速货车除外）发动机应能由驾驶人在座位上起动。

5.3 柴油机停机装置应灵活有效。

5.4 发动机点火、燃料供给、润滑、冷却和进排气等系统的机件应齐全，性能良好。

6 转向系

6.1 汽车（三轮汽车除外）的方向盘应设置于左侧，其他机动车的方向盘不得设置于右侧；专项作业车、教练车按需要可设置左右两个方向盘。有驾驶室的正三轮摩托车如使用方向盘转向，则方向盘中心立柱距车辆纵向中心平面的水平距离应小于等于200mm；其他摩托车不得使用方向盘转向。

6.2 机动车的方向盘（或方向把）应转动灵活，操纵方便，无卡滞现象。机动车应设置转向限位装置。转向系统在任何操作位置上，不得与其他部件有干涉现象。

6.3 机动车（摩托车、三轮汽车、手扶拖拉机运输机组除外）正常行驶时，转向轮转向后应有一定的回正能力（允许有残余角），以使机动车具有稳定的直线行驶能力。

6.4 机动车方向盘的最大自由转动量应小于等于：

a）最大设计车速大于等于 100km/h 的机动车：15°；

b）三轮汽车：35°；

c）其他机动车：25°。

6.5 汽车（三轮汽车除外）应具有适度的不足转向特性。

6.6 三轮汽车、摩托车的转向轮向左或向右转角应小于等于：

a）三轮汽车、三轮摩托车、正三轮轻便摩托车：45°；

b）两轮普通摩托车、两轮轻便摩托车：48°。

6.7 机动车在平坦、硬实、干燥和清洁的道路上行驶不应跑偏，其方向盘（或方向把）不应有摆振、路感不灵或其他异常现象。

6.8 机动车在平坦、硬实、干燥和清洁的水泥或沥青道路上行驶，以 10km/h 的速度在 5s 之内沿螺旋线从直线行驶过渡到外圆直径为 25m 的车辆通道圆行驶，施加于方向盘外缘的最大切向力应小于等于 245N。

6.9 专用校车应采用转向助力装置；其他机动车转向轴最大设计轴荷大于 4000kg 时，也应采用转向助力装置。装有转向助力装置的机动车，转向时其转向助力功能不得出现时有时无的现象，且转向助力装置失效时仍应具有用方向盘控制机动车的能力。装有电动转向助力装置的汽车，在产品使用说明书规定的正常使用状态下，应保证转向助力装置的电能供应。

6.10 汽车和汽车列车（不计具有作业功能的专用装置的突出部分）、轮式拖拉机运输机组应能在同一个车辆通道圆内通过，车辆通道圆的外圆直径 D_1 为 25.00 m，车辆通道圆的内圆直径 D_2 为 10.60 m。汽车和汽车列车、轮式拖拉机运输机组由直线行驶过渡到上述圆周运动时，任何部分超出直线行驶时的车辆外侧面垂直面的值（外摆值）应小于等于 0.80 m（对铰接客车和铰接式无轨电车外摆值应小于等于 1.20 m），其试验方法见 GB 1589。

6.11 汽车（三轮汽车除外）的车轮定位应与该车型的技术要

求一致。对前轴采用非独立悬架的汽车（前轴采用双转向轴时除外），其转向轮的横向侧滑量，用侧滑台检验时侧滑量值应在 ±5 m/km 之间。

6.12 转向节及臂，转向横、直拉杆及球销不得有裂纹和损伤，并且转向球销不应松旷。对机动车进行改装或修理时横、直拉杆不得拼焊。

6.13 三轮汽车、摩托车的前减振器、上下联板和方向把不应有变形和裂损。

7 制动系

7.1 基本要求

7.1.1 机动车应设置足以使其减速、停车和驻车的制动系统或装置，且行车制动的控制装置与驻车制动的控制装置应相互独立。

7.1.2 制动系统的机构和装置应经久耐用，不得因振动或冲击而损坏。

7.1.3 制动踏板（包括教练车的副制动踏板）及其支架、制动主缸及其活塞、制动总阀、制动气室、轮缸及其活塞、制动臂及凸轮轴总成之间的连接杆件等零部件应易于维修。

7.1.4 制动系统的各种杆件不得与其他部件在相对位移中发生干涉、摩擦，以防杆件变形、损坏。

7.1.5 制动管路应为专用的耐腐蚀的高压管路，安装应保证具有良好的连续功能、足够的长度和柔性，以适应与之相连接的零件所需要的正常运动，而不致造成损坏；制动管路应有适当的安全防护，以避免擦伤、缠绕或其他机械损伤，同时应避免安装在可能与机动车排气管或任何高温源接触的地方。制动软管不得与其他部件干涉且不应有老化、开裂、被压扁等现象。其他气动装置在出现故障时不得影响制动系统的正常工作。

7.1.6 汽车制动完全释放时间（从松开制动踏板到制动消除所

需要的时间）对两轴汽车应小于等于0.80 s，对三轴及三轴以上汽车应小于等于1.2s。

7.1.7 机动车在运行过程中不得有自行制动现象，但属于设计和制造上为保证车辆安全运行的除外。当挂车（由轮式拖拉机牵引的装载质量3000kg以下的挂车除外）与牵引车意外脱离后，挂车应能自行制动，牵引车的制动仍应有效。

7.2 行车制动

7.2.1 机动车（总质量小于等于750kg的挂车除外）应具有完好的行车制动系，其中汽车（三轮汽车除外）的行车制动应采用双回路或多回路。

7.2.2 行车制动应保证驾驶人在行车过程中能控制机动车安全、有效地减速和停车。行车制动应是可控制的，且除残疾人专用汽车外，应保证驾驶人在其座位上双手无须离开方向盘（或方向把）就能实现制动。

7.2.3 行车制动应作用在机动车（三轮汽车、拖拉机运输机组及总质量不大于750kg的挂车除外）的所有车轮上。

7.2.4 行车制动的制动力应在各轴之间合理分配。

7.2.5 机动车（边三轮摩托车除外）行车制动的制动力应在同一车轴左右轮之间相对机动车纵向中心平面合理分配。

7.2.6 汽车（三轮汽车除外）、摩托车（边三轮摩托车除外）、挂车（总质量不大于750kg的挂车除外）的所有车轮应装备制动器。其中，所有专用校车和危险货物运输车的前轮及车长大于9m的其他客车的前轮应装备盘式制动器。

7.2.7 制动器应有磨损补偿装置。制动器磨损后，制动间隙应易于通过手动或自动调节装置来补偿。制动控制装置及其部件以及制动器总成应具备一定的储备行程，当制动器发热或制动衬片的磨损达到一定程度时，在不必立即作调整的情况下，仍应保持有效的制动。

7.2.8 制动踏板的自由行程应与该车型的技术要求一致。

7.2.9 行车制动在产生最大制动效能时的踏板力或手握力应小于等于：

——乘用车和正三轮摩托车：500N；

——摩托车（正三轮摩托车除外）：350N（踏板力）或250N（手握力）；

——其他机动车：700N。

7.2.10 汽车列车行车制动系的设计和制造应保证挂车最后轴制动动作滞后于牵引车前轴制动动作的时间小于等于0.2 s。

7.2.11 车长大于9m的公路客车、旅游客车和未设置乘客站立区的公共汽车，所有专用校车、危险货物运输车和半挂牵引车，总质量大于等于12000kg的货车和专项作业车及总质量大于10000kg的挂车应安装符合GB/T 13594规定的防抱死制动装置。

注：本条中半挂车的总质量是指半挂车在满载并且和牵引车相连的情况下，通过半挂车的所有车轴垂直作用于地面的静载荷，不包括转移到牵引车牵引座的静载荷。

7.2.12 教练车（三轮汽车除外）的行车制动应装备有副制动踏板。副制动踏板应安装牢固、动作可靠，保证教练员在行车过程中能有效地控制机动车减速和停车。

7.3 应急制动

7.3.1 汽车（三轮汽车除外）应具有应急制动功能。

7.3.2 应急制动应保证在行车制动只有一处失效的情况下，在规定的距离内将汽车停住。

7.3.3 应急制动可以是行车制动系统具有应急特性或是与行车制动分开的系统。

7.3.4 应急制动应是可控制的，其布置应使驾驶人容易操作，驾驶人在座位上至少用一只手握住方向盘的情况下（对乘用车为双手不离开方向盘的情况下），就可以实现制动。它的控制装置可以与行车制动的控制装置结合，也可以与驻车制动的控制装置结合。

7.3.5 采用助力制动系的行车制动系，当助力装置失效后，仍应能保持规定的应急制动性能。

7.4 驻车制动

7.4.1 机动车（两轮普通摩托车、边三轮摩托车和两轮轻便摩托车除外）应具有驻车制动装置。

7.4.2 驻车制动应能使机动车即使在没有驾驶人的情况下，也能停在上、下坡道上。驾驶人应在座位上就可以实现驻车制动。对于汽车列车和轮式拖拉机运输机组，如挂车与牵引车脱离，挂车（由轮式拖拉机牵引的装载质量3000kg以下的挂车除外）应能产生驻车制动。挂车的驻车制动装置应能由站在地面上的人实施操纵。

7.4.3 驻车制动应通过纯机械装置把工作部件锁止，并且驾驶人施加于操纵装置上的力：

——手操纵时，乘用车应小于等于400N，其他机动车应小于等于600N；

——脚操纵时，乘用车应小于等于500N，其他机动车应小于等于700N。

7.4.4 驻车制动控制装置的安装位置应适当，操纵装置应有足够的储备行程（开关类操作装置除外），一般应在操纵装置全行程的三分之二以内产生规定的制动效能；驻车制动机构装有自动调节装置时允许在全行程的四分之三以内达到规定的制动效能。驻车制动使用电子控制装置时，锁止装置应为纯机械装置，发生断电情况锁止装置仍应保持持续有效。棘轮式制动操纵装置应保证在达到规定的驻车制动效能时，操纵杆往复拉动的次数不得超过三次。

7.4.5 采用弹簧储能制动装置做驻车制动时，应保证在失效状态下能方便地解除驻车状态；如需使用专用工具，应随车配备。

7.5 辅助制动

车长大于9 m的客车（对专用校车为车长大于8m）、总质量大于等于12000kg的货车和专项作业车、所有危险货物运输车，应装备缓速器或其他辅助制动装置。辅助制动装置的性能要求应使汽车能通过GB 12676规定的Ⅱ型或ⅡA型试验。

7.6 液压制动的特殊要求

7.6.1 采用液压制动的机动车，制动管路不应存在渗漏（包括外泄和内泄）现象，在保持踏板力为700N（摩托车为350N）达到1min时，踏板不得有缓慢向前移动的现象。

7.6.2 液压行车制动在达到规定的制动效能时，踏板行程应小于等于踏板全行程的四分之三，制动器装有自动调整间隙装置的机动车踏板行程应小于等于踏板全行程的五分之四，且乘用车应小于等于120mm，其他机动车应小于等于150mm。

注：踏板全行程是指在无制动液状态下制动踏板从完全释放状态到不能踩动的行程。

7.6.3 液压行车制动系不得因制动液对制动管路的腐蚀或由于发动机及其他热源的作用形成气阻而影响行车制动系的功能。

7.7 气压制动的特殊要求

7.7.1 采用气压制动的机动车，在气压升至600 kPa且不使用制动的情况下，停止空气压缩机工作3 min后，其气压的降低值应小于等于10 kPa。在气压为600 kPa的情况下，停止空气压缩机工作，将制动踏板踩到底，待气压稳定后观察3 min，气压降低值对汽车应小于等于20 kPa，对汽车列车、铰接客车及铰接式无轨电车、轮式拖拉机运输机组应小于等于30 kPa。

7.7.2 采用气压制动的机动车，发动机在75%的额定转速下，4min（汽车列车为6min，铰接客车和铰接式无轨电车为8min）内气压表的指示气压应从零开始升至起步气压。

注：起步气压是指车辆制造厂家标明的车辆（起步后）能够满足正常（制动）工作要求的贮气筒最小压力。

7.7.3 气压制动系统应装有限压装置，以确保贮气筒内气压不超过允许的最高气压。

7.7.4 气压制动系应安装保持压缩空气干燥、油水分离的装置。

7.8 贮气筒

7.8.1 装备贮气筒或真空罐的机动车应采用单向阀或相应的保护装置，以保证在筒（罐）与压缩空气（真空源）连接失效或漏损的情况下，筒（罐）内的压缩空气（真空度）不致全部丧失。

7.8.2 贮气筒的容量应保证在调压阀调定的最高气压下，且在不继续充气的情况下，机动车在连续五次踩到底的全行程制动后，气压不低于起步气压。

7.8.3 贮气筒应有排污阀。

7.9 制动报警装置

7.9.1 采用液压制动的机动车，其储液器的加注口应易于接近，从结构设计上应保证在不打开容器的条件下就能很容易地检查液面。如不能满足此条件，则应安装制动液面过低报警装置。

7.9.2 采用液压制动的汽车（三轮汽车和装用单缸柴油机的低速货车除外），如液压传能装置任一部件失效，应通过红色报警信号灯警示驾驶人。只要失效继续存在且点火开关处在开（运行）的位置，该信号灯应保持发亮。报警信号灯即使在白天也应很醒目，驾驶人在其座位上应能很容易地观察报警信号灯工作是否正常。报警装置的失效不应导致制动系统完全丧失制动效能。

7.9.3 采用气压制动的机动车，当制动系统的气压低于起步气压时，报警装置应能连续向驾驶人发出容易听到或看到的报警信号。

7.9.4 安装具有防抱死制动装置的汽车，当防抱死制动装置失效时，报警装置应能连续向驾驶人发出容易听到或看到的报警信号。

7.10 路试检验制动性能

7.10.1 基本要求

7.10.1.1 机动车行车制动性能和应急制动性能检验应在平坦、硬实、清洁、干燥且轮胎与地面间的附着系数大于等于0.7的混凝土或沥青路面上进行。

7.10.1.2 检验时发动机应与传动系统脱开，但对于采用自动变速器的机动车，其变速器换挡装置应位于驱动挡（“D”挡）。

7.10.2 行车制动性能检验

7.10.2.1 用制动距离检验行车制动性能

机动车在规定的初速度下的制动距离和制动稳定性要求应符合表3的规定。对空载检验的制动距离有质疑时，可用表3规定的满载检验制动距离要求进行。

表3 制动距离和制动稳定性要求

机动车类型	制动初速度 km/h	空载检验制动距离要求 m	满载检验制动距离要求 m	试验通道宽度 m
三轮汽车	20	≤5.0		2.5
乘用车	50	≤19.0	≤20.0	2.5
总质量不大于3500kg的低速货车	30	≤8.0	≤9.0	2.5
其他总质量不大于3500kg的汽车	50	≤21.0	≤22.0	2.5
铰接客车、铰接式无轨电车、汽车列车	30	≤9.5	≤10.5	3.0
其他汽车	30	≤9.0	≤10.0	3.0
两轮普通摩托车	30	≤7.0		—
边三轮摩托车	30	≤8.0		2.5
正三轮摩托车	30	≤7.5		2.3
轻便摩托车	20	≤4.0		—
轮式拖拉机运输机组	20	≤6.0	≤6.5	3.0
手扶变型运输机	20	≤6.5		2.3

制动距离：是指机动车在规定的初速度下急踩制动时，从脚接触制动踏板（或手触动制动手柄）时起至机动车停住时止机动车驶过的距离。

制动稳定性要求：是指制动过程中机动车的任何部位（不计入车宽的部位除外）不超出规定宽度的试验通道的边缘线。

7.10.2.2 用充分发出的平均减速度检验行车制动性能

汽车、汽车列车在规定的初速度下急踩制动时充分发出的平均减速度及制动稳定性要求应符合表4的规定，且制动协调时间对液压制动的汽车应小于等于0.35s，对气压制动的汽车应小于等于0.60s，对汽车列车、铰接客车和铰接式无轨电车应小于等于0.80s。对空载检验的充分发出的平均减速度有质疑时，可用表4规定的满载检验充分发出的平均减速度进行。

充分发出的平均减速度MFDD：

$$MFDD=\frac{v_b{}^2-v_e{}^2}{25.92\ (S_e-S_b)}$$

式中：

MFDD——充分发出的平均减速度，单位为米每二次方秒（m/s^2）；

v_0——试验车制动初速度，单位为千米每小时（km/h）；

v_b——$0.8v_0$，试验车速，单位为千米每小时（km/h）；

v_e——$0.1v_0$，试验车速，单位为千米每小时（km/h）；

S_b——试验车速从 v_0 到 v_b 之间车辆行驶的距离，单位为米（m）；

S_e——试验车速从 v_0 到 v_e 之间车辆行驶的距离，单位为米（m）。

制动协调时间：是指在急踩制动时，从脚接触制动踏板（或手触动制动手柄）时起至机动车减速度（或制动力）达到表4规定的机动车充分发出的平均减速度（或表6所规定的制动力）的 75% 时所需的时间。

表 4　制动减速度和制动稳定性要求

机动车类型	制动初速度 km/h	空载检验充分发出的平均减速度 m/s^2	满载检验充分发出的平均减速度 m/s^2	试验通道宽度 m
三轮汽车	20	≥3.8		2.5
乘用车	50	≥6.2	≥5.9	2.5
总质量不大于 3500kg 的低速货车	30	≥5.6	≥5.2	2.5
其他总质量不大于 3500kg 的汽车	50	≥5.8	≥5.4	2.5
铰接客车、铰接式无轨电车、汽车列车	30	≥5.0	≥4.5	3.0
其他汽车	30	≥5.4	≥5.0	3.0

7.10.2.3　制动踏板力或制动气压要求

进行制动性能检验时的制动踏板力或制动气压应符合以下要求：

a）满载检验时

气压制动系：气压表的指示气压　≤额定工作气压；

液压制动系：踏板力，　乘用车　≤500N；

其他机动车　≤700N。

b）空载检验时

气压制动系：气压表的指示气压　≤600kPa；

液压制动系：踏板力，　乘用车　≤400N；

其他机动车　≤450N。

摩托车（正三轮摩托车除外）检验时，踏板力应小于等于 350N，手握力应小于等于 250N。

正三轮摩托车检验时，踏板力应小于等于 500N。

三轮汽车和拖拉机运输机组检验时，踏板力应小于等于 600N。

7.10.2.4　合格判定要求

汽车、汽车列车在符合7.10.2.3规定的制动踏板力或制动气压下的路试行车制动性能如符合7.10.2.1或7.10.2.2，即为合格。

7.10.3　应急制动性能检验

汽车（三轮汽车除外）在空载和满载状态下，按表5所列初速度进行应急制动性能检验，应急制动性能应符合表5的要求。

表5　应急制动性能要求

机动车类型	制动初速度 km/h	制动距离 m	充分发出的平均减速度 m/s^2	允许操纵力应小于等于 N	
				手操纵	脚操纵
乘用车	50	≤38.0	≥2.9	400	500
客车	30	≤18.0	≥2.5	600	700
其他汽车（三轮汽车除外）	30	≤20.0	≥2.2	600	700

7.10.4　驻车制动性能检验

在空载状态下，驻车制动装置应能保证机动车在坡度为20%（对总质量为整备质量的1.2倍以下的机动车为15%）、轮胎与路面间的附着系数大于等于0.7的坡道上正、反两个方向保持固定不动，时间应大于等于5min。检验汽车列车时，应使牵引车和挂车的驻车制动装置均起作用。检验时操纵力按7.4.3规定。

注1：在规定的测试状态下，机动车使用驻车制动装置能停在坡度值更大且附着系数符合要求的试验坡道上时，应视为达到了驻车制动性能检验规定的要求。

注2：在不具备试验坡道的情况下，在用车可参照相关标准使用符合规定的仪器测试驻车制动性能。

7.11 台试检验制动性能

7.11.1 行车制动性能检验

7.11.1.1 制动力百分比要求

汽车、汽车列车在制动检验台上测出的制动力应符合表6的要求。对空载检验制动力有质疑时，可用表6规定的满载检验制动力要求进行检验。使用转鼓试验台检测时，可通过测得制动减速度值计算得到最大制动力。

摩托车的前、后轴制动力应符合表6的要求，测试时只准许乘坐一名驾驶人。

检验时制动踏板力或制动气压按7.10.2.3的规定。

表6 台试检验制动力要求

机动车类型	制动力总和与整车重量的百分比		轴制动力与轴荷[a]的百分比	
	空载	满载	前轴[b]	后轴[b]
三轮汽车	—		—	≥60[c]
乘用车、其他总质量不大于3500kg的汽车	≥60	≥50	≥60[c]	≥20[c]
铰接客车、铰接式无轨电车、汽车列车	≥55	≥45	—	—
其他汽车	≥60	≥50	≥60[c]	≥50[d]
普通摩托车	—	—	≥60	≥55
轻便摩托车	—	—	≥60	≥50

[a] 用平板制动检验台检验乘用车时应按左右轮制动力最大时刻所分别对应的左右轮动态轮荷之和计算。

[b] 机动车（单车）纵向中心线中心位置以前的轴为前轴，其他轴为后轴；挂车的所有车轴均按后轴计算；用平板制动试验台测试并装轴制动力时，并装轴可视为一轴。

[c] 空载和满载状态下测试均应满足此要求。

[d] 满载测试时后轴制动力百分比不做要求；空载用平板制动检验台检验时应大于等于35%；总质量大于3500kg的客车，空载用反力滚筒式制动试验台测试时应大于等于40%，用平板制动检验台检验时应大于等于30%。

7.11.1.2 制动力平衡要求（两轮、边三轮摩托车和轻便摩托车除外）

在制动力增长全过程中同时测得的左右轮制动力差的最大值，与全过程中测得的该轴左右轮最大制动力中大者（当后轴及其他轴，制动力小于该轴轴荷的60%时为与该轴轴荷）之比，对新注册车和在用车应分别符合表7的要求。

表7 台试检验制动力平衡要求

	前轴	后轴（及其他轴）	
		轴制动力大于等于该轴轴荷60%时	制动力小于该轴轴荷60%时
新注册车	≤20%	≤24%	≤8%
在 用 车	≤24%	≤30%	≤10%

7.11.1.3 制动协调时间要求

汽车的制动协调时间，对液压制动的汽车应小于等于0.35s，对气压制动的汽车应小于等于0.60s；汽车列车和铰接客车、铰接式无轨电车的制动协调时间应小于等于0.80s。

7.11.1.4 车轮阻滞率要求

进行制动力检验时，汽车、汽车列车各车轮的阻滞力均应小于等于轮荷的10%。

7.11.1.5 合格判定要求

台试检验汽车、汽车列车行车制动性能时，检验结果同时满足7.11.1.1～7.11.1.4的，方为合格。

7.11.2 驻车制动性能检验

当采用制动检验台检验汽车和正三轮摩托车驻车制动装置的制动力时，机动车空载，乘坐一名驾驶人，使用驻车制动装置，驻车制动力的总和应大于等于该车在测试状态下整车重量的20%，但总质量为整备质量1.2倍以下的机动车应大于等于15%。

7.11.3 检验结果的复核

对机动车台架检验制动性能结果有异议的，在空载状态下按7.10复检。对空载状态复检结果有异议的，以满载路试复检结果为准。

8 照明、信号装置和其他电气设备

8.1 基本要求

8.1.1 机动车的灯具应安装牢靠、完好有效，不得因机动车振动而松脱、损坏、失去作用或改变光照方向；所有灯光的开关应安装牢固、开关自如，不得因机动车振动而自行开关。开关的位置应便于驾驶人操纵。

8.1.2 机动车不得安装遮挡外部照明和信号装置透光面的装置。除转向信号灯、危险警告信号、紧急制动信号、校车标志灯及消防车、救护车、工程救险车和警车安装使用的标志灯具外，其他外部灯具不得闪烁。

8.1.3 用户不得对外部照明和信号装置进行改装，也不得加装强制性标准以外的外部照明和信号装置。

8.2 照明和信号装置的数量、位置、光色和最小几何可见度

8.2.1 汽车（三轮汽车和装用单缸柴油机的低速货车除外）及挂车的外部照明和信号装置的数量、位置、光色、最小几何可见度应符合GB 4785的规定。总质量大于等于4 500kg的货车、专项作业车和挂车的每一个后位灯、后转向信号灯和制动灯，透光面面积应大于等于一个80mm直径圆的面积；如属非圆形的，透光面的形状还应能将一个40mm直径的圆包含在内。

8.2.2 摩托车的照明和信号装置及其安装应分别符合GB 18100.1、GB 18100.2和GB 18100.3的规定。

8.2.3 三轮汽车、装用单缸柴油机的低速货车及拖拉机运输机组应设置前照灯、前位灯（手扶拖拉机运输机组除外）、后位灯、制动灯、后牌照灯、后反射器和前、后转向信号灯，其光色

应符合 GB 4785 相关规定。

8.2.4 机动车应装置后反射器。挂车及车长大于等于 6m 的机动车应安装侧反射器和侧标志灯。反射器应与机动车牢固连接，且后反射器应能保证夜间在机动车正后方 150m 处，用符合本标准规定的汽车前照灯照射时，在照射位置就能确认其反射光。

8.2.5 宽度大于 2100mm 的机动车均应安装示廓灯。

8.2.6 牵引杆挂车应在挂车前部的左右各装一只前白后红的标志灯，其高度应比牵引杆挂车的前栏板高出 300mm ~ 400mm，距车厢外侧应小于 150mm。

8.2.7 校车应配备统一的校车标志灯和停车指示标志。

8.3 照明和信号装置的一般要求

8.3.1 机动车（手扶拖拉机运输机组除外）的前位灯、后位灯、示廓灯、侧标志灯、挂车标志灯、牌照灯和仪表灯应能同时启闭，当前照灯关闭和发动机熄火时仍应能点亮。汽车和挂车的电路连接应保证前位灯、后位灯、示廓灯、侧标志灯和牌照灯只能同时打开或关闭，但前位灯、后位灯、侧标志灯作为驻车灯使用（复合或混合）的除外。

8.3.2 机动车的前、后转向信号灯、危险警告信号及制动灯白天在距其 100m 处应能观察到其工作状况，侧转向信号灯白天在距 30m 处应能观察到其工作状况；前、后位置灯、示廓灯、挂车标志灯夜间能见度良好时在距其 300m 处应能观察到其工作状况；后牌照灯夜间能见度良好时在距其 20m 处应能看清号牌号码。制动灯的发光强度应明显大于后位灯。

8.3.3 对称设置、功能相同的灯具的光色和亮度不应有明显差异。

8.3.4 机动车照明和信号装置的任一条线路出现故障，不得干扰其他线路的正常工作。

8.3.5 驾驶区的仪表板应采用不反光的面板或护板，车内照明装置及其在风窗玻璃、视镜、仪表盘等处的反射光线不应使驾驶人眩目。

8.3.6 仪表板上应设置仪表灯。仪表灯点亮时，应能照清仪表板上所有的仪表且不应眩目。

8.3.7 汽车（三轮汽车和装用单缸柴油机的低速货车除外）仪表板上应设置蓝色远光指示信号和与行驶方向相适应的转向指示信号。

8.3.8 汽车（三轮汽车除外）和轮式拖拉机运输机组均应具有危险警告信号装置，其操纵装置不应受灯光总开关的控制。对于牵引挂车的汽车，危险警告信号控制开关也应能打开挂车上的所有转向信号灯，即使在发动机不工作的情况下，仍应能发出危险警告信号。危险警告信号和转向信号灯的闪光频率应为 1.5 Hz ± 0.5 Hz，起动时间应小于等于 1.5s。如某一转向灯发生故障（短路除外）时，其他转向灯应继续工作，但闪光频率可以不同于上述规定的频率。

8.3.9 客车应设置车厢灯和门灯。车长大于 6m 的客车应至少有两条车厢照明电路，仅用于进出口处的照明电路可作为其中之一。当一条电路失效时，另一条仍应能正常工作，以保证车内照明。车厢灯和门灯不应影响本车驾驶人的视线和其他机动车的正常行驶。

8.4 车身反光标识和车辆尾部标志板

8.4.1 总质量大于等于 12000kg 的货车（半挂牵引车除外）和货车底盘改装的专业作业车、车长大于 8.0m 的挂车及所有最大设计车速小于等于 40km/h 的汽车和挂车，应设置符合 GB 25990 规定的车辆尾部标志板；半挂牵引车应在驾驶室后部上方设置能体现驾驶室的宽度和高度的车身反光标识，其他货车、货车底盘改装的专项作业车和挂车（设置有符合规定的车辆尾部标志板的除外）应在后部设置车身反光标识。后部的车身反光标识应能体现机动车后部的高度和宽度，对厢式货车和挂车应能体现货厢轮廓。

8.4.2 所有货车（半挂牵引车除外）、货车底盘改装的专项作业车和挂车应在侧面设置车身反光标识。侧面的车身反光标识长度应大于等于车长的50%，对三轮汽车应大于等于1.2m，对侧面车身结构无连续平面的专项作业车应大于等于车长的30%，对货厢长度不足车长50%的货车应为货厢长度。

8.4.3 道路运输爆炸品和剧毒化学品车辆，除应按8.4.1、8.4.2设置车身反光标识外，还应在后部和两侧粘贴能标示出车辆轮廓、宽度为150mm±20mm的橙色反光带。

8.4.4 拖拉机运输机组应按照相关标准的规定在车身上粘贴反光标识。

8.4.5 货车、专项作业车和挂车（组成拖拉机运输机组的挂车除外）的车身反光标识材料应符合GB 23254的规定，其中厢式货车和厢式挂车应装备反射器型车身反光标识。典型车型车身反光标识粘贴式样见附录B，但对使用反射器型车身反光标识材料的，车身反光标识设置符合GB 23254相关规定时，应视为满足要求。

8.4.6 货车和挂车（组成拖拉机运输机组的挂车除外）设置的车身反光标识被遮挡的，应在被遮挡的车身后部和侧面至少水平固定一块2000mm×150mm的柔性反光标识。

8.5 前照灯

8.5.1 基本要求

8.5.1.1 机动车装备的前照灯应有远、近光变换功能；当远光变为近光时，所有远光应能同时熄灭。同一辆机动车上的前照灯不得左、右的远、近光灯交叉开亮。

8.5.1.2 所有前照灯的近光均不应眩目，汽车（三轮汽车和装用单缸柴油机的低速货车除外）、摩托车装用的前照灯应分别符合GB 4599、GB 21259、GB 25991、GB 5948及GB 19152的规定。

8.5.1.3 机动车前照灯光束照射位置在正常使用条件下应保持

稳定。

8.5.2 远光光束发光强度要求

机动车每只前照灯的远光光束发光强度应达到表 8 的要求；并且，同时打开所有前照灯（远光）时，其总的远光光束发光强度应符合 GB 4785 的规定。测试时，电源系统应处于充电状态。

表 8 前照灯远光光束发光强度最小值要求

单位为坎德拉

<table>
<tr><th colspan="2" rowspan="3">机动车类型</th><th colspan="6">检查项目</th></tr>
<tr><th colspan="3">新注册车</th><th colspan="3">在用车</th></tr>
<tr><th>一灯制</th><th>二灯制</th><th>四灯制[a]</th><th>一灯制</th><th>二灯制</th><th>四灯制[a]</th></tr>
<tr><td colspan="2">三轮汽车</td><td>8000</td><td>6000</td><td>—</td><td>6000</td><td>5000</td><td>—</td></tr>
<tr><td colspan="2">最大设计车速小于 70km/h 的汽车</td><td>—</td><td>10000</td><td>8000</td><td>—</td><td>8000</td><td>6000</td></tr>
<tr><td colspan="2">其他汽车</td><td>—</td><td>18000</td><td>15000</td><td>—</td><td>15000</td><td>12000</td></tr>
<tr><td colspan="2">普通摩托车</td><td>10000</td><td>8000</td><td>—</td><td>8000</td><td>6000</td><td>—</td></tr>
<tr><td colspan="2">轻便摩托车</td><td>4000</td><td>3000</td><td>—</td><td>3000</td><td>2500</td><td>—</td></tr>
<tr><td rowspan="2">拖拉机运输机组</td><td>标定功率 > 18kW</td><td>—</td><td>8000</td><td>—</td><td>—</td><td>6000</td><td>—</td></tr>
<tr><td>标定功率 ≤ 18kW</td><td>6000[b]</td><td>6000</td><td>—</td><td>5000[b]</td><td>5000</td><td>—</td></tr>
</table>

[a] 四灯制是指前照灯具有四个远光光束；采用四灯制的机动车其中两只对称的灯达到两灯制的要求时视为合格。

[b] 允许手扶拖拉机运输机组只装用一只前照灯。

8.5.3 光束照射位置要求

8.5.3.1 检验前照灯近光光束照射位置时，前照灯照射在距离 10m 的屏幕上，乘用车前照灯近光光束明暗截止线转角或中点的高度应为 $0.7H \sim 0.9H$（H 为前照灯基准中心高度，下同），其他机动车（拖拉机运输机组除外）应为 $0.6H \sim 0.8H$。机动车（装用一只前照灯的机动车除外）前照灯近光光束水平方向位置向左偏应小于等于 170mm，向右偏应小于等于 350mm。

8.5.3.2 轮式拖拉机运输机组装用的前照灯近光光束的照射位置，按照上述方法检验时，要求在屏幕上光束中点的离地高度应小于等于 0.7H；水平位置要求，向右偏移应小于等于 350mm，不得向左偏移。

8.5.3.3 检验前照灯远光照射位置时，对于能单独调整远光光束的前照灯，前照灯照射在距离 10m 的屏幕上时，要求在屏幕光束中心离地高度，对乘用车为 0.85H ~ 0.95H（但不得低于前照灯近光光束明暗截止线转角或中点的高度），对其他机动车为 0.8H ~ 0.95H；机动车（装用一只前照灯的机动车除外）前照灯远光光束水平位置要求，左灯向左偏应小于等于 170mm，向右偏应小于等于 350mm，右灯向左或向右偏均应小于等于 350mm。

8.6 其他电气设备和仪表

8.6.1 机动车（手扶拖拉机运输机组除外）应设置具有连续发声功能的喇叭，喇叭声级在距车前 2m、离地高 1.2m 处测量时，发动机最大净功率（或电动机最大输出功率总和）为 7 kW 以下的摩托车为80 dB（A） ~112 dB（A），其他机动车为 90 dB（A） ~115 dB（A）。教练车（三轮汽车除外）还应设置辅助喇叭开关，其工作应可靠。

8.6.2 发电机技术性能应良好。蓄电池应能保持常态电压。电器导线应具有阻燃性能；客车发动机舱内和其他热源附近的线束应采用耐温不低于 125 ℃的阻燃电线，其他部位的线束应采用耐温不低于 105 ℃的阻燃电线，波纹管应达到 GB/T 2408—2008 的表 1 规定的 V-0 级。所有电器导线均应捆扎成束、布置整齐、固定卡紧、接头牢固并在接头处装设绝缘套，在导线穿越孔洞时应装设阻燃耐磨绝缘套管。电子元件应连接可靠，乘员舱外部的接插件应有防水要求。

8.6.3 摩托车应装有车速里程表。三轮汽车、装用单缸柴油机的低速货车和轮式拖拉机运输机组应装有水温表（蒸发式水冷却系统除外）、机油压力表或机油压力指示器、电流表或充电指示器；其他汽车应装有燃料表［气体燃料汽车为气量显示装置，纯电动汽车、插电式混合动力汽车和燃料电池汽车为可充电储能系统（RESS）低电量显示装置］，并能显示水温或水温报警信息、机油压力或油压报警信息、电流或电压或充电指示信息、车速、里程等信息；采用气压制动的机动车，还应能显示气压。机动车装备的仪表应完好，规定信息的显示功能应有效、内容应准确。

8.6.4 专用校车应设置电源总开关，车长大于等于 6m 的客车应设置电磁式电源总开关；但如在蓄电池端对所有供电线路均设置了保险装置，或车辆用电设备由电子控制单元直接驱动且具有负载监控功能、电子控制单元供电线路和个别直接供电的线路均设置有保险装置时，可不设电磁式电源总开关。车长大于等于 6m 的客车，还应设置能切断蓄电池和所有电路连接的手动机械断电开关。

8.6.5 所有校车、公路客车和旅游客车、未设置乘客站立区的公共汽车、危险货物运输车、半挂牵引车和总质量大于等于 12 000kg 的货车应安装具备记录、存储、显示、打印或输出车辆行驶速度、时间、里程等车辆行驶状态信息的行驶记录仪；行驶记录仪的显示部分应易于观察，数据接口应便于移动存储介质的插拔；安装数字式电子记录装置，其技术要求应符合 GB/T 19056 相关规定。安装具有行驶记录功能的卫星定位装置，如行驶记录功能的技术要求符合本标准及 GB/T 19056 相关规定，应视为满足要求。专用校车和卧铺客车还应安装车内外录像监控系统。

8.6.6 汽车装备以及加装的所有电气设备不得影响本标准规定的制动、转向、照明和信号装置等运行安全要求。

8.6.7 无轨电车的特殊要求

8.6.7.1 周围空气相对湿度在 75% ~90% 时，无轨电车的总绝缘电阻值应大于等于 3MΩ；相对湿度在 90% 以上时应大于等于 1MΩ。

8.6.7.2 集电头自由升起的最大高度，距地面应小于等于 7m，且在最高点应有弹性限位。当集电头距地面高度在 4.2m ~ 6.0m 范围内时，集电器应能正常工作。

8.6.7.3 线网在标准高度时，集电头对触线网的压力应能在 80N ~ 130N 范围内调节，行驶中集电头在触线上滑行不应产生火花；经分、并线器及交叉器等时，不应产生严重火花。

8.6.7.4 车门踏步和车门扶手以及人站在地面上能接触到的车门口周边的扶手，应和车体金属结构绝缘或用绝缘材料制成，使用 1000V 兆欧表测量时绝缘电阻应大于等于 0.6MΩ，或在车门打开操作时实现整车高压电路系统与供电线网的断路互锁。

8.6.7.5 各车门均应设有与车身导电良好的接地链。车门处于开启状态时，接地链应与地面可靠接触。

8.6.7.6 高压电气总成应具备过流保护、短路保护、过压保护、欠压保护等功能。

8.6.7.7 集电头应具备防挂线网防护或挂线后的防护装置。

8.6.7.8 集电杆与集电头之间的电气绝缘应具备面耐水性。自集电头沿集电杆向下至 2.5m 处的集电杆表面，应具有绝缘防护层。集电杆与集电头之间应有带绝缘结构的安全绳，安全绳的牵引断裂负荷不低于 10 kN。

8.6.7.9 无轨电车在允许的偏线距离内行驶时，当集电杆拉紧弹簧断裂后，集电杆在车辆左右偏线位置自由下降，在其最低高度距地面 2.5m 的位置应有限位装置。

8.6.7.10 无轨电车上的电源接通程序，至少应经过两次有意识的不同的连续动作，才能完成从“电源切断”状态到“可行驶”状态。

8.6.7.11 无轨电车应装备漏电检测报警器，车辆一旦到达漏电临界值，报警器能发出明显的光或声的报警信号。

9 行驶系

9.1 轮胎

9.1.1 机动车所装用轮胎的速度级别不应低于该车最大设计车速的要求，但装用雪地轮胎时除外。

9.1.2 公路客车、旅游客车和校车的所有车轮及其他机动车的转向轮不得装用翻新的轮胎；其他车轮如使用翻新的轮胎，应符合相关标准的规定。

9.1.3 同一轴上的轮胎规格和花纹应相同，轮胎规格应符合整车制造厂的出厂规定。

9.1.4 乘用车用轮胎应有胎面磨耗标志。乘用车备胎规格与该车其他轮胎不同时，应在备胎附近明显位置（或其他适当位置）装置能永久保持的标识，以提醒驾驶人正确使用备胎。

9.1.5 专用校车和卧铺客车应装用无内胎子午线轮胎，危险货物运输车及车长大于9m 的其他客车应装用子午线轮胎。

9.1.6 乘用车、摩托车和挂车轮胎胎冠上花纹深度应大于等于1.6mm，其他机动车转向轮的胎冠花纹深度应大于等于3.2mm；其余轮胎胎冠花纹深度应大于等于1.6mm。

9.1.7 轮胎胎面不得因局部磨损而暴露出轮胎帘布层。轮胎不得有影响使用的缺损、异常磨损和变形。

9.1.8 轮胎的胎面和胎壁上不得有长度超过25mm 或深度足以暴露出轮胎帘布层的破裂和割伤。

9.1.9 轮胎负荷不应大于该轮胎的额定负荷，轮胎气压应符合该轮胎承受负荷时规定的压力。具有轮胎气压自动充气装置的汽车，其自动充气装置应能确保轮胎气压符合出厂规定。

9.1.10 双式车轮的轮胎的安装应便于轮胎充气，双式车轮的轮胎之间应无夹杂的异物。

9.2 车轮总成

9.2.1 轮胎螺母和半轴螺母应完整齐全，并应按规定力矩紧固。

9.2.2 车轮总成的横向摆动量和径向跳动量，总质量小于等于3500kg 的汽车应小于等于 5mm，摩托车应小于等于 3mm，其他机动车应小于等于 8mm。

9.2.3 最大设计车速大于 100km/h 的机动车，车轮的动平衡要求应与该车型的技术要求一致。

9.3 悬架系统

9.3.1 悬架系统各球关节的密封件不得有切口或裂纹，稳定杆应连接可靠，结构件不得有变形或残损。

9.3.2 钢板弹簧不得有裂纹和断片现象，同一轴上的弹簧形式和规格应相同，其弹簧形式和规格应符合产品使用说明书中的规定。中心螺栓和 U 形螺栓应紧固、无裂纹且不得拼焊。钢板弹簧卡箍不得拼焊或残损。

9.3.3 空气弹簧应无裂损、变形及漏气，控制系统应齐全有效。

9.3.4 减振器应齐全有效，减振器不得有明显渗漏油现象。

9.3.5 最大设计车速大于等于 100 km/h 且轴荷小于等于 1 500kg 的乘用车，悬架特性应符合 GB 18565 相关规定。

9.4 其他要求

9.4.1 车架不应有变形、锈蚀和裂纹，螺栓和铆钉不应缺少或松动。

9.4.2 前、后桥不应有变形和裂纹。

9.4.3 车桥与悬架之间的各种拉杆和导杆不应变形，各接头和衬套不应松旷或移位。

9.4.4 三轴公路客车的随动轴应具有随动转向或主动转向的功能。

10 传动系

10.1 离合器

10.1.1 机动车的离合器应接合平稳，分离彻底，工作时不应有异响、抖动或不正常打滑等现象。

10.1.2 踏板自由行程应与该车型的技术要求一致。

10.1.3 离合器彻底分离时，踏板力应小于等于300N（拖拉机运输机组应小于等于350N），手握力应小于等于200N。

10.2 变速器和分动器

10.2.1 换挡时齿轮应啮合灵便，互锁、自锁和倒挡锁装置应有效，不得有乱挡和自行跳挡现象；运行中应无异响；换挡杆及其传动杆件不应与其他部件干涉。采用自动变速器的机动车，应通过设计保证只有当变速器换挡装置处于驻车挡（“P”挡）或空挡（“N”挡）时方可起动发动机［具有自动起停功能时在驱动挡（“D”挡）也可起动发动机］；变速器换挡装置换入或经过倒车挡（“R”挡），以及由驻车挡（“P”挡）位置换入其他挡位时，应通过驾驶人的不同方向的两个动作完成。

10.2.2 在换挡装置上应有驾驶人在驾驶座位上即可容易识别变速器和分动器挡位位置的标志。如换挡装置上难以布置，则应布置在换挡杆附近易见部位或仪表板上。

10.2.3 有分动器的机动车，应在挡位位置标牌或产品使用说明书上说明连通分动器的操作步骤。

10.2.4 如果电动汽车是通过改变电机旋转方向来实现倒车行驶，且前进和倒车两个行驶方向的转换仅通过驾驶人的一个操作动作来完成，应通过设计保证只有在车辆静止或低速时才能够实现转换。

10.3 传动轴

传动轴在运转时不得发生振抖和异响，中间轴承和万向节不得有裂纹和/或松旷现象。发动机前置后驱动的客车的传动轴在车厢地板的下面沿纵向布置时，应有防止传动轴滑动连接（花键或其他类似装置）脱落或断裂等故障而引起危险的防护装置。

10.4 驱动桥

驱动桥壳、桥管不得有变形和裂纹，驱动桥工作应正常且不得有异响。

10.5 超速报警和限速功能

车长大于等于6m的客车应具有超速报警功能，当行驶速度超过允许的最大行驶速度（允许的最大行驶速度应小于等于100km/h）时，能通过视觉或声觉信号报警。公路客车、旅游客车和危险货物运输车及车长大于9m的未设置乘客站立区的公共汽车应具有限速功能，否则应配备限速装置。限速功能或限速装置应符合GB/T 24545的要求，且限速功能或限速装置调定的最大车速对公路客车、旅游客车和未设置乘客站立区的公共汽车不得大于100km/h，对危险货物运输车不得大于80km/h。专用校车应安装符合GB/T 24545要求的限速装置，且调定的最大车速不得大于80km/h。

10.6 车速受限车辆的特殊要求

低速汽车、轻便摩托车、正三轮摩托车、拖拉机运输机组等车速受限车辆应在设计及制造上确保其实际最大行驶速度在满载状态下不会超过其最大设计车速，在空载状态下不会超过其最大设计车速的110%。

注：实际最大行驶速度是指车辆在平坦良好路面行驶时能达到的最大速度。

11 车身

11.1 基本要求

11.1.1 车身的技术状况应能保证驾驶人有正常的工作条件和客货安全，其外部不应产生明显的镜面反光。

11.1.2 机动车驾驶室应保证驾驶人的前方视野和侧方视野。

11.1.3 车身和驾驶室应坚固耐用，覆盖件无开裂和锈蚀。车身和驾驶室在车架上的安装应牢固，不得因机动车振动而引起松动。

11.1.4 车身外部和内部乘员可能触及的任何部件、构件都不应有任何可能使人致伤的尖锐凸起物（如尖角、锐边等）。

11.2 客车的特殊要求

11.2.1 客车的上部结构应具有足够的强度和刚度，专用校车、公路客车、旅游客车和未设置乘客站立区的公共汽车的上部结构强度应符合 GB/T 17578 的规定。车长大于 6m 的专用校车必须为车身骨架结构，同一横截面上的顶梁、立柱和底架主横梁应形成封闭环（轮罩与顶风窗处除外），从侧窗上纵梁到底横梁之间的车身立柱应采用整体结构，中间不得通过拼焊连接；车长小于等于 6m 的专用校车未采用上述结构的，应采用覆盖件与加强梁共同承载。车长大于 11m 的公路客车和旅游客车及所有卧铺客车，车身应为全承载整体式框架结构。

11.2.2 客车车身及地板应密合并有足够强度，座椅及其车辆固定件的强度应符合 GB 13057 的规定。

11.2.3 客车应设置乘客通道或无障碍通路，并保证在不拆卸或手动翻转任何部件的情况下，符合规定的通道测量装置能顺利通过。幼儿专用校车乘客区应采用平地板结构。

11.2.4 车长大于等于 6m 的公共汽车的乘客门的一级踏步高应小于等于 400mm；如采用钢板悬架，则后乘客门的一级踏步高应小于等于 430mm。车长大于等于 6m 的其他客车乘客门的一级踏步高应小于等于 430mm。对专用校车，在空载状态下，第一级踏步离地高应小于等于 350mm（允许使用伸缩踏步达到要求），其他各级踏步的高度应小于等于 250mm。

11.2.5 车长大于 7.5m 的客车和所有校车不得设置车外顶行李架。其他客车需设置车外顶行李架时，行李架高度应小于等于 300mm、长度不得超过车长的三分之一。专用校车如有行李舱体，则行李舱体顶部离地面高度应小于 1000mm。

11.2.6 专用校车前部应设置碰撞安全结构。若为前横置发动机，则发动机曲轴中心线应位于前风窗玻璃最前点以前；若为前纵置发动机，则发动机第一缸和第二缸的中心线应位于前风窗玻璃最前点以前；对车长大于 6m 的专用校车，若其前部碰撞性能不低于前两种结构，可以不限定发动机布置形式。

11.2.7 幼儿校车、小学生校车的侧窗下边缘距其下方座椅上表面的高度应大于等于250mm，否则应加装防护装置。

11.3 货运机动车的特殊要求

11.3.1 货箱应安装牢固可靠，货箱的栏板和底板应规整且具有足够的强度。

11.3.2 货箱或其他载货装置，其构造应保证安全、稳妥地装载货物。集装箱运输车和集装箱运输半挂车的构造应保证集装箱运输过程中始终安全、稳妥地固定在车辆上。

11.3.3 货车和挂车的载货部分不得设置乘客座椅。

11.3.4 货车和挂车的载货部分不得设计成可伸缩的结构。

11.3.5 货车驾驶室（区）最后一排座位后平面（前后位置可调座椅应处于滑轨中间位置，靠背角度可调式座椅的靠背角度及座椅其他调整量应处于制造厂规定的正常使用位置）与驾驶室后壁（驾驶区隔板）平面的间距对带卧铺的货车应小于等于950mm，对其他货车应小于等于450mm。

11.4 摩托车的特殊要求

11.4.1 两轮普通摩托车、两轮轻便摩托车的前后轮和边三轮摩托车的主车前后轮中心平面允许偏差应小于等于10mm。

11.4.2 摩托车外部不应有朝外的尖锐零件，车身上其他道路使用者有可能接触到的外部零部件布置应符合GB 20074的规定。

11.4.3 两轮普通摩托车和边三轮摩托车主车的客座应设座垫、扶手（或拉带）和脚蹬。两轮普通摩托车扶手应符合GB 20075的规定。

11.5 车门和车窗

11.5.1 车门和车窗应启闭轻便，不得有自行开启现象，门锁应牢固可靠。门窗应密封良好，无漏水现象。

11.5.2 除设计上专门用于运送特定类型的人员且使用上有特殊需求的乘用车外，乘用车应保证每个乘员至少能从两个不同的车门上下车；并且，当乘用车静止时，所有供乘员上下车的车门（安装的儿童锁锁止时除外）均应能从车内开启。

11.5.3 客车除驾驶人门和应急门外，不得在车身左侧开设车门。但对只在沿道路中央车道设置的公共汽车专用道上运营使用的公共汽车，由于公交站台位置的原因须在车身左侧上下乘客时，允许在车身左侧开设乘客门；此类公共汽车不得在车身右侧开设乘客门。对既在沿道路中央车道设置的公共汽车专用道上运营，同时又在普通道路上运营使用的公共汽车，允许在车身左右两侧均开设乘客门，但在设计和制造上应保证车身的强度和刚度达到使用要求，并且一侧乘客门开启时，另一侧乘客门应同时可靠锁止。

11.5.4 当客车静止时，乘客门应易于从车内开启。在正常使用情况下，乘客门向车内开启时，其结构应保证开启运动不致伤害乘客，必要时应装有适当的防护装置；紧急情况下，乘客门还应能从车外开启。车外开门装置离地高度应小于等于1800mm。车长大于9m的公路客车、旅游客车和未设置乘客站立区的公共汽车，应设置两个乘客门；但如其车身两侧所有应急窗均为外推式应急窗，也可只设一个乘客门。

11.5.5 客车采用动力开启的乘客门，在有故障或意外的情况下，仍应能通过车门应急控制器简便地从车内打开；车门应急控制器应能让临近车门的乘客容易看见并清楚识别，并应有醒目的标志和使用方法。公共汽车及车长大于等于6m的其他客车，还应在驾驶人座位附近驾驶人易于操作部位设置乘客门应急开关。

11.5.6 机动车的门窗应使用符合GB 9656规定的安全玻璃。汽车和有驾驶室的正三轮摩托车的前风窗玻璃应采用夹层玻璃或塑玻复合材料，不以载人为目的的机动车（如货车）可使用区域钢化玻璃，最大设计车速小于40 km/h时可使用钢化玻璃；其他车窗可采用夹层玻璃、钢化玻璃、中空安全玻璃或塑玻复合材料，但作为击碎玻璃式应急窗的车窗应使用厚度小于等于5mm

的钢化玻璃或每层厚度不超过5mm的中空钢化玻璃。

11.5.7 前风窗玻璃及风窗以外玻璃用于驾驶人视区部位的可见光透射比应大于等于70%。所有车窗玻璃不得张贴镜面反光遮阳膜。公路客车、旅游客车和校车所有车窗玻璃的可见光透射比均应大于等于50%，且不得张贴有不透明和带任何镜面反光材料的色纸或隔热纸。

注：风窗以外玻璃驾驶人视区部位是指驾驶人驾驶时用于观察后视镜的部位。

11.5.8 对于厢式货车和封闭式货车，驾驶室（区）两旁应设置车窗，货厢部位不得设置车窗［但驾驶室（区）内用于观察货物状态的观察窗除外］。

11.5.9 装有电动窗的机动车，其控制装置应确保车窗玻璃在上升过程中能在任意位置可靠停住或遇障碍可自动下降。

11.6 座椅（卧铺）

11.6.1 驾驶人座椅应具有足够的强度和刚度，固定可靠，汽车（三轮汽车除外）驾驶人座椅的前后位置应可以调整。驾驶区各操作机件应布置合理，操作方便。

11.6.2 载客汽车的乘员座椅应符合相关规定，布置合理，无特殊要求时应尽量均匀分布，不得因座椅的集中布置而形成与车辆设计功能不相适应的、明显过大的行李区（但行李区与乘客区用隔板或隔栅有效隔离的除外）。

11.6.3 车长小于6m的乘用车不得设置侧向座椅和后向座椅。

11.6.4 除设有乘客站立区的公共汽车及设计和制造上有特殊使用需求的专用客车外，其他客车的座椅均应纵向布置（与车辆前进的方向相同）。

11.6.5 客车的车组人员座椅如为折叠座椅，应固定可靠并用适当方式清晰标示该座椅仅供车组人员使用，且座垫深度和座垫宽均应大于等于400mm；如位于踏步区域，车组人员离开座垫时座椅应能自动回到折叠位置，并确保此时座椅毗邻的通道（或引道）宽度符合规定。

11.6.6 幼儿专用校车和小学生专用校车学生座椅的座间距应分别大于等于500mm和550mm；其他客车同方向座椅的座间距应大于等于650mm，相向座椅的座间距应大于等于1200mm。专用校车的学生座椅在车辆横向上最多采用“2+3”布置。

11.6.7 卧铺客车的卧铺应纵向布置（与机动车前进方向相同），卧铺宽度应大于等于450mm，卧铺纵向间距应大于等于1 600mm，相邻卧铺的横向间距应大于等于350mm；卧铺不得布置为三层或三层以上，双层布置时上铺高应大于等于780mm、铺间高应大于等于750mm。

11.6.8 校车应至少设置一个照管人员座位。对小学生校车和中小学生校车，当学生座位数大于等于40个时，应设置两个或三个照管人员座位。对幼儿校车，当学生座位数大于等于20且小于40个时，应设置两个或三个照管人员座位；当学生座位数大于等于40个时，应设置三个或四个照管人员座位。对专用校车及专门用于接送学生上下学的非专用校车，照管人员座位应有永久性标识。专用校车座椅及其车辆固定件的强度应符合GB 24406的要求。

11.6.9 专用校车靠近通道的学生座椅应在通道一侧设置座椅扶手；扶手和把手应有足够的强度，其扶手应使乘客易于抓紧，每个扶手的表面应防滑。

11.6.10 正三轮摩托车的乘客座椅应纵向布置（与车辆前进的方向相同），且与前方驾驶人座椅后表面（或客厢前表面）的间距应小于等于1 000mm。

11.7 内饰材料和隔音、隔热材料

11.7.1 汽车驾驶室和乘员舱所用的内饰材料应采用阻燃性符合GB 8410—2006规定的阻燃材料，其中客车内饰材料的燃烧速度应小于等于70mm/min。

11.7.2 发动机舱或其他热源（如缓速器或车内采暖装置，但

不包括热水循环装置）与车辆其他部分之间应安装隔热材料，用于联接隔热材料的固定夹、垫圈等也应防火。对公共汽车和发动机后置的公路客车、旅游客车，其发动机舱使用的隔音、隔热材料应达到 GB 8410—2006 的 4. 6 规定的 A 级的要求。

11. 8　号牌板（架）

11. 8. 1　机动车应设置能满足号牌安装要求的号牌板（架）。前号牌板（架）（摩托车除外）应设于前面的中部或右侧（按机动车前进方向），后号牌板（架）应设于后面的中部或左侧。

11. 8. 2　每面号牌板（架）上应设有 4 个号牌安装孔［三轮汽车前号牌板（架）、摩托车后号牌板（架）应设有 2 个号牌安装孔］，以保证能用 M6 规格的螺栓将号牌直接牢固可靠地安装在车辆上。

11. 9　其他要求

11. 9. 1　乘用车应装有护轮板，挂车后轮应有挡泥板，其他机动车的所有车轮均应有挡泥板。

11. 9. 2　乘用车（三厢车除外）行李区的纵向长度应小于等于车长的 30%。

11. 9. 3　客车车内行李架应能防止物件跌落，其承载能力应大于等于 $40kg/m^2$。

11. 9. 4　客车台阶踏板（包括伸缩踏板）应有防滑功能，前缘应清晰可辨，有效深度（从该台阶前缘到下一个台阶前缘的水平距离）应大于等于 200mm。

11. 9. 5　对于可翻转驾驶室，应有驾驶室锁止附加安全装置（如安全钩），并且在翻转操纵机构附近易见部位应有提醒驾驶人如何正确使用该操纵机构的文字。

11. 9. 6　自卸车等装有液压举升装置的机动车，应装备有车厢举升的声响报警装置和（车厢举升状态下）防止车厢自降保险装置；并且，在设计和制造上应保证机动车在行驶过程中不会出现车厢自动举升现象。

12 安全防护装置

12.1 汽车安全带

12.1.1 乘用车、公路客车、旅游客车、未设置乘客站立区的公共汽车、专用校车和旅居车的所有座椅、其他汽车（低速汽车除外）的驾驶人座椅和前排乘员座椅均应装置汽车安全带。

12.1.2 所有驾驶人座椅、前排乘员座椅（货车前排乘员座椅的中间位置及设有乘客站立区的公共汽车除外）、客车位于踏步区的车组人员座椅以及乘用车除第二排及第二排以后的中间位置座椅外的所有座椅，装置的汽车安全带均应为三点式（或四点式）汽车安全带。

12.1.3 专用校车和专门用于接送学生上下学的非专用校车的每个学生座位（椅）及卧铺客车的每个铺位均应安装两点式汽车安全带。

12.1.4 汽车安全带应可靠有效，安装位置应合理，固定点应有足够的强度。

12.1.5 乘用车应装备驾驶人汽车安全带佩戴提醒装置。当驾驶人未按规定佩戴汽车安全带时，应能通过视觉或声觉信号报警。

12.1.6 乘用车（单排座的乘用车除外）应至少有一个座椅配置符合规定的ISOFIX儿童座椅固定装置，或至少有一个后排座椅能使用汽车安全带有效固定儿童座椅。

12.2 车外后视镜和前下视镜

12.2.1 机动车（挂车除外）应在左右至少各设置一面后视镜，总质量大于7 500kg的货车和货车底盘改装的专项作业车还应在右侧至少设置广角后视镜和补盲后视镜各一面。

12.2.2 机动车（不带驾驶室的摩托车除外）外后视镜的安装位置和角度，应保证驾驶人能在水平路面上看见车身左侧宽度为2.5m、车后10m以外区域及车身右侧宽度为4.0m、车后20m以外区域的交通情况；专用校车应保证驾驶人能看清乘客门关闭后乘客门车外附近的情况及后窗玻璃后下方地面上长 3. 6m、宽 2. 5m 范围内的情况，并且在正常驾驶状态下能通过内视镜观察到车内所有乘客区。对于汽车列车，当所牵引挂车的宽度超过牵引车宽度时，牵引车应加装后视镜加长架（延长支架）以保证其后视镜的视野仍满足要求。

12. 2. 3 汽车及车身部分或全部封闭驾驶人的摩托车的后视镜的性能和安装要求应符合 GB 15084 的规定，摩托车（车身部分或全部封闭驾驶人的摩托车除外）后视镜的性能和安装要求应符合 GB 17352 的规定，轮式拖拉机运输机组后视镜的性能和安装要求应符合 GB 18447. 1 的规定。

12. 2. 4 车长大于等于 6m 的平头汽车车前应至少设置一面前下视镜或相应的监视装置，以保证驾驶人能看清风窗玻璃前下方长 1. 5m、宽 3m 范围内的情况。

12. 2. 5 车外后视镜和前下视镜应易于调节，并能有效保持其位置。

12. 2. 6 安装在外侧距地面 1. 8m 以下的后视镜，当行人等接触该镜时，应具有能缓和冲击的功能。

12. 2. 7 教练车（三轮汽车除外）应安装有符合规定的辅助后视镜，以使教练员能有效观察到车辆周围的交通状态。

12. 3 前风窗玻璃刮水器

12. 3. 1 机动车的前风窗玻璃应装备刮水器，其刮刷面积应确保驾驶人具有良好的前方视野。

12. 3. 2 刮水器应能正常工作。

12. 3. 3 刮水器关闭时，刮片应能自动返回至初始位置。

12. 4 应急出口

12. 4. 1 基本要求

12. 4. 1. 1 车长小于 6m 的客车，在乘坐区的两侧应具有紧急时乘客易于逃生或救援的侧窗。

12. 4. 1. 2 车长大于等于 6m 的客车，如车身右侧仅有一个乘客门且在车身左侧未设置驾驶人门，应在车身左侧设置应急门。车长大于7m的客车应设置撤离舱口。卧铺客车的卧铺布置为上、下双层时，侧窗洞口应为上下两层。

12.4.2　应急门

12.4.2.1　应急门的净高应大于等于1250mm，净宽应大于等于550mm；但车长小于等于7m的客车，应急门的净高应大于等于1100mm，如自门洞最低处向上400mm以内有轮罩凸出，则在轮罩凸出处应急门净宽可减至300mm。

12.4.2.2　车辆侧面的铰接式应急门应铰链于前端，向外开启角度应大于等于100°，并能在此角度下保持开启。如在应急门打开时能提供大于等于550mm的自由通道，则开度大于等于100°的要求可不满足。

12.4.2.3　通向应急门的引道宽度应大于等于300mm，不足300mm时允许采用迅速翻转座椅的方法加宽引道。专用校车沿引道侧面设有折叠座椅时，在折叠座椅打开的情况下（对在不使用时能自动折叠的座椅，在座椅处于折叠位置时），引道宽度仍应大于等于300mm。

12.4.2.4　应急门应有锁止机构且锁止可靠。应急门关闭时应能锁止，且在车辆正常行驶情况下不会因车辆振动、颠簸、冲撞而自行开启。

12.4.2.5　当车辆停止时，应急门不用工具应能从车内外很方便打开，并设有车门开启声响报警装置。允许从车外将门锁住，但应保证始终能用正常开启装置从车内将其打开，门外手柄应设保护套，且离地面高度（空载时）应小于等于1800mm。

12.4.3　应急窗和撤离舱口

12.4.3.1　应急窗和撤离舱口的面积应大于等于$(3\times10^5)\mathrm{mm}^2$，且能内接一个400mm×600mm（对车长小于等于7m的客车为330mm×500mm）的椭圆；如应急窗位于客车后端面，则能内接一个350mm×1 550mm、四角曲率半径小于等于250mm的矩形时也视为满足要求。

12.4.3.2 应急窗应采用易于迅速从车内、外开启的装置；或在钢化玻璃上标明易击碎的位置，并在每个应急窗的邻近处提供一个应急锤以方便地击碎车窗玻璃，且应急锤取下时应能通过声响信号实现报警。设有乘客站立区的公共汽车车身两侧的车窗如面积能达到设置为应急窗的要求，均应设置为推拉式应急窗或外推式应急窗。

12.4.3.3 安全顶窗应易于从车内、外开启或移开或用应急锤击碎。安全顶窗开启后，应保证从车内外进出的畅通。弹射式安全顶窗应能防止误操作。

12.4.4 标志

12.4.4.1 每个应急出口应在其附近设有“应急出口”字样。

12.4.4.2 乘客门和应急出口的应急控制器（包括用于击碎应急窗车窗玻璃的工具）应在其附近标有清晰的符号或字样，并注明其操作方法，字体高度应大于等于 10mm。

12.5 燃料系统的安全保护

12.5.1 燃料箱及燃料管路应坚固并固定牢靠，不会因振动和冲击而发生损坏和漏油现象。不准许用户改动或加装燃料箱，不准许用户改动燃料管路。

12.5.2 燃料箱的加注口及通气口应保证在机动车晃动时不泄漏。

12.5.3 机动车（摩托车及装用单缸柴油机的汽车除外）的燃料系统不得用重力或虹吸方法直接向化油器或喷油器供油。

12.5.4 燃料箱的加注口和通气口不得对着排气管的开口方向，且应距排气管的出气口端 300mm 以上，否则应设置有效的隔热装置。燃料箱的加注口和通气口应距裸露的电气接头及外部可能产生火花的电气开关 200mm 以上。车长大于 6m 的客车的燃料箱的加注口和通气口应距排气管的任一部位 300mm 以上。

12.5.5 汽车燃料箱各部分不得前伸至前置汽油发动机的前端

面。车长大于 6m 的客车燃料箱距客车前端面应大于等于 600mm，距客车后端面应大于等于 300mm。发动机后置的公路客车和旅游客车，其燃料箱的前端面应位于前轴之后。

12.5.6 机动车燃料箱的通气口和加注口不得设置在有乘员的车厢内。

12.6 气体燃料专用装置的安全防护

12.6.1 气体燃料的供给系统应有有效的安全保护结构措施，以防止气体泄漏，每一个钢瓶阀出口端都应安装高压过流保护装置。

12.6.2 对于两用燃料汽车，应设置燃料转换系统并安装燃料转换开关。在燃料控制上，应具有当发动机突然停止运转时，即使点火开关打开也能自动切断气体燃料供给的功能。燃料转换开关的安装位置应便于驾驶人操作，其挡位标记应明显，能分别控制供油、供气两种状态。气体燃料和汽油电磁阀的操作均应由燃料转换开关统一控制；当电流被切断时，电磁阀应处于“关闭”位置。

12.6.3 压缩天然气管路应采用不锈钢管或其他车用高压天然气专用管路，高压液化石油气管路应采用专用管路。不准许用户改动或加装钢瓶。

12.6.4 钢瓶应被可靠地固定在车上，安装钢瓶的固定座应具有阻止钢瓶旋转、移动的能力，固定座应便于拆装工作。钢瓶安装在车上后，钢瓶编号应易见，钢瓶的强度和刚度不得下降，车架（车身）结构强度也不应受影响。

12.6.5 钢瓶安装位置应远离热源，必要时应采取隔热措施。在任何情况下，钢瓶及其所有高压管路和高压接头与发动机排气管和传动轴的任何部位之间的距离应大于等于 100mm；当钢瓶及其所有高压管路和高压接头与发动机排气管的距离在 100mm ~ 200mm 之间时，应设置固定可靠的隔热装置。

12.6.6 钢瓶应安装在通风位置或采取有效的通风措施，阀门渗漏的气体不应进入驾驶室或载人车厢。

12.6.7 钢瓶与汽车后轮廓边缘的距离应大于等于200mm。钢瓶安装在汽车车架下时，钢瓶下方和后方应采取有效防护措施且钢瓶及其附件不得布置在汽车前轴之前。

12.6.8 钢瓶不得直接安装在驾驶室、载人车厢和货箱内。当不得不安装在上述位置时，应用密封盒、波纹管及通气接口将瓶口阀及连接的高压接头与驾驶室、载人车厢或货箱安全隔离。密封盒等隔离装置应有很强的防护功能，当车辆受到冲撞时应能有效地防止钢瓶冲入驾驶室、载人车厢或货箱内。

12.6.9 通气接口排气方向应指向车尾方向并与地面成45°圆锥的范围内，能将泄漏气体排出车外，通气接口至排气管和其他热源距离应大于等于250mm，通气总面积应大于等于450mm^2。

12.6.10 钢瓶的安装和保护罩的设置，应能保证钢瓶集成阀的正常操作和检查。

12.6.11 手动截止阀应安装在钢瓶到调压器之间易于操作的位置，阀体不得直接安装在驾驶室内。

12.6.12 钢瓶至调压器之间应安装滤清装置，并易于检查、清洗和更换。

12.6.13 高压管路的特殊部位（如相对移动的部件之间）应采用柔性管线，其余部位应采用刚性管线。

12.6.14 刚性高压管路应排列整齐、布置合理、固定有效，不得与相邻部件碰撞和摩擦，所有高压管路和高压管接头应得到有效的保护，高压管接头应安装在能看得见且操作者易于接近的位置。

12.6.15 气体燃料车辆应安装泄漏报警装置，所有管路接头处均不应出现漏气现象。

12.7 牵引车与被牵引车的连接装置

12.7.1 连接装置应坚固耐用。

12.7.2 牵引车和被牵引车连接装置的结构应能确保相互牢固的

连接。

12.7.3 牵引车和被牵引车的连接装置上应装有防止机动车在行驶中因振动和撞击而使连接脱开的安全装置。

12.8 货车、专项作业车和挂车侧面及后下部防护装置

12.8.1 总质量大于3 500kg的货车（半挂牵引车除外）、货车底盘改装的专项作业车和挂车应提供防止人员卷入的侧面防护，其技术条件应符合GB 11567.1的规定。

12.8.2 货车列车的货车和挂车之间应提供防止人员卷入的侧面防护。

12.8.3 总质量大于3 500kg的货车（半挂牵引车除外）、货车底盘改装的专项作业车和挂车（长货挂车除外）的后下部应装备符合GB 11567.2规定的后下部防护装置，该装置对追尾碰撞的机动车应具有足够的阻挡能力，以防止发生钻入碰撞。

注：长货挂车是指为搬运无法分段的长货物而专门设计和制造的特殊用途车，如运输木材、钢材棒料等货物的车辆。

12.9 客车的特殊要求

12.9.1 客车在设计和制造上应保证发动机排气不会进入客厢。

12.9.2 客车应装备灭火器，灭火器在车上应安装牢靠并便于取用。仅有一个灭火器时，应设置在驾驶人附近；当有多个灭火器时，应在客厢内按前、后，或前、中、后分布，其中一个应靠近驾驶人座椅。

12.9.3 所有专用校车和发动机后置的其他客车应装备发动机舱自动灭火装置，其灭火剂喷射范围应包括发动机舱至少两处具有着火隐患的热源（如增压器、排气管等），启动工作时应能通过声觉信号向驾驶人报警。

12.10 货车的特殊要求

12.10.1 货车货箱（自卸车、装载质量1 000kg以下的货车除外）前部应安装比驾驶室高至少70mm的安全架。

12.10.2 无驾驶室的三轮汽车货箱前部应安装具有足够强度的

安全架，其高度应高出驾驶人座垫平面至少800mm。

12.10.3 封闭式货车在最后排座位的后方应安装具有足够强度的隔离装置。

12.11 危险货物运输车的特殊要求

12.11.1 专门用于运送易燃和易爆物品的危险货物运输车，车上应备有消防器材并具有相应的安全措施，排气管应装在罐体/箱体前端面之前、不高于车辆纵梁上平面的区域，并安装符合GB 13365规定的机动车排气火花熄灭器，机动车尾部应安装接地装置。

12.11.2 罐式危险货物运输车的罐体顶部应设置具有足够强度的倾覆保护装置，且该装置应装备有能将积聚在其内部的液体排出的排放阀；罐体顶部的管接头、阀门及其他附件的最高点应低于倾覆保护装置的最高点至少20mm。

12.11.3 罐式危险货物运输车的罐体及罐体上的管路和管路附件不得超出车辆的侧面及后下部防护装置，罐体后封头及罐体后封头上的管路和管路附件与后下部防护装置的纵向距离应大于等于150mm。

12.12 三轮汽车和拖拉机运输机组的特殊要求

12.12.1 三轮汽车正常起动和运行过程中可能触及的，且在环境温度为（23±3）℃下测定温度大于80℃的热表面应有永久性联结或固定（不使用工具无法拆卸）的防护装置或挡板。

12.12.2 三轮汽车和拖拉机运输机组的传动皮带、风扇、起动爪和动力输出轴等外露旋转件应加防护罩，并应符合GB/T 8196的规定。

12.12.3 三轮汽车的踏板、脚踏板必要时应采取防滑措施。

12.13 其他要求

12.13.1 汽车驾驶室内应设置防止阳光直射而使驾驶人产生眩目的装置，且该装置在汽车碰撞时，不应对驾驶人造成伤害。

12.13.2 汽车（无驾驶室的三轮汽车除外）应装备符合

GB 19151 规定的三角警告牌，三角警告牌在车上应妥善放置。

12.13.3 乘用车、专用校车和车长小于 6m 的其他客车前后部应设置保险杠，货车（三轮汽车除外）和货车底盘改装的专项作业车应设置前保险杠。

12.13.4 乘用车、专用校车的前风窗玻璃应装有除雾、除霜装置。

12.13.5 校车应配备急救箱，急救箱应放置在便于取用的位置并确保有效适用。

12.13.6 对装备有辅助正面和/或侧面防撞安全气囊系统的汽车，驾乘人员如已按照制造厂家规定正确使用了安全带等安全装置，在发生正面或侧面碰撞时不应由于安全气囊系统未正常展开而遭受不合理伤害。

12.13.7 机动车发动机的排气管口不得指向车身右侧（如受结构限制排气管口必须偏向右侧时，排气管口中心线与机动车纵向中心线的夹角应小于等于 15°）和正下方；客车的排气尾管如为直式的，排气管口应伸出车身外蒙皮。

13 消防车、救护车、工程救险车和警车的附加要求

13.1 消防车的车身颜色应符合相关标准的规定。

13.2 救护车的车身颜色应为白色，左、右侧及车后正中应喷符合规定的图案。

13.3 工程救险车的车身颜色应为符合 GB/T 3181 规定的 Y07 中黄色，其车身两侧应喷“工程救险”字样。

13.4 警车的外观制式应分别符合 GA 524 和 GA 525 的规定。

13.5 消防车、救护车、工程救险车和警车应装备与其功能相适应的装置，各装置应布局合理、固定可靠、便于使用。

13.6 消防车、救护车、工程救险车和警车安装使用的警报器应符合 GB 8108 的规定，安装使用的标志灯具应符合 GB 13954 的规定，警报器和标志灯具应固定可靠。

14　残疾人专用汽车的附加要求

14.1　应根据驾驶人的残疾类型，在采用自动变速器的乘用车上，加装相应类型的、符合相关规定的驾驶辅助装置。加装的驾驶辅助装置安装应牢固可靠，位置应适宜操纵，且不应与车辆的其他操纵指示系统冲突或妨碍车辆其他操纵指示系统的操作。

14.2　驾驶辅助装置加装后，不应改变原车结构的完整性和安全性及影响原车操纵件的电器功能、机械性能，且不应使驾驶人驾驶时受到视野内产品部件的反光眩目。

14.3　加装的方向盘控制辅助手柄应间隙适当，操纵灵活、方便，无阻滞现象。

14.4　加装的制动和加速辅助装置应具有制动、加速互锁功能并保证制动灵活、方便，不会发生失效现象。制动和加速迁延控制手柄传动到制动踏板表面的正压力达到500N时，控制手柄表面的正压力应小于等于300N。

14.5　加装的转向信号迁延开关及驻车制动辅助手柄应刚性固定。转向信号迁延开关应开关自如，功能可靠，不会因振动和其他外力条件而自行开关；驻车制动辅助手柄应操纵轻便、锁止可靠，操纵力应小于等于200N。

14.6　加装的驾驶辅助装置的各部件应完好有效，表面不应有影响使用的凹凸、划伤、返锈等，在接触人体的表面部位不得有毛刺、刃口、棱角或其他有害使用者的缺陷。

14.7　残疾人专用汽车应设置符合规定的残疾人机动车专用标志。

15　标准实施的过渡期要求

15.1　8.4.1关于车辆尾部标志板的要求，自2014年1月1日起对新生产的总质量大于等于12 000kg的货车底盘改装的专项作业车，最大设计车速小于等于40 km/h的汽车和车长小于等于

8m 的挂车实施。

15.2 8.6.5 关于部分汽车应安装行驶记录仪的要求，对于未设置乘客站立区的公共汽车、半挂牵引车、总质量大于等于 12 000kg 的货车，自本标准实施之日起第 7 个月开始对新注册车实施。

15.3 4.16.7 关于机动车的产品使用说明书的所有文字性内容均应有中文的要求，自本标准实施之日起第 7 个月开始对新进口车实施。

15.4 以下要求自本标准实施之日起第 7 个月开始对新生产车实施：

——4.1.2 关于机动车产品标牌应标明项目的要求对于纯电动汽车、混合动力汽车、燃料电池汽车、电动摩托车、专项作业车和特型机动车；

——4.1.4 关于纯电动汽车、插电式混合动力汽车、燃料电池汽车和电动摩托车应在（主驱动）电动机壳体上打刻电动机型号、编号的要求；

——4.1.5 关于乘用车和总质量小于等于 3 500kg 的货车（低速汽车除外）应在靠近风窗立柱的位置永久地标识车辆识别代号的要求；

——4.16 关于机动车的产品使用说明书的要求；

——6.1 关于摩托车使用方向盘转向时的特殊要求；

——8.6.4 关于车长大于等于 6m 的客车应设置手动机械断电开关的要求；

——11.5.5 关于应在驾驶人座位附近设置乘客门应急开关的要求，对于车长大于等于 6m 的客车（公共汽车除外）；

——11.8.2 关于机动车每面号牌板（架）上应设有至少 2 个号牌安装孔的要求；

——12.9.3 关于发动机后置的客车应装备发动机舱自动灭火装置的要求。

15.5 以下要求自本标准实施之日起第 13 个月开始对新生产车

实施：

——4.1.6 关于乘用车还应在后备箱（或行李区）及 5 个主要部件上标示车辆识别代号或零部件编号的要求；

——7.2.6 关于部分汽车的前轮应装备盘式制动器的要求，对于车长大于 9m 的未设置乘客站立区的公共汽车；

——7.2.11 关于部分汽车应安装防抱制动装置的要求，对于车长大于 9m 的未设置乘客站立区的公共汽车；

——7.7.4 关于气压制动系应安装保持压缩空气干燥、油水分离的装置的要求；

——9.4.4 关于三轴公路客车的随动轴应具有随动转向或主动转向的功能的要求；

——12.1.5 关于乘用车应装备驾驶人汽车安全带佩戴提醒装置的要求，对于 5 座及 5 座以下乘用车；

——12.4.3.2 关于应急锤取下时应能通过声响信号实现报警的要求及设有乘客站立区的公共汽车设置的应急窗均应为推拉式应急窗或外推式应急窗的要求；

——12.6.15 关于气体燃料车辆应安装泄露报警装置的要求。

15.6 以下要求自本标准实施之日起第 13 个月开始对新定型车实施：

——8.2.1 关于部分货车、专项作业车和挂车的后部照明和信号装置透光面面积的要求。

15.7 以下要求自本标准实施之日起第 19 个月开始对新生产车实施：

——4.1.5 关于应能从乘用车的 ECU 或电子数据接口读取车辆识别代号等特征信息的要求；

——12.1.5 关于乘用车应装备驾驶人汽车安全带佩戴提醒装置的要求，对于 5 座以上乘用车；

——12.5.5 关于发动机后置的公路客车和旅游客车燃料箱

的前端面应位于前轴之后的要求。

15.8 以下要求自本标准实施之日起第25个月开始对新生产车实施：

——4.1.3关于车辆识别代号打刻位置及打刻的车辆识别代号可见性的要求；

——7.2.11关于部分汽车应安装防抱制动装置的要求，对于总质量大于等于12 000kg的货车和专项作业车；

——7.5关于部分汽车应装备缓速器或其他辅助制动装置的要求，对于总质量大于等于12 000kg的专项作业车；

——8.2.1关于部分货车、专项作业车和挂车的后部照明和信号装置透光面面积的要求；

——10.5关于车长大于等于6m的客车应具有超速报警功能的要求，对于除公路客车、旅游客车、未设置乘客站立区的公共汽车外的其他客车；

——11.5.4关于紧急情况下乘客门开启的要求，对于车长小于6m的客车；

——12.4.1.2关于部分车长大于等于6m的客车应设置应急门的要求。

15.9 自本标准实施之日起第43个月开始，新生产机动车（摩托车除外）的每面号牌板（架）［三轮汽车的前号牌板（架）除外］均应设有4个号牌安装孔。

15.10 本标准关于专用校车的技术要求，其实施日期按GB 24407的规定执行。

附录A

（规范性附录）

驾驶人耳旁噪声检验方法

测量驾驶人耳旁噪声时：

a）汽车空载，处于静止状态且置变速器于空挡，发动机应处于额定转速状态，门窗紧闭。

b）测量位置应符合 GB/T 18697—2002 的规定。

c）环境噪声应低于被测噪声值至少 10dB（A）。

d）声级计置于“A”计权、“快”挡。

附录 B

（规范性附录）

典型车型车身反光标识粘贴示例及要求

B.1　粘贴基本要求

B.1.1　粘贴施工要求

车身反光标识均应粘贴在无遮挡、易见、平整、连续，且无灰尘、无水渍、无油渍、无锈迹、无漆层起翘的车身表面。

粘贴前应将待粘贴表面灰尘擦净。有油渍、污渍的部位，应用软布蘸脱脂类溶剂或清洗剂进行清除，干燥后进行粘贴。对于油漆已经松软、粉化、锈蚀或起翘的部位，应除去这部分油漆，用砂纸对该部位进行打磨并做防锈处理，然后再粘贴车身反光标识。

B.1.2　通用粘贴要求

车身后部的车身反光标识应由白色单元开始、白色单元结束。侧面可以由红色单元开始，但靠近车辆尾部的最后一个单元应为白色单元。

粘贴车身反光标识后，不应影响本标准规定的车辆照明和信号装置的性能。

粘贴车身反光标识后，不应在车身反光标识上钻孔、开槽。

车身表面无法直接粘贴车身反光标识时，应先将车身反光标识粘贴在具有一定刚度、强度、抗老化的条形衬板上，再将条形衬板牢固地粘贴或铆接到车身上。

车身反光标识离地面的高度最低为380mm。

B.1.3 后部车身反光标识粘贴要求

B.1.3.1 后部车身反光标识应尽可能体现车辆后部宽度和高度，水平粘贴的车身反光标识体现车辆后部宽度，沿后部两侧边缘垂直粘贴的车身反光标识体现车辆后部高度，货厢后部边角相交部分应为白色单元。部分总质量小于等于4 500kg的货车，因后部货厢结构不能满足白色单元相交要求时，可红、白相交，但垂直粘贴的单元上部应为白色单元。厢式货车和厢式挂车后部的车身反光标识应能体现货厢轮廓。

B.1.3.2 不同级别的车身反光标识材料不应同时应用于车辆后部。采用一级车身反光标识材料时，其与后反射器的面积之和应大于等于0.1m^2；采用二级车身反光标识材料时，其与后反射器的面积之和应大于等于0.2m^2。

B.1.3.3 后部车身反光标识应连续粘贴，无法连续粘贴时可断续粘贴，但每一连续段长度应大于等于300mm，且应包含红、白色车身反光标识至少各一个单元，粘贴间隔应小于等于100mm。特殊情况下，允许红、白单元分开粘贴，但应保持红、白相间，每一连续段长度应大于等于150mm，粘贴间隔应小于等于100mm。如果不能沿车厢后部两侧边缘垂直粘贴，应在最接近边缘的宽度达到50mm的可粘贴表面粘贴，车身反光标识的上边缘尽可能接近车厢后部的上边缘。

B.1.4 侧面车身反光标识粘贴要求

侧面车身反光标识的粘贴允许中断，但其总长度（不含间隔部分）应大于等于车长的50%，每一连续段长度应大于等于300mm，且应包含红、白色车身反光标识至少各一个单元，二级车身反光标识材料粘贴间隔应小于等于150mm，一级车身反光标识材料粘贴间隔应小于等于300mm，粘贴应尽可能纵向均匀分布。特殊情况下，允许红、白单元分开粘贴，但仍应保持红、白相间，每一连续段长度应大于等于150mm，二级车身反光标识材料粘贴间隔应小于等于150mm，一级车身反光标识材料粘贴间隔应小于等于300mm。

侧面车身反光标识的长度对三轮汽车应大于等于1.2m；对货厢长度不足车长50%的货车应为货厢长度；侧面车身结构无连续表面的混凝土搅拌运输车和专项作业车，其粘贴总长度应大于等于车长的30%。厢式货车和厢式挂车侧面的车身反光标识应能体现货厢轮廓。

侧面车身反光标识材料的级别可不同于后部车身反光标识材料。

B.2 栏板货车、栏板挂车、低速汽车粘贴

对总质量大于4 500kg的栏板货车，应在驾驶室后方围栏上方两侧或驾驶室后部上方两侧边角用白色车身反光标识拼接成“倒L”，“倒L”水平方向和垂直方向均由2个长度为150mm的白色单元拼接而成。对总质量小于等于4 500kg的栏板货车，后部栏板高度不足以粘贴连续长度为300mm的车身反光标识（含红、白各1个单元）时，可只粘贴长150mm的白色单元。

栏板货车、栏板挂车、低速汽车粘贴示例见图B.1。其中，图B.1b）为二级车身反光材料粘贴示例，对总质量小于等于4 500kg的货车可粘贴成“□”形以满足粘贴面积的要求；后部使用一级车身反光标识材料时，可以断续粘贴，但垂直方向最上方和最下方及水平方向最左侧、最右侧和中间部位应粘贴。

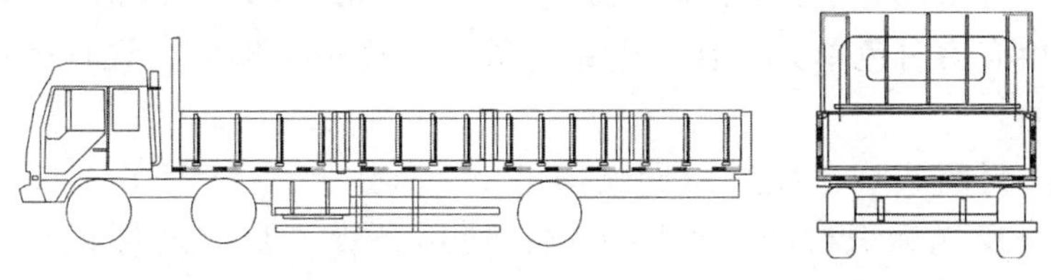

a）侧面粘贴示例　　　　b）后部粘贴示例

图B.1　栏板货车、栏板挂车、低速汽车粘贴示例

B.3 厢式货车（含厢式低速货车）、厢式挂车粘贴

厢式货车（含厢式低速货车）的侧面车身反光标识应沿车厢下边缘粘贴，在侧面车厢上部两侧边角用白色车身反光标识拼接成“倒L”，“倒L”水平方向和垂直方向均由2个长度为150mm的白色单元拼接而成。后部车身反光标识应勾勒出车厢后部的轮廓，四个角应为白色单元相接。

厢式货车（含厢式低速货车）、厢式挂车粘贴示例见图B.2。其中，图B.2b）是二级车身反光标识材料的粘贴示例；使用一级车身反光标识材料时，货厢后部四角应用白色单元勾勒轮廓，其他部位可断续粘贴。

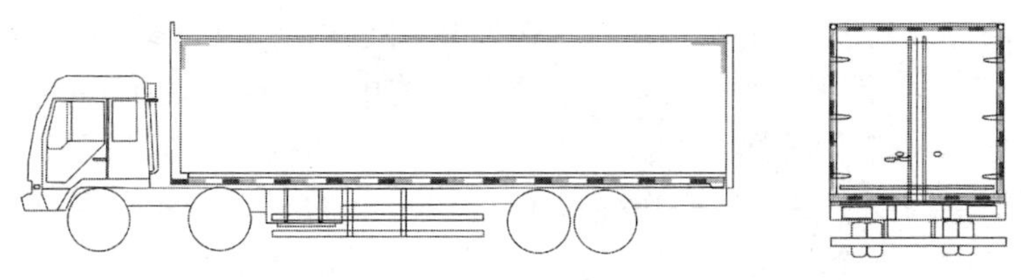

a）侧面粘贴示例　　b）后部粘贴示例

图B.2 厢式货车（含厢式低速货车）、**厢式挂车粘贴示例**

B.4 封闭式货车粘贴

封闭式货车的后部车身反光标识应勾勒出车辆后部轮廓，四个角应为白色单元相接。因铰链等无法连续粘贴时，允许断续粘贴。

封闭式货车粘贴示例见图B.3。其中，图B.3b）是二级车身反光标识材料的粘贴示例；使用一级车身反光标识材料时，货厢后部四角应用白色单元勾勒轮廓，其他部位可断续粘贴。

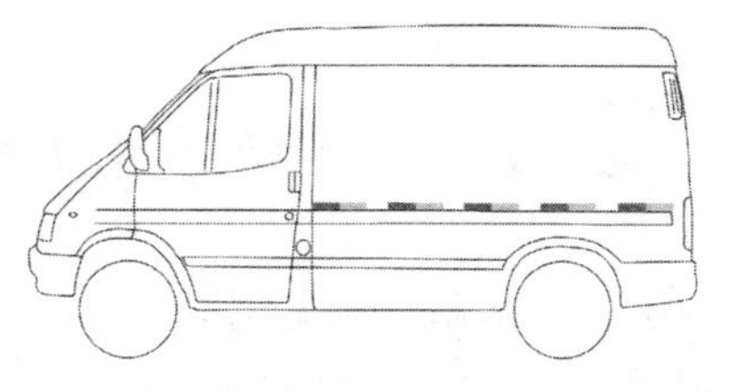

a）侧面粘贴示例

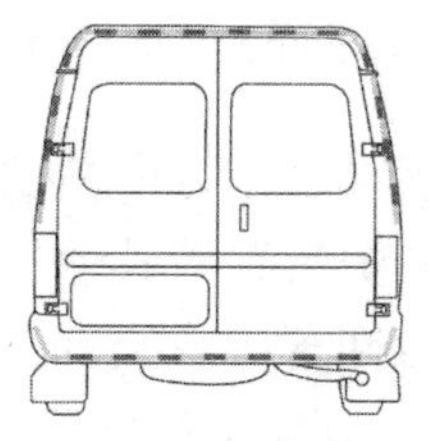

b）后部粘贴示例

图 B.3　封闭式货车粘贴示例

B.5　仓栅式货车、仓栅式挂车粘贴

仓栅式货车、仓栅式挂车粘贴示例见图 B.4。其中，图 B.4b）和 B.4c）是二级车身反光标识材料的粘贴示例；使用一级车身反光标识材料时，货厢后部四角应用白色单元勾勒轮廓，其他部位可断续粘贴；侧面车身反光标识可断续粘贴，但垂直方向最上方和最下方及水平方向最左侧、最右侧和中间部位应粘贴。

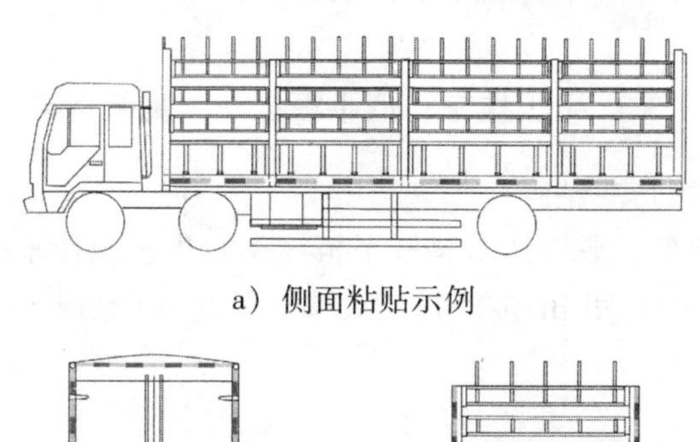

a）侧面粘贴示例

b）后部装有货厢门的粘贴示例　c）后部没有货厢门的粘贴示例

图 B.4　仓栅式货车、仓栅式挂车粘贴示例

B.6 自卸车（含自卸式低速货车）粘贴

后部水平方向粘贴除了栏板上部，还可粘贴在栏板下部或后下部防护装置等其他位置。

自卸车（含自卸式低速货车）粘贴示例见图 B.5。其中，图 B.5b）是二级车身反光标识材料的粘贴示例；使用一级车身反光标识材料时，在确保体现车辆后部宽度和高度的前提下，可断续粘贴，但垂直方向最上方和最下方及水平方向最左侧、最右侧和中间部位应粘贴。

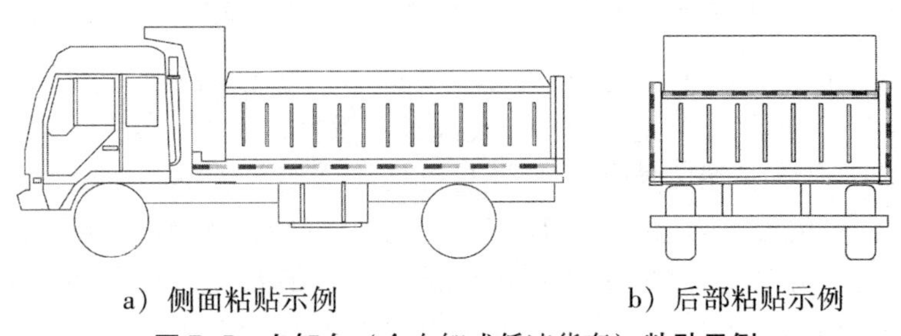

a）侧面粘贴示例　　b）后部粘贴示例

图 B.5　自卸车（含自卸式低速货车）粘贴示例

B.7 平板货车、平板挂车、低平板挂车、集装箱挂车粘贴

B.7.1 平板货车粘贴

平板货车、平板挂车、低平板挂车、集装箱挂车粘贴示例见图 B.6。其中，图 B.6b）是二级车身反光标识材料粘贴示例，

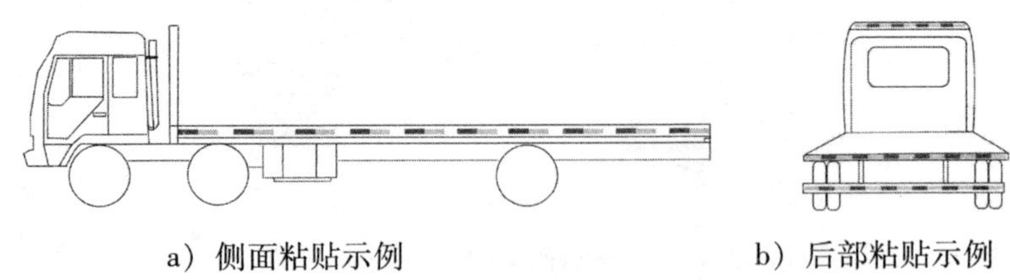

a）侧面粘贴示例　　b）后部粘贴示例

图 B.6　平板货车粘贴示例

如果平板后部无法粘贴，应在后下部防护装置上水平并列连续粘贴两排车身反光标识，粘贴面积应大于等于 0.2m^2；后部使用一级车身反光标识材料时，可在平板后部或后下部防护装置上水平连续粘贴，粘贴面积应大于等于 0.1m^2。

B.7.2　平板挂车、低平板挂车、集装箱挂车粘贴

平板挂车、集装箱挂车的侧面车身反光标识应沿车架侧面水平粘贴，其中低平板半挂车应沿车架平整的连续表面粘贴。因车架结构原因，侧面粘贴的车身反光标识可不在同一水平面上。

后部有后下部防护装置时，后下部防护装置上应粘贴车身反光标识。低平板挂车后部如有爬梯，还应在两个爬梯最外侧的爬梯架上（至少应在爬梯架的最上端、中间和最下端）粘贴车身反光标识。

集装箱挂车装载集装箱时，应在集装箱后部和侧面至少水平固定一块 2000mm×150mm 的柔性反光标识，安装部位应尽可能接近集装箱顶部。

平板挂车、集装箱挂车粘贴示例见图 B.7，低平板挂车粘贴示例见图 B.8。其中，图 B.7b）和图 B.8b）为二级车身反光标识粘贴示例，平板后部、后下部防护装置应连续粘贴；使用一级车身反光标识材料时，可断续粘贴。

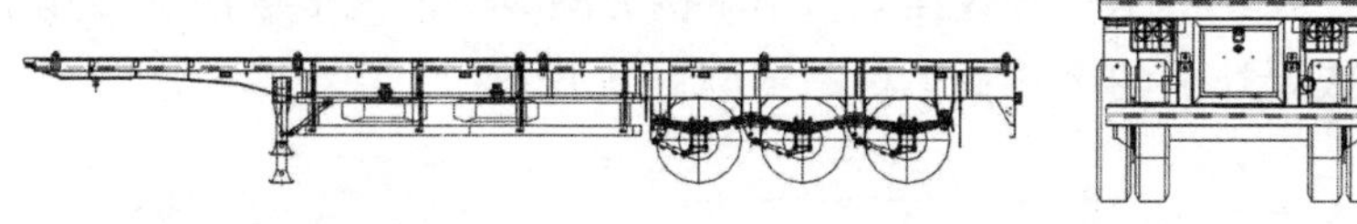

a）侧面粘贴示例　　　　b）后部粘贴示例

图 B.7　平板挂车、集装箱挂车粘贴示例

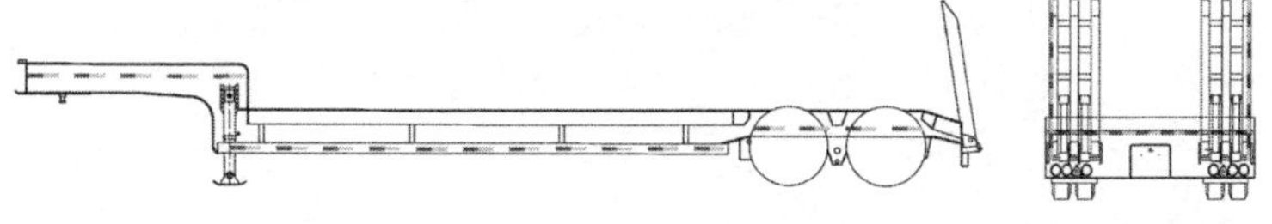

a）侧面粘贴示例　　　　b）后部粘贴示例

图 B.8　低平板挂车粘贴示例

B.8 罐式货车、罐式挂车粘贴

罐式货车、罐式挂车侧面车身反光标识应在车身侧面车架或罐体中间部位水平粘贴，体现罐体长度。不规则罐式挂车侧面车身反光标识应粘贴在罐体侧面中间位置，体现罐体长度。罐体后部应用车身反光标识勾勒罐体轮廓，二级车身反光标识材料的粘贴间隔应小于等于50mm，一级车身反光标识材料的粘贴间隔应小于等于100mm。

对运输剧毒化学品或爆炸品的罐式货车，侧面车身反光标识应在车身侧面的车架部位水平粘贴，体现车架长度，并在罐体侧面用边长为300mm（2个150mm长的单元拼接）白色车身反光标识拼接成“L”和“倒L”，上部车身反光标识最下沿与橙色反光带的距离应在100mm至300mm内，下部车身反光标识最上沿与橙色反光带的距离应在100mm至300mm内，车身反光标识与罐体前、后端的最大距离应小于等于300mm。罐体后部应用白色车身反光标识勾勒轮廓，二级车身反光标识材料的粘贴间隔应小于等于50mm，一级车身反光标识材料的粘贴间隔应小于等于100mm。

罐式货车、罐式挂车粘贴示例见图B.9，其中运输剧毒化学品或爆炸品的罐式货车粘贴示例见图B.10。

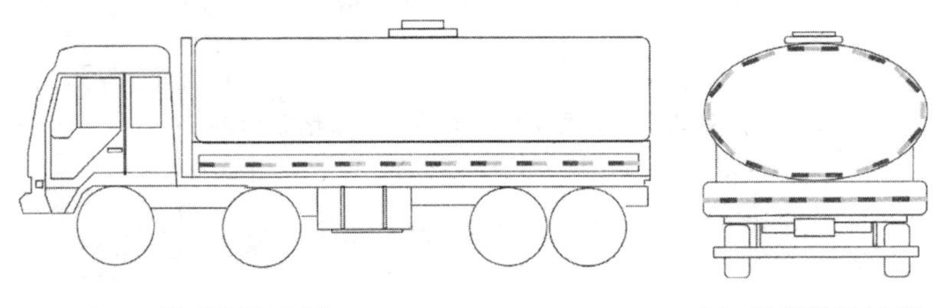

a）侧面粘贴示例　　　　b）后部粘贴示例

图B.9　罐式货车、罐式挂车粘贴示例

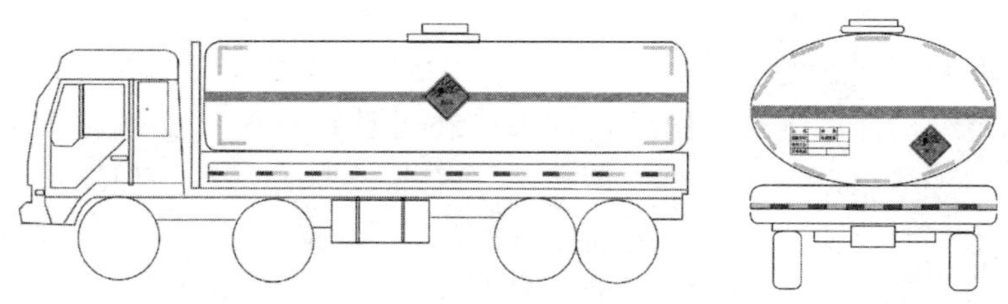

a）侧面粘贴示例　　b）后部粘贴示例

图 B.10　运输剧毒化学品或爆炸品的罐式货车粘贴示例

B.9　混凝土搅拌运输车粘贴

混凝土搅拌运输车侧面车身反光标识应在可粘贴部位（如侧防护装置）连续粘贴，粘贴总长度可小于车长的 50%，但应大于等于车长的 30%，此时断开间隔不受限制。车辆后部应尽可能选取能够体现车身后部宽度和高度的连续平面粘贴，如后下部防护装置、金属挡泥板等固定结构件。

混凝土搅拌运输车粘贴示例见图 B.11。

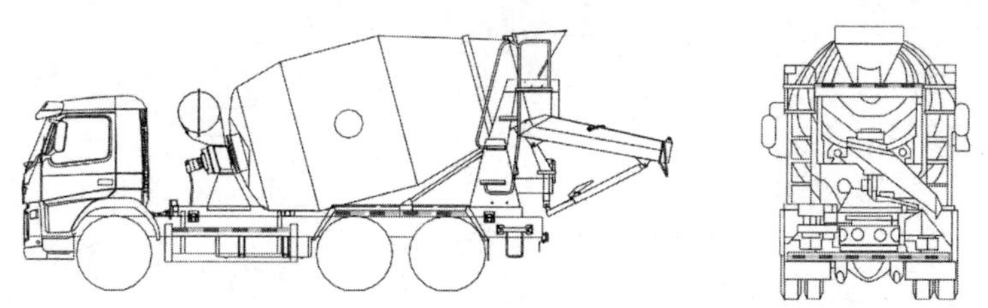

a）侧面粘贴示例　　b）后部粘贴示例

图 B.11　混凝土搅拌运输车粘贴示例

B.10　专项作业车粘贴

专项作业车上车身反光标识的粘贴应尽可能按前述基本粘贴要求进行粘贴，部分专项作业车除驾驶室外的车身结构无连续平面，不能满足要求时，车辆后部应尽可能选取能够体现车身后部宽度和高度的连续平面粘贴，如后下部防护装置、金属挡泥板等固定结构件；侧面车身反光标识应在可粘贴部位（如侧防护装置）连续粘贴，粘贴总长度可小于车辆长度的 50%，但应大于等于车辆长度的 30%，此时断开间隔不受限制。

汽车起重机粘贴示例见图 B. 12，清障车粘贴示例见图 B. 13。

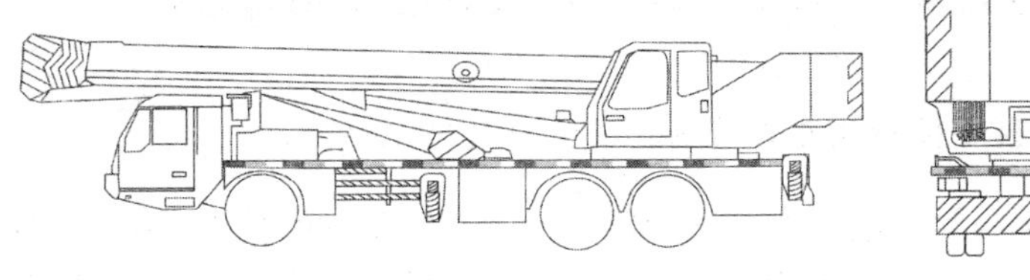

a）侧面粘贴示例　　b）后部粘贴示例

图 B. 12　汽车起重机粘贴示例

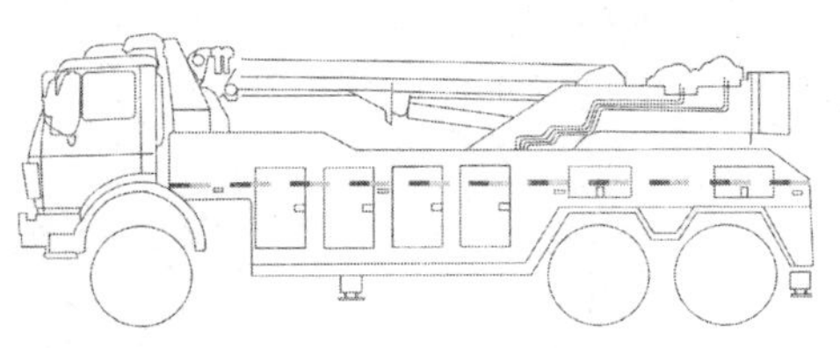

a）侧面粘贴示例

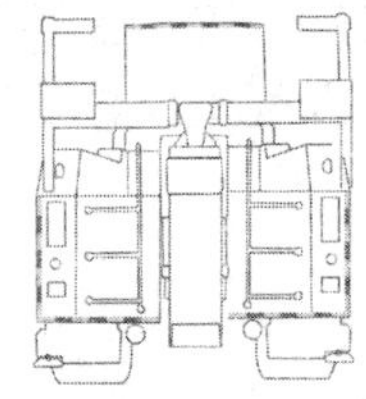

b）后部粘贴示例

图 B. 13　清障车粘贴示例

B. 11　半挂牵引车粘贴

半挂牵引车的侧面无须粘贴车身反光标识，后部应在驾驶室后部粘贴；使用二级车身反光标识材料时，水平方向应并列连续粘贴 2 排，垂直方向每侧应各粘贴 2 个长 150mm 的白色单元；使用一级车身反光标识材料时，水平方向应连续粘贴，垂直方向每侧应各粘贴 1 个长 150mm 的白色单元。

半挂牵引车粘贴示例见图 B. 14。

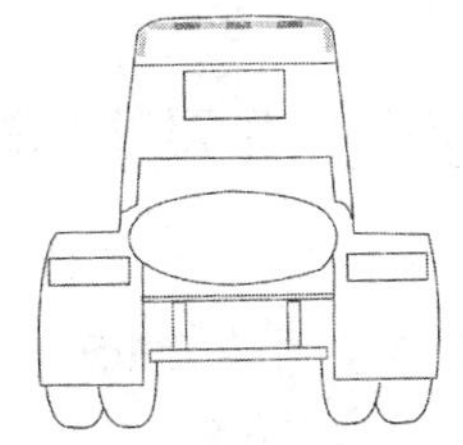

图 B. 14　半挂牵引车粘贴示例

参考文献

[1]　《中华人民共和国道路交通安全法》

[2]　《中华人民共和国道路交通安全法实施条例》

[3]　香港《道路交通（车辆构造及保养）规例》

[4]　新加坡《道路交通（机动车，灯光）规则》

[5]　GA 802—2008　机动车类型　术语和定义

[6]　GB/T 3730. 1—2001　汽车和挂车类型的术语和定义

[7]　GB/T 5359. 1—2008　摩托车和轻便摩托车术语　第 1 部分：车辆类型

[8]　GB/T 19596—2004　电动汽车术语

[9]　GB/T 21055—2007　肢体残疾人驾驶汽车的操纵辅助装置

[10]　欧盟指令《on the approximation of the laws of the Member States relating to roadworthiness tests for motor vehicles and their trailers》（96/96/EC）

轮胎术语及其定义

（中华人民共和国国家质量监督检验检疫总局、
中国国家标准化管理委员会2005年9月15日发布
自2006年5月1日起实施）

GB/T 6326—2005

（代替GB/T 6326—1994）

前　　言

本标准与ISO 4223-1：2002《轮胎工业用某些术语定义　第1部分：充气轮胎》（英文版）的一致性程度为非等效。

本标准代替GB/T 6326—1994《轮胎术语》。

本标准与GB/T 6326—1994的主要技术性差异：

——本标准对标准名称做了修改；

——本标准对章条编排做了调整；

——本标准删除了工艺术语（1994年版的3.7）；

——本标准将轮胎负荷下的尺寸和参数术语并入轮胎性能及其测试术语（1994年版的3.6；本版的第9章）；

——本标准增加了轮胎标志术语（本版的第10章）；

——本标准对轮胎性能及其测试术语做了较大的增加和删除，对其他术语也进行了修改（1994年版的3.11；本版的第9章）。

本标准的附录A、附录B、附录C均为资料性附录。

本标准由中国石油和化学工业协会提出。

本标准由全国轮胎轮辋标准化技术委员会归口。

本标准委托全国轮胎轮辋标准化技术委员会负责解释。

本标准起草单位：北京橡胶工业研究设计院、曙光橡胶工业研究设计院、桦林轮胎股份有限公司、烟台中策橡胶有限公司、厦门正新橡胶工业有限公司。

本标准主要起草人：夏松茂、伍江涛、盛宝信、王衍琳、刘阳光、黄辉文。

本标准所代替标准的历次版本发布情况为：

——GB 6326—1986、GB/T 6326—1994。

1 范围

本标准规定了轮胎工业用一般术语、轮胎分类、轮胎部位部件、轮胎胎面花纹、轮辋、轮胎尺寸、轮胎性能及其测试、轮胎标志、轮胎外观缺陷、轮胎使用、轮胎翻新与修补的术语及其定义。

本标准适用于轿车轮胎、轻型载重汽车轮胎、载重汽车轮胎、工程机械轮胎、农业轮胎、工业车辆轮胎、摩托车轮胎、力车轮胎、航空轮胎。

2 规范性引用文件

下列文件中的条款通过本标准的引用而成为本标准的条款。凡是注日期的引用文件，其随后所有的修改单（不包括勘误的内容）或修订版均不适用于本标准，然而，鼓励根据本标准达成协议的各方研究是否可使用这些文件的最新版本。凡是不注日期的引用文件，其最新版本适用于本标准。

GB/T 12549　汽车操纵稳定性术语及其定义

3 一般术语

3.1

轮胎 tyre

安装在车轮或机轮上的圆环形弹性制品。供汽车、工程机械、农业机械、工业车辆、摩托车、力车行驶和飞机或飞行器起落等使用。

3.2

新［轮］胎　new tyre

既没有使用也没有经过翻新的轮胎。

3.3

胀大轮胎　grown tyre

经使用引起外缘尺寸胀大的轮胎。

3.4

充气轮胎　pneumatic tyre

轮胎内腔需要充入压缩气体或液体，并能保持压力的轮胎。分为有内胎轮胎和无内胎轮胎。

3.5

实心轮胎　solid tyre

用不同性能的材料充实轮胎胎体的无内腔轮胎。

3.6

有内胎轮胎　tube-tyre

轮胎外胎内腔中需要装配内胎的充气轮胎，通常包括外胎、内胎和垫带。

3.7

无内胎轮胎　tubeless tyre

不需要装配内胎的充气轮胎。

3.8

外胎　cover

能承受各种作用力的轮胎外壳体。

3.9

内胎　inner tube

用于保持轮胎内压并带有气门嘴的圆环形弹性管。

3.10

垫带　flap

保护内胎着合面不受轮辋磨损的环形带。

4 轮胎分类

4.1 按用途分类

4.1.1

普通轮胎 normal tyre

普通用途的轮胎。

4.1.2

特殊轮胎 special tyre

特殊用途的轮胎。

例如：混合用途（既可用于公路也可用于越野）或有严格速度限制的轮胎。

4.1.3

雪泥轮胎 mud and snow tyre

轮胎胎面花纹和结构设计与普通轮胎不同，在未冻结或已融化的雪地或泥泞区域行驶时，比普通轮胎具有更好的行驶性能的轮胎。

4.1.4

临时使用的备用轮胎 temporary-use spare tyre

不同于装在车辆上的按规定行驶条件使用的轮胎，仅供限定行驶条件下临时使用的备用轮胎。

4.1.5

T 型临时使用的备用轮胎 T-type temporary-use spare tyre

充气压力均高于标准型和增强型轮胎，仅供临时使用的备用轮胎。

4.2 按结构分类

4.2.1

结构类型 structure type

轮胎胎体的技术特征。例如：斜交结构、带束斜交结构、子午线结构。

4.2.2

斜交轮胎　diagonal/bias-ply tyre

胎体帘布层和缓冲层各相邻层帘线交叉，且与胎面中心线呈小于90°角排列的充气轮胎。

4.2.3

带束斜交轮胎　bias-belted/bias tyre

由两层或多层基本不能伸张的帘线材料构成的带束层，箍紧斜交结构胎体帘布层的充气轮胎。

4.2.4

子午线轮胎　radial tyre

胎体帘布层帘线与胎面中心线呈90°角或接近90°角排列并以基本不能伸张的带束层箍紧胎体的充气轮胎。

4.3　按配套车辆或机械或器械分类

4.3.1

轿车轮胎　passenger car tyre

设计用于轿车的轮胎。

这种车辆为在设计和技术特性上主要用于载运乘客及其随身行李和/或临时物品的汽车及其拖挂车。这种车辆包括驾驶员在内不超过9个座位。

4.3.2

载重汽车轮胎　truck tyre

设计用于载重汽车和客车及其拖挂车的轮胎。

这种车辆为在设计和技术特性上用于运送人员和货物的汽车及其拖挂车。

4.3.3

轻型载重汽车轮胎　light truck tyre

设计用于轻型载重汽车或小型客车的轮胎。

是载重汽车轮胎的一种类型。

4.3.4

工程机械轮胎　earth-mover tyre

设计用于轮式工程车辆与工程机械的轮胎。

这种机械通常供短距离、低速、非铺装路面上的工程作业用。

4.3.5

工业车辆轮胎　industrial tyre

设计用于工业车辆的轮胎。主要分为实心轮胎和充气轮胎。

这种车辆通常为短距离、低速、断续行驶或周期性作业车辆。

4.3.6

农业轮胎　agricultural tyre

设计用于拖拉机、农业机械和农业车辆的轮胎。

这种机械和车辆通常供农田、蔗田等各种田间低速作业机械或农业作业区内短途、低速运输作业用。

4.3.7

林业轮胎　logging tyre

设计用于林业机械和林业车辆的轮胎。

这种机械和车辆通常供林区、林场等各种山区低速作业用。

4.3.8

航空轮胎　aircraft tyre

设计用于航空器上的充气轮胎。

4.3.9

摩托车轮胎　motorcycle tyre

设计用于两轮或整车整备质量不超过 400 kg 的三轮机动车的轮胎。

4.3.10

轻便型摩托车轮胎　moped tyre

设计用于两轮或三轮机动车中设计时速不超过 50 km/h 的轮

胎。这种机动车的总排量不超过 50 mL。

4.3.11

力车轮胎　cycle tyre

设计用于手推车、自行车、三轮车等非机动车用轮胎。

4.3.12

自行车轮胎　bicycle tyre

设计用于自行车的轮胎。

4.4　其他轮胎

4.4.1

浇注轮胎　cast tyre

采用浇注工艺制造的轮胎。

4.4.2

发泡填充轮胎　foam filled tyre

外胎内腔中以弹性发泡材料代替压缩气体的轮胎。

4.4.3

内支撑轮胎　internal supporter tyre

在外胎内腔中有支撑物的轮胎。

4.4.4

活胎面轮胎　removable tread tyre

可更换胎面的充气轮胎。

4.4.5

压配式实心轮胎　pressed-on solid tyre

利用过盈配合压装在轮辋上并带有钢圈的实心轮胎。

4.4.6

粘结式实心轮胎　cured-on solid tyre

直接硫化在轮辋上的无钢圈实心轮胎。

4.4.7

充气轮胎轮辋实心轮胎　solid tyre for pneumatic tyre rim

装配在充气轮胎轮辋上的实心轮胎。

4.4.8

圆柱实心轮胎　cylindrical base solid tyre

轮胎底部呈圆柱形并紧固在轮辋上的实心轮胎。

4.4.9

斜底实心轮胎　conical base solid tyre

轮胎底部呈圆锥形并装在对开式轮辋上的实心轮胎。

4.4.10

抗静电实心轮胎　anti-static solid tyre

具有导电性能、能够防止静电荷积聚的实心轮胎。

4.4.11

导电实心轮胎　conductive solid tyre

电阻不大于 25 万 Ω，能够导电的实心轮胎。

4.4.12

耐油实心轮胎　oil-resistance solid tyre

能耐油侵蚀的实心轮胎。

4.4.13

高负荷实心轮胎　high-load solid tyre

负荷能力高于同规格橡胶实心轮胎的其他弹性材料的实心轮胎。

4.4.14

履带车辆挂胶负重轮　solid elastomer tyred wheel assembles for track laying vehicles

幅板上挂有胶层的履带车辆支撑轮。

4.4.15

航空器前轮轮胎　nose aircraft tyre

用于航空器前起落架上的轮胎。

4.4.16

航空器主轮轮胎　main aircraft tyre

用于航空器主起落架上的轮胎。

4.4.17

航空器尾轮轮胎　tail aircraft tyre

用于航空器后起落架上的轮胎。

4.4.18

航空器翼轮轮胎　wing aircraft tyre

用于航空器左右两机翼支撑架上的轮胎。

4.4.19

直升机轮胎　tyre used on helicopter

用于直升机起落架上的轮胎。

4.4.20

低压航空轮胎　low-pressure aircraft tyre

充气内压小于或等于 690kPa 的航空轮胎。

4.4.21

高压航空轮胎　high-pressure aircraft tyre

充气内压大于 690kPa 的航空轮胎。

4.4.22

民用低速航空轮胎　civil low-speed aircraft tyre

额定速度小于或等于 193km/h 的民用航空轮胎。

4.4.23

民用高速航空轮胎　civil high-speed aircraft tyre

额定速度大于 193km/h 的民用航空轮胎。

4.4.24

军用低速航空轮胎　military low-speed aircraft tyre

额定速度小于或等于 257km/h 的军用航空轮胎。

4.4.25

军用高速航空轮胎　military high-speed aircraft tyre

额定速度大于 257km/h 的军用航空轮胎。

4.4.26

导水胶楞航空轮胎　aircraft tyre with water deflector

在胎肩部位周向设置有导水胶楞的航空器前轮轮胎。

4.4.27

软边力车轮胎　beaded-edge cycle tyre

胎圈主体采用硬质胶芯、胶布条、帘布层等组成，适用于软边型力车轮辋的充气轮胎。

4.4.28

硬边力车轮胎　wired-edge cycle tyre

胎圈芯为硬质材料，适用于直边型和钩边型力车轮辋上的充气轮胎。

4.4.29

直边自行车轮胎　straight side of bicycle tyre

胎圈外侧有沟槽，适用于直边型自行车轮辋上的充气轮胎。

4.4.30

钩边自行车轮胎　hooked bead of bicycle tyre

胎圈外形成钩状，适用于钩边型自行车轮辋上的充气轮胎。

4.4.31

钩直型自行车轮胎　compatible type of hooked bead or straight side bicycle tyre

既能安装到直边型自行车轮辋上又能安装到钩边型自行车轮辋上的充气轮胎。

4.4.32

管式自行车轮胎　tubular tyre for bicycle

轮胎的内外胎包缝为一个整体，胎体呈管状形，适用于运动型自行车轮辋的充气轮胎。

5　轮胎部位部件

示意图举例见图1、图2。

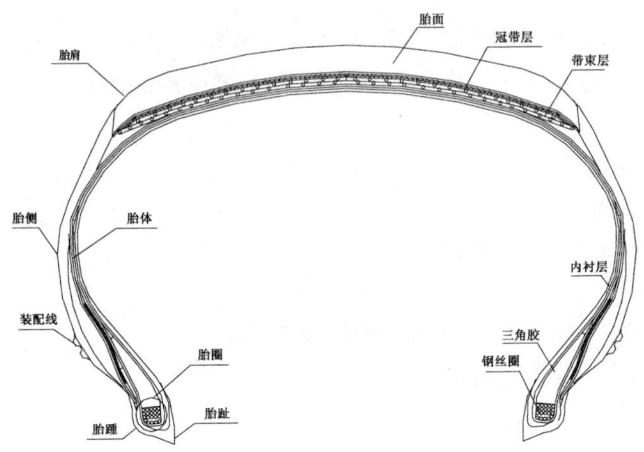

图1　子午线轮胎部位部件示意图

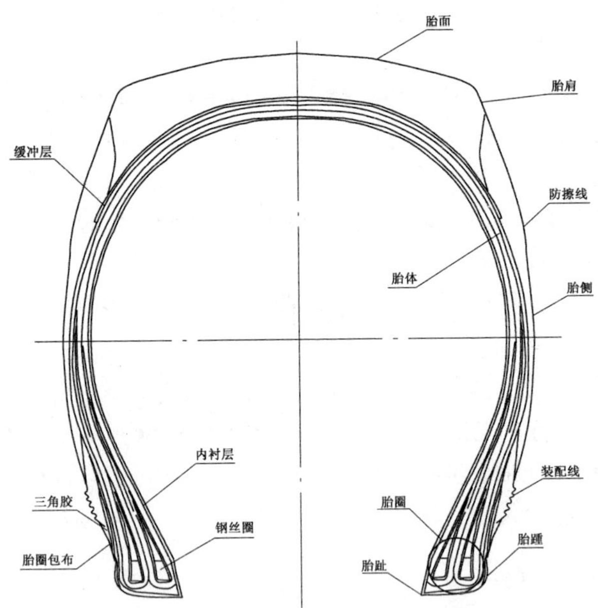

图2　斜交轮胎部位部件示意图

5.1

胎冠 crown

外胎两胎肩之间的整个部位，包括胎面、缓冲层（或带束层）和帘布层等。

5.2

胎肩 shoulder

胎冠两侧的边缘部分。

5.3

胎侧 sidewall

轮胎安装在轮辋上，从侧面看不包括胎冠的部分。

5.4

胎踵 bead heel

胎圈外侧与轮辋胎圈座圆角着合的部位。

5.5

胎趾 bead toe

胎圈内侧的尖端部分。

5.6

胎面 tread

轮胎与地面接触的部分。

5.7

胎体 carcass

通常由一层或数层帘布与钢丝圈组成整体的充气轮胎结构（除胎侧胶、胎面胶和带束层或缓冲层）。

5.8

胎里 tyre cavity

外胎的内腔表面。

5.9

缓冲层 breaker

斜交轮胎胎面与胎体之间的胶帘布层或胶层，不延伸到胎圈的中间材料层。

5.10

冠带层　cap ply

位于带束层与胎面之间的胶帘布层。

5.11

带束层　belt

轮胎胎面或冠带层下,沿胎冠中心线圆周方向箍紧胎体的材料层。

5.12

帘布层　ply

覆胶的平行帘线层。

5.13

帘线　cord

组成轮胎胎体帘布层、带束层、缓冲层等各种部件用的线绳。

5.14

内衬层　inner liner

轮胎外胎胎里表面胶层。

5.15

胎圈　bead

轮胎与轮辋的配合部分。

5.16

三角胶　apex

从钢丝圈上部向胎侧部位过渡的断面为三角形的胶条。

5.17

钢丝圈　bead ring

由镀铜钢丝绕成的刚性环，是将轮胎固定到轮辋上的主要部件。

5.18

胎圈包布　chafer

贴在胎圈外部的胶布条。

5.19

装饰线　decorative rib

模压在胎侧上的装饰性线条。

5.20

装配线　fitting line

模压在胎侧与胎圈交接处的单环或多环胶棱，用以指示轮胎正确装配在轮辋上的标线。

5.21

防擦线　kerbing rib

模压在胎侧上，用以保护胎侧防止擦伤的环形凸起胶棱。

5.22

导水胶楞　chine

在航空器前轮轮胎胎肩部位设置的、用来将胎面上的水反射出去，防止水进入飞机发动机的周向环形凸起胶楞。

6　轮胎胎面花纹

示意图举例见图3。

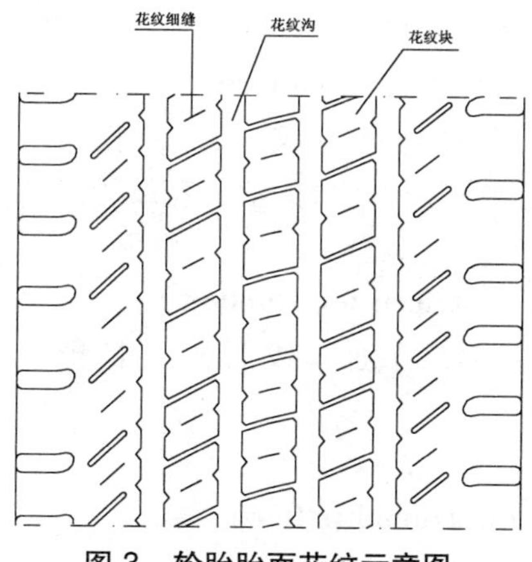

图3　轮胎胎面花纹示意图

6.1

胎面花纹　tread pattern

主要由凸起部分和沟槽部分组成的并与地面有良好附着性能的胎面式样。

6.2

横向花纹　transversal pattern

花纹沟基本呈轮胎轴向的花纹，具有较好的纵向附着性能。

6.3

纵向花纹　longitudinal pattern

花纹沟基本呈轮胎周向的花纹，具有较好的横向附着性能。

6.4

越野花纹　off-road pattern

适合于在非铺装路面上行驶的花纹。

6.5

公路花纹　highway pattern

适用于铺装路面上行驶的花纹。

6.6

混合花纹　on/off road pattern

适用于多种场合的特殊花纹。如：公路花纹与越野花纹的混合花纹、纵向花纹和横向花纹的混合花纹等。

6.7

牵引型花纹　pattern for traction

花纹沟深度深于普通花纹且附着性能优于普通花纹的花纹。

6.8

有向花纹　directional pattern

有行驶方向要求的花纹。

6.9

雪泥花纹　mud and snow pattern

适宜于泥泞和冰雪路面上使用的花纹。

6.10

花纹块　pattern block

胎面花纹相互之间有一定的界限，而又有各自独立或部分独立的凸起部分。

6.11

花纹条　pattern rib

胎面花纹中的连续条状凸起部分。

6.12

花纹沟　groove

胎面花纹凸起部分之间的沟槽。

6.13

花纹细缝　pattern sipe

胎面花纹块上的间隙，其宽度通常不大于1.5mm。

6.14

花纹深度　pattern depth

距胎面中心线最近的花纹沟底部最低点到胎面的垂直距离。

6.15

花纹沟壁倾斜角　groove wall inclination

胎面花纹沟的横断面沟壁轮廓线的向下延长线与横断面中心线的夹角。

6.16

花纹沟排列角度　groove arrangement angle

胎面花纹沟与胎面周向的夹角。

6.17

光胎面　smooth tread

没有胎面花纹，仅有胎面磨耗深度测量用窄沟的胎面。

7 轮辋

7.1

测量轮辋 measuring rim

为了确定新轮胎尺寸而给各规格轮胎规定的轮辋。该轮辋也是能与轮胎获得最佳配合，并能充分发挥轮胎性能的轮辋。

7.2

理论轮辋 theoretical rim

轮辋名义宽度与轮胎名义断面宽度具有规定比值的轮辋。

7.3

允许使用轮辋 permitted rim

除测量轮辋外，可以与轮胎配合使用的轮辋。

7.4

轮辋名义直径 nominal rim diameter

仅供轮胎设计参考的轮辋直径（参见附录 A）。

7.5

轮辋标定直径 specified rim diameter

通过轮辋胎圈座延长线与轮缘内侧延长线交点处的直径。

7.6

试验轮辋 test rim

用于安装轮胎进行试验用的轮辋。

8 轮胎尺寸

轮胎外形尺寸示意图见图 4。

8.1

外缘尺寸 peripheral dimension

轮胎安装在规定轮辋上，充气到规定压力时所测出的轮胎外周长、断面宽度等外形尺寸。

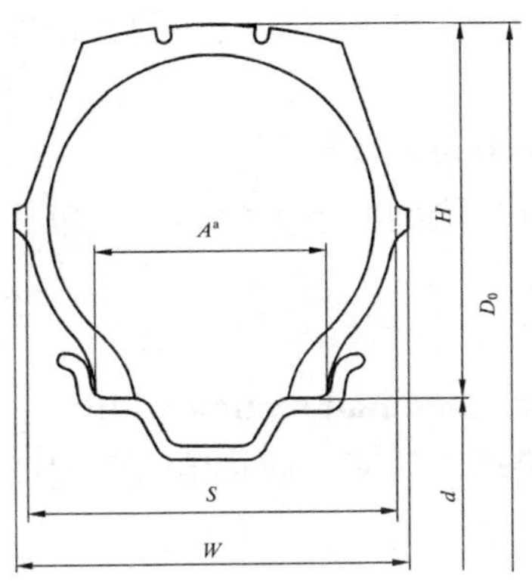

D_0——外直径；

d——轮辋名义直径；

H——断面高度；

A^a——测量轮辋宽度；

S——断面宽度；

W——总宽度。

[a] 规定的轮辋宽度。

图4　轮胎外形尺寸示意图

8.2

新胎尺寸　new tyre dimension

将新轮胎安装在测量轮辋上，在规定的条件下测出的外缘尺寸。

8.3

外周长　overall circumference

轮胎胎面的最外表面的周长。

8.4

外直径　overall diameter

轮胎最外表面的圆周直径。

8.5

名义外直径　nominal overall diameter

安装在理论轮辋上的充气后轮胎胎面最外表面的直径。

8.6

断面宽度　section width

轮胎断面两外侧之间的最大距离，不包括标志、装饰线和防擦线所增加的宽度。

8.7

名义断面宽度　nominal section width

安装在理论轮辋上的充气后轮胎断面宽度。即在轮胎规格标志中的断面宽度。

8.8

总宽度　overall width

轮胎断面两外侧之间的最大距离，包括标志、装饰线和防擦线所增加的宽度。

8.9

断面高度　section height

轮胎胎圈底部至胎面最高点的垂直距离。

8.10

高宽比　aspect ratio

轮胎断面高度与断面宽度的比值。

8.11

名义高宽比　nominal aspect ratio

安装在理论轮辋上的轮胎断面高度与断面宽度的比值乘以100。

8.12

零点半径　datum radius

轮胎按规定充气后，从轮胎旋转轴中心到断面最宽点之间的距离。

8.13

胎冠帘线角度　crown cord angle

轮胎胎冠周向中心线与胎冠部位的胎体帘线排列方向所构成夹角的余角。

8.14

帘线密度　cords density

轮胎各部件的帘布，沿垂直于帘线方向每10cm宽度所含的帘线根数。

8.15

行驶面宽度　tread surface width

两胎肩点之间胎面行驶面的轴向距离。

8.16

行驶面弧度高　curvature height of tread surface

两胎肩点至胎面最外表面的垂直距离。

8.17

胎肩点　shoulder point

行驶面弧度与胎侧弧度（或直线）的交点。

8.18

胎圈宽度　bead width

胎圈外切线至胎趾的最短距离。

8.19

胎圈着合直径　diameter at rim bead seat

胎圈外切线与胎圈底部母线延长线交点处的圆周直径。

8.20

实心轮胎基部宽度　solid tyre base width

实心轮胎加强层基部的宽度。

8.21

内胎平叠断面宽度　flat width of inner tube

内胎胎身平叠后的宽度。

8.22

内胎平叠外周长　flat overall girth of inner tube

内胎胎身平叠后的最外圆周长度。

8.23

内胎厚度　tube thickness

内胎胎身按规定测量点的平均厚度。

8.24

垫带最小展平宽度　minimum width of flatting flap

垫带展平后的最小宽度。

8.25

垫带中部厚度　thickness of flap center

垫带断面中心部位的厚度。

8.26

垫带边缘厚度　thickness of flap edge

垫带两边缘的厚度。

9　轮胎性能及其测试

9.1　静负荷性能

9.1.1

静负荷性能　static loaded performance

在静止状态下，垂直负荷与轮胎变形的关系。

9.1.2

静负荷半径　static loaded radius

静态轮胎在垂直负荷作用下，从轮轴中心到支撑平面的垂直距离。

9.1.3

下沉量　deflection

静态轮胎在垂直负荷作用下，断面高度的减量。

9.1.4

下沉率　deflection ratio

下沉量与充气后无负荷状态下轮胎断面高度的比率。

9.1.5

负荷下断面宽度　loaded section width

在垂直负荷作用下轮胎断面的宽度。

9.1.6

印痕面积　foot print area

静态轮胎在垂直负荷作用下，胎面行驶面压在刚性平面上的投影面积。

9.1.7

接地面积　contact area

静态轮胎在垂直负荷作用下，胎面花纹在刚性平面上压印的面积。

9.1.8

胎面接地长度　tread contact length

静态轮胎在垂直负荷作用下，胎面花纹和刚性平面相接触，其接地面外周沿轮胎圆周切线方向的最大距离。

9.1.9

胎面接地宽度　tread contact width

静态轮胎在垂直负荷作用下，胎面花纹和刚性平面相接触，其接地面外周沿轮轴方向的最大距离。

9.1.10

接地系数　coefficient of contact

胎面接地长度与胎面接地宽度的比值。

9.1.11

平均接地压力　average contact pressure

垂直负荷与接地面积之比。

9.2　滚动周长

9.2.1

滚动周长　rolling circumference

在规定条件下，轮胎滚动一整圈轮胎中心移动的距离。

9.2.2

滚动半径 rolling radius

轮胎滚动周长除以 2π 所得的数值。

9.2.3

每单位距离转数 revolution per unit distance

当轮胎的（轴）中心恰好移动 1km 的单位距离时，轮胎所转动的整圈转数和非整圈转数。

9.3 强度

9.3.1

破坏能 breaking energy

压头压穿轮胎胎冠所需的能量。

9.3.2

爆破压力 burst pressure

在水压作用下，轮胎发生爆破时的压力。

9.3.3

爆破强度安全系数 safety factor of strength

水压试验测得的爆破压力与轮胎负荷能力对应的充气压力的比值。

9.4 脱圈阻力

9.4.1

脱圈 bead unseating

无内胎轮胎的胎圈从轮辋胎圈座上脱落。

9.4.2

脱圈阻力 bead unseating resistance

使无内胎轮胎的胎圈从轮辋胎圈座上脱落所需的力值。

9.4.3

气密性 air-tightness

外胎内衬层和内胎的耐透气性能。

9.5 耐久性

9.5.1

耐久试验（转鼓法） endurance test (drum method)

在转鼓试验机上，按规定试验条件，考核轮胎耐疲劳和耐热性能的试验。

9.5.2

里程试验 mileage test

将轮胎安装在用户的车辆上，结合实际使用进行的试验，主要考核以使用寿命为主的轮胎综合性能。

9.5.3

快速里程试验 fleet test

将轮胎安装在试验车辆上，在试验场或指定公路上，进行短周期和高苛刻性的行驶试验。

9.6 高速性

9.6.1

驻波 standing wave

轮胎高速行驶中，当胎体变形达到一定频率时，在离地的轮胎圆周上出现近似不变的波浪型变形。

9.6.2

临界速度 critical speed

轮胎高速行驶中，出现驻波时的初始速度。

9.6.3

损坏速度 damage speed

轮胎高速行驶中发生崩花、脱层、爆破等结构性破坏时的速度。

9.7 附着性

9.7.1

驱动附着性 driving adhesion

轮胎在驱动时的驱动力系数与滑移率的关系。

9.7.2

制动附着性　braking adhesion

轮胎在制动时的制动力系数与滑移率的关系。

9.7.3

转弯附着性　cornering adhesion

轮胎在自由滚动转弯时的横向力系数与侧偏角的关系。

9.7.4

驱动转弯附着性　driving and cornering adhesion

轮胎在驱动转弯时的合成附着系数与附着力矢量角的关系。

9.7.5

驱动力系数　driving force coefficient

驱动力与垂直负荷的比值。

9.7.6

驱动附着系数　driving adhesion coefficient

在给定工况下，驱动力系数所能达到的最大值。

9.7.7

驱动滑移附着系数　slipping driving adhesion coefficient

在给定工况下，轮胎原地滑移时的驱动力系数值。

9.7.8

制动力系数　braking force coefficient

制动力与垂直负荷的比值。

9.7.9

制动附着系数　braking adhesion coefficient

在给定工况下，制动力系数所能达到的最大值。

9.7.10

制动滑移附着系数　slipping braking adhesion coefficient

在给定工况下，轮胎抱死时的制动力系数值。

9.7.11

横向力系数　lateral force coefficient

横向力与垂直负荷的比值。

9.7.12

横向附着系数　lateral adhesion coefficient

在给定工况下，自由滚动轮胎横向力系数所能达到的最大值。

9.7.13

合成附着系数　composite adhesion coefficient

驱动转弯轮胎的合成附着力与垂直负荷的比值。

9.7.14

合成附着力　composite adhesion

在给定工况下，轮胎附着力的纵向分力与横向分力的矢向相加。

9.7.15

附着力矢量角　adhesion vector angle

合成附着力矢量与车轮中心平面和道路平面的交线（X 轴）之间的夹角。正角是侧向力和驱动力同时作用下产生的。

9.7.16

滑移率　slip rate

制动时指轮胎与路面的相对速度和行驶速度的比值。驱动时指轮胎与路面的相对速度和轮胎圆周速度的比值。

9.7.17

临界滑移率　critical slip rate

在轮胎制动力系数或驱动力系数与滑移率关系曲线中，与制动附着系数或驱动附着系数对应的滑移率。

9.7.18

临界侧偏角　critical slip angle

在轮胎横向力系数与侧偏角关系曲线中，与横向附着系数对应的侧偏角。

9.7.19

水漂　aquaplaning [hydroplaning]

轮胎在积水的平整路面上行驶时，随着速度提高，胎面与路面间的水膜面积扩大，附着力下降，使轮胎在水面上滑行的现象。

9.7.20

接地面积保持率　contact area holding ratio

在轮胎接地面中，无水膜的面积占总面积的比率。

9.7.21

水膜升力　water lift force

由水膜动压力引起的使轮胎上升的力。

9.7.22

接地面压力分布　pressure distribution in the contact patch

轮胎垂直力矢量在胎面接地面上沿纵轴和横轴的分布。

9.7.23

接地面切向力分布　shear stress distribution in the contact patch

轮胎的纵向力或横向力矢量在胎面接地面上沿横轴或纵轴的分布。

9.7.24

抗滑性能　skid resistant

轮胎胎面花纹能使汽车在泥泞路面、爬坡、雨雪气候等条件下的运行性能。

9.7.25

高通过性　floatation

轮胎行驶在软路面上防止沉陷的性能。

9.8　操纵性和稳定性

9.8.1

稳态力和力矩特性　steady state force and moment property

轮胎在恒定的侧偏角或外倾角下行驶时，它们的角度值与轮胎力和力矩值的关系。有关其他术语按照 GB/T 12549 的规定。

9.8.2

瞬态力和力矩特性　transient state force and moment property

轮胎在改变侧偏角或外倾角下行驶时，其变角过程与轮胎力和力矩响应的关系。有关其他术语按照 GB/T 12549 的规定。

9.8.3

侧向稳定性　lateral stability

轮胎具有受到侧向力干扰，保持稳定的性能。

9.9　平衡性

9.9.1

静不平衡　static unbalance

轮胎主惯性轴线与原轴线平行位移的一种不平衡现象。

9.9.2

动不平衡　dynamic unbalance

轮胎主惯性轴线与原轴线既不平行，也不在重心相交的一种不平衡现象。

9.9.3

静不平衡量　static unbalance value

轮胎质量乘以重心偏心距。

9.9.4

力偶不平衡量　couple unbalance value

轴向惯量减去径向惯量后乘以轮胎主惯性轴线与轮轴中心线之间的夹角的正弦再除以校正面间距。

9.9.5

校正面不平衡质量　compensating side unbalance mass

按照矢量相加的平行四边形法则求得的，同一校正面上的静不平衡质量（静不平衡量除以校正半径）和力偶不平衡质量（力偶不平衡量除以校正半径）的合成量。

9.9.6

校正面　compensating side

供平衡配重用的轮胎两侧对称的两个旋转平面（在呈水平姿态的轮胎上可分为上校正面和下校正面）。

9.9.7

校正面间距　distance between compensating sides

两个校正面之间的距离。

9.9.8

校正半径　compensating radius

轮胎平衡配重中心位置至轮轴中心线的距离。

9.9.9

重点位置角　weight point angle

产生不平衡的重点与指定的基准点之间的圆周夹角。

9.9.10

平衡配重　balance weight

对不平衡的轮胎和车轮总成，在其轻点部位的轮辋上配以相应质量的平衡块。

9.10　均匀性

9.10.1

均匀性　uniformity

在静态和动态条件下，轮胎圆周特性恒定不变的性能，包括轮胎的不平衡、尺寸偏差和力的波动。

9.10.2

径向力波动　radial force variation

受载轮胎在固定负荷半径和恒定速度下，每转一周自身反复出现的径向力（图5的Z轴）的波动值。

9.10.3

侧向力波动　lateral force variation

受载轮胎在固定负荷半径和恒定速度下，每转一周自身反复出现的侧向力（图5的Y轴）的波动值。

9.10.4

纵向力波动　longitudinal force variation

受载轮胎在固定负荷半径和恒定速度下，每转一周自身反复出现的纵向力（图5的X轴）的波动值。

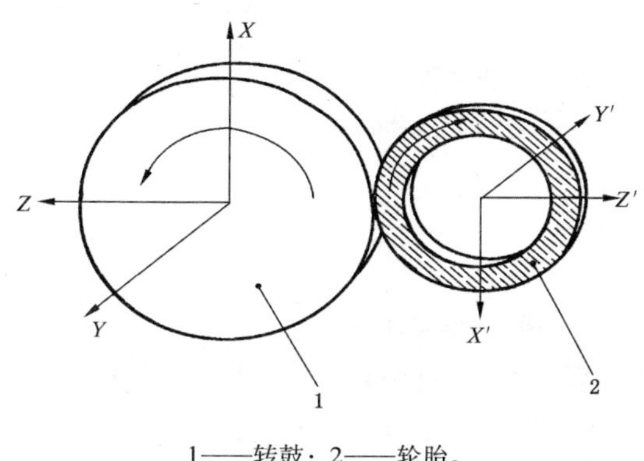

1——转鼓；2——轮胎。

图5　轮胎力参照轴系统

9.10.5

侧向力偏移　lateral force deviation

直行自由滚动的受载轮胎在固定负荷半径和恒定速度下，每转一周侧向力的平均值。

9.10.6

锥度效应　conicity

不因轮胎旋转方向改变而改变方向的侧向力偏移。

9.10.7

角度效应　ply steer

随着轮胎旋转方向改变而改变方向的侧向力偏移。

9.10.8

峰间值　peak to peak value

在规定频带宽之内，每转中测量信号的最大值与最小值之差。

9.11 尺寸偏差

9.11.1

径向尺寸偏差 radial run-out

以轮胎的固定轴线为基准，最大半径与最小半径之间的差值。

9.11.2

侧向尺寸偏差 lateral run-out

轮胎胎侧与垂直于固定轴线的中心平面之间最大与最小尺寸之间的差值。

9.12 滚动阻力

9.12.1

滚动阻力 rolling resistance

轮胎行驶单位距离的自身能量损失。等效于牵引阻力。

9.12.2

滚动阻力系数 rolling resistance coefficient

滚动阻力与轮胎试验负荷的比值。

9.12.3

牵引阻力 drag force

根据 GB/T 12549 的规定。

9.12.4

闭气试验 capped inflation

将压缩空气封闭在轮胎胎腔中，在其压力因轮胎行驶升温而增加的条件下进行的试验。

9.12.5

调压试验 regulated inflation

通过调节使轮胎气压在行驶时保持不变的条件下进行的试验。

9.12.6

附加损失 parasitic loss

除轮胎滚动阻力外，由空气阻力、轴承摩擦力和试验中固有的其他原因引起的行驶单位距离的能量损失。

9.12.7

分离法测量值　skim reading

在保持轮胎按试验速度滚动而不滑动的条件下，将轮胎垂直负荷减少到使轮胎能量损失接近零时测得的单位行驶距离的能量损失值。它供测力法、扭矩法和功率法选用。

9.12.8

机器法测量值　machine reading

在转鼓按试验速度空转（即不带轮胎的旋转）时测得的单位行驶距离的能量损失值。它供扭矩法和功率法选用。

9.12.9

自由半径　free radius

无负荷旋转轮胎的轮轴中心至胎面中心的距离。

9.12.10

动负荷半径　dynamic loaded radius

轮胎在负荷下行驶且倾角为零时，从轮轴中心至支撑平面的垂直距离。

9.13　噪声和振动

9.13.1

轮胎滚动声　tyre rolling sound

轮胎在路面上滚动时形成“泵气效应”和其他原因发出的声音。

9.13.2

泵气效应　pumping

胎面上的封闭式花纹沟在进入接地面时受压排出空气，而在离开接地面时复原吸入空气的作用。

9.13.3

侧抗尖叫声　cornering squeal

具有侧向偏离角的轮胎滚动时，轮胎与路面摩擦发生的声音。

9.13.4

牵引尖叫声　traction squeal

车辆驱动或制动而使轮胎发生滑移时，轮胎与路面摩擦发生的声音。

9.13.5

振动声　vibration sound

由于轮胎行驶时的振动而发出的声音。

9.13.6

跳动　hop

轮胎行驶时的上、下振动现象。

9.13.7

摆振　shimmy

轮胎行驶时产生的转向振动现象。

9.14　抗刺扎和抗切割性

9.14.1

抗刺扎性　puncture resistance

轮胎在行驶中，抵抗锐物刺扎的能力。

9.14.2

抗切割性　shearing resistance

轮胎在行驶中，抵抗锐物切割的能力。

9.15　无损检验

9.15.1

X 射线检验　X-ray inspection

利用 X 射线检验轮胎内部缺陷。

9.15.2

超声波探伤　supersonic flaw detection

利用超声波探伤技术检验轮胎内部缺陷。

9.15.3

全息照相检验　holographic analyzer

利用激光全息照相光干涉技术检验轮胎内部缺陷。

9.15.4

红外线检验　infrared inspection

利用红外线测出行驶轮胎中温度分布和热点，检验轮胎内部缺陷。

9.15.5

电子脉冲探测　electrical impulse detection

利用电子束穿透技术检验裂纹等轮胎内部缺陷。

9.15.6

电磁波探测　electromagnetic wave detection

利用电磁波对铁锈等产生散射技术检验轮胎内部缺陷。

9.16　航空轮胎特性与试验

9.16.1

全压缩　full compression

航空轮胎按规定充气后，对其施加垂直负荷，轮缘顶部胎侧部位的胎里与对应部位胎里相接触但并未发生挤压时的压缩状态。

9.16.2

全压缩下沉量　full compression deflection

航空轮胎被压缩到全压缩状态时断面高度的减量。

9.16.3

动态模拟试验　dynamic test

通过调整动态试验条件，模拟航空轮胎的实际使用状态，以此考核轮胎整体性能的试验。

9.16.4

能量吸收试验　kinetic energy test

通过调整动态试验条件，使航空轮胎吸收规定数量的试验机动能，以此考核轮胎整体性能的试验。

9.16.5

滑行试验 taxi test

航空轮胎在一定负荷下，在飞轮上以规定的速度匀速滚动一定距离和次数的试验。

9.16.6

滑行距离 taxi distance

每一次滑行试验航空轮胎在飞轮上匀速滚动的距离。

9.16.7

滑行速度 taxi speed

滑行试验中，航空轮胎在飞轮上滚动的线速度。

9.16.8

起飞试验 takeoff test

航空轮胎在飞轮上按规定的负荷—速度—时间关系曲线加速滚动，模拟飞机起飞过程的试验。

9.16.9

着陆试验 landing test

航空轮胎在飞轮上按规定的负荷—速度—时间关系曲线减速滚动，模拟飞机着陆过程的试验。

9.16.10

起飞速度 takeoff speed

起飞试验中，飞轮滚动的线速度。

9.16.11

额定起飞速度 rated takeoff speed

起飞试验中，航空轮胎离开飞轮瞬间飞轮的线速度。

9.16.12

着陆速度 landing speed

着陆试验中，飞轮滚动的线速度。

9.16.13

额定着陆速度　rated landing speed

着陆试验中，航空轮胎接触飞轮瞬间飞轮的线速度。

9.16.14

起飞负荷　takeoff load

起飞试验中，飞轮开始加速后施加在航空轮胎上的径向负荷。

9.16.15

额定起飞负荷　rated takeoff load

起飞试验中，飞轮开始加速的瞬间施加在航空轮胎上的径向负荷。

9.16.16

着陆负荷　landing load

着陆试验中，航空轮胎接触飞轮后施加在航空轮胎上的径向负荷。

9.16.17

额定着陆负荷　rated landing load

着陆试验中，飞轮停止转动时施加在航空轮胎上的径向负荷。

9.16.18

滑行负荷　taxi load

滑行试验中，施加在航空轮胎上的径向负荷。

9.16.19

超载起飞试验　overload takeoff test

最大试验负荷大于额定起飞负荷的起飞试验。

9.16.20

超载滑行试验　overload taxi test

最大试验负荷大于额定负荷的滑行试验。

9.16.21

倾斜试验　tilt test

航空轮胎的轴线延长线与飞轮的轴线延长线相交成一定角度时的起飞、着陆或滑行试验。

9.16.22

偏航试验　yawing test

航空轮胎胎面中心断面与飞轮表面中心断面在切点处相交成一定角度时的起飞、着陆或滑行试验。

9.16.23

滑出试验　takeoff taxi test

起飞试验之前的滑行过程。

9.16.24

滑入试验　landing taxi test

着陆试验之后的滑行过程。

9.16.25

起飞滑跑距离　takeoff taxi distance

在起飞试验中，从加速起飞开始到航空轮胎离开飞轮为止，航空轮胎在飞轮上滚过的距离。

9.16.26

着陆滑跑距离　landing taxi distance

在着陆试验中，从航空轮胎接触飞轮开始到加速度为零时截止，航空轮胎在飞轮上滚过的距离。

10　轮胎标志

10.1

轮胎标志　tyre marking

记录轮胎尺寸特性、使用说明、制造单位、认证代码等的模刻印记或印痕或其他形式的标记。

10.2　轮胎规格标志

10.2.1

轮胎规格标志　tyre size designation

轮胎尺寸特性标志。一般由轮胎名义断面宽度、结构代号和轮辋名义直径组成，有的还包括轮胎名义高宽比、名义外直径等。

10. 2. 2

公制轮胎规格标志　metric size designation

轮胎名义断面宽度以毫米为单位的轮胎规格标志。

10. 2. 3

代号轮胎规格标志　code size designation

轮胎名义断面宽度以代号表示的轮胎规格标志。

10. 3　规格附加标志

10. 3. 1

规格附加标志　additional size designation

附加在轮胎规格中，表示轮胎用途和使用说明的标志。

10. 3. 2

T

表示临时使用的 T 型备用轮胎的字母标志。

10. 3. 3

LT

表示轻型载重汽车轮胎的字母标志。

10. 3. 4

ULT

表示微型载重汽车轮胎的字母标志。

10. 3. 5

ST

表示公路型挂车用特种轮胎的字母标志。

10. 3. 6

MH

表示房屋汽车轮胎的字母标志。

10.3.7

AG

表示农业轮胎的字母标志。

10.3.8

IMP

表示农机具轮胎的字母标志。

10.3.9

LS

表示林业轮胎的字母标志。

10.3.10

NHS

表示非公路用轮胎的字母标志。

10.3.11

TG

表示非公路型牵引式平地机轮胎的字母标志。

10.3.12

IND

表示工业车辆轮胎的字母标志。

10.3.13

M/C

表示摩托车轮胎的字母标志。

10.3.14

PR

表示轮胎层级的字母标志。

10.3.15

使用说明　service description

附加在轮胎规格标志后面，用来识别轮胎的主要使用性能标志，由负荷指数（如果有单/双胎装用两种情况，则有两个负荷指数）或层级和速度符号组成。

10.4　其他标志

10.4.1

RADIAL

表示子午线轮胎的字母标志。

10.4.2

TUBELESS

表示无内胎轮胎的字母标志。

10.4.3

M + S

表示雪泥轮胎的字母标志。也可用 M · S、M/S 等表示。

10.4.4

REINFORCED（REINF or EXTRA LOAD）

表示负荷和气压均高于标准型的轿车轮胎或摩托车轮胎的字母标志。

10.4.5

REGROOVABLE

表示新轮胎的胎面有足够厚度的基部胶，可供再刻花纹的载重汽车轮胎的字母标志。

10.4.6

胎面磨耗标志　tread wear indicators

设计位于花纹沟内部，用于控制胎面磨耗限度的保护性标志。

10.4.7

雪泥轮胎提示平台　platform of mud and snow tyre

在新雪泥轮胎的胎面花纹深度的 50% 处，标记的花纹磨耗提示平台，是一种保护性标志。

10.4.8

排气眼标志　venting mark

用来表明航空轮胎胎肩或胎圈部位排气眼位置的除红色以外的有色点。

10.4.9

平衡标志　balance mark

位于紧靠胎圈上部的胎侧部位，用来表明轮胎不平衡位置，在轮胎的整个贮存期和胎面寿命期内都必须存在的有色点。

11　轮胎外观缺陷

11.1

硫化裂口　cure cracking

外胎内外表面以及内胎、垫带的表面浅而短的局部裂开现象。

11.2

缺胶　shortage

外胎、内胎、垫带表面胶量不足而出现的凹陷现象。

11.3

重皮　repeat skin

外胎、内胎、垫带的表面胶层局部出现重叠分层的现象。

11.4

海绵状　spongy

外胎、内胎、垫带的内部由于掉压或欠硫而产生的微小气孔群。

11.5

气泡　blister

外胎、内胎、垫带的内部产生的局部鼓泡的现象。

11.6

出沟　channeling

外胎、内胎、垫带的表面出现不应有的局部沟痕。

11.7

表面不平　surface roughness

外胎、内胎、垫带的表面局部粗糙和出现不应有的凹凸痕迹。

11.8

接头裂开　open splice

外胎各部位接头处以及内胎、垫带的接头裂开的现象。

11.9

接头起棱　splice ridge

外胎、内胎、垫带各部位的接头处凸起的现象。

11.10

模缝错位　step

外胎、内胎、垫带模型结合处错位，出现高低不平的台阶。

11.11

杂物　foreign matter

外胎、内胎、垫带内部夹杂有非设计制造该部件用原材料的外来杂质。

11.12

表面损伤　surface damage

外胎、内胎、垫带表面的机械损伤或其他损伤。

11.13

胶边　flashing

胎面花纹或模缝处流溢的橡胶。

11.14

花纹错位　pattern dislocation

胎面花纹位移，偏离设计位置的现象。

11.15

硫化脱层　vulcanization separation

硫化过程中，轮胎外胎各布层、胶层或部件之间的粘合面局部脱开的现象。

11.16

杂物印痕　stamping of foreign matter

外胎、内胎、垫带表面杂物压痕。

11.17

胎冠帘布胶边　crown cord flashing

带有帘布的胎冠胶边。

11.18

硫化崩花　vulcanization chunking

硫化过程中，轮胎胎面花纹块（条）崩裂或掉块的现象。

11.19

花纹棱角呈圆形　rounded pattern

轮胎胎面花纹块（条）的棱角不饱满，呈圆角的现象。

11.20

模口错位　mold edge misalignment

胎冠中心线两侧的胎面胶表面高低不平的现象。

11.21

胎里凹凸不平　roughness on tyre cavity

胎里表面高低不平的现象，如：胎里不平、胎里出沟。

11.22

胎里帘线起褶　wrinkled cords in tyre cavity

胎里帘线局部起褶棱的现象。

11.23

帘线弯曲　crooked cords

胎里帘线局部弯曲呈波浪形的现象。

11.24

帘线裂缝　splited cords

胎里帘线局部裂开的现象。

11.25

硫化帘线断裂　cured cords break

由于硫化引起的局部帘线断裂的现象。

11.26

胎圈包布打褶、翘起或破损　wrinkled buckled or torn chafer

胎圈包布局部呈褶皱、脱开或破裂的现象。

11.27

胎圈露线　exposed cord in bead

胎圈表面露出或凸出帘线的现象。

11.28

胎圈变形　bead deformation

胎圈部位发生变形或表面凹凸不平的现象。

11.29

胎圈宽窄不一　uneven bead width

胎圈宽度不一致的现象。

11.30

胎趾圆角　rounded bead toe

胎趾端部呈圆角的现象。

11.31

胎圈出边　bead edge

胎圈包布或胎趾胶、帘布被挤出的现象。

11.32

钢丝圈上抽　draw up bead ring

钢丝圈向胎侧部位上移的现象。

11.33

钢丝圈断裂　bead ring fracture

钢丝圈或钢丝断裂的现象。

11.34

内胎褶子　wrinkling inner tube

内胎折叠起皱纹的现象，包括死褶子和活褶子。

11.35

内胎胀大　grown inner tube

内胎充气后胎身局部胀大的现象。

11.36

内胎胎身局部薄　under thick of inner tube

内胎厚度局部低于标准规定的尺寸。

11.37

内胎接头裂纹　splice cracking of inner tube

内胎接头处裂开的细小纹路。

11.38

气门嘴位置不正　valve hole misalignment

内胎、垫带的气门嘴孔位置偏离设计尺寸的现象。

11.39

垫带带身不正　irregular flap

从中心线测量垫带两侧，其宽度不相等的现象。

11.40

垫带窄　narrow flap

垫带宽度小于标准规定的尺寸。

11.41

垫带豁边　torn flap

垫带边缘部位被撕裂（掉）的现象。

11.42

标志不清　unclear marking

外胎、内胎、垫带上的标志或字迹模糊不清的现象。

12　轮胎使用

12.1　使用说明

12.1.1

速度符号　speed symbol

在规定的使用条件下，轮胎承受负荷指数对应的负荷（速度在 210 km/h 以上的轿车轮胎和摩托车轮胎除外）时，所能达到的最高速度的字母代号（参见附录 B）。

12. 1. 2

负荷指数　load index

在规定的使用条件下，轮胎按照速度符号标明的速度行驶时，所能承受的最大负荷（速度在210 km/h以上的轿车轮胎和摩托车轮胎除外）的数字代号（参见附录 C）。

12. 1. 3

冷充气压力　cold pressure

环境温度下的轮胎内压，不包括因行驶时温度升高而增加的气压。

12. 1. 4

层级　ply rating

在规定的使用条件下，轮胎所能承受的最大负荷的特定强度标记，它不代表轮胎帘布层的实际层数。

12. 1. 5

负荷能力　load capability

在规定的使用条件下，轮胎所能承受的最大负荷。

12. 2　使用条件

12. 2. 1

单胎负荷　single load

在规定的条件下，单条轮胎使用的对应负荷。

12. 2. 2

双胎负荷　dual load

在规定的条件下，双胎并装使用时，每一条轮胎的对应负荷。

12. 2. 3

额定负荷　load rating

不同气压对应的负荷能力。

12.2.4

最大负荷　maximum load

在规定的条件下，轮胎所能承受的最大设计负荷。

12.2.5

最高速度　maximum speed

在规定的条件下，轮胎所能行驶的最高设计速度。

12.3　使用参数

12.3.1

最大使用外直径　maximum overall diameter in service

轮胎经使用胀大后的最大外周长除以 π 所得的数值。

12.3.2

最大使用总宽度　maximum overall width in service

轮胎经使用胀大后断面两外侧之间的最大距离，包括标志、装饰线和防擦线所增加的宽度。

12.3.3

最小双胎间距　minimum dual spacing

双胎并装时，两轮胎胎面中心线间的最小距离。

12.3.4

航空轮胎允许间隙　clearance allowance for aircraft tyre

使用后胀大的轮胎，其最大外缘尺寸与飞机相邻部件之间允许的最小距离。

12.3.5

航空轮胎横向间隙　lateral clearance for aircraft tyre

使用后胀大的轮胎，其断面最宽处与飞机相邻部件之间允许的距离。

12.3.6

航空轮胎径向间隙　radial clearance for aircraft tyre

使用后胀大的轮胎，其断面最高处与飞机相邻部件之间允许的距离。

12.3.7

航空轮胎并装　twin aircraft tyres

航空轮胎按轴向并列安装于同一轮轴上。

12.3.8

航空轮胎串装　tyres in tandem for aircraft tyre

航空轮胎按径向前后并列安装于同一起落架上。

12.3.9

航空轮胎尺寸增长系数　dimensional growth factor for aircraft tyre

航空轮胎使用胀大后的最大充气尺寸与新轮胎最大充气尺寸的比值。

12.3.10

航空轮胎断面高度增长系数　section height growth factor for aircraft tyre

航空轮胎使用胀大后的最大充气断面高度与新轮胎最大充气断面高度的比值。

12.3.11

航空轮胎断面宽度增长系数　section width growth factor for aircraft tyre

航空轮胎使用胀大后的最大充气断面宽度与新轮胎最大充气断面宽度的比值。

12.4　轮胎损坏及使用现象

12.4.1

崩花　chunking

胎面花纹块或花纹条掉落的现象。

12.4.2

起鼓　bulge

轮胎在使用过程中，由于材料膨胀或材料堆积引起的凸起现象。

12.4.3

切割　cutting

轮胎被尖锐物划伤，有明显豁开的现象。

12.4.4

刺穿　puncture

轮胎被尖锐物刺穿的现象。

12.4.5

超负荷　overload

超出轮胎负荷能力的现象。

12.4.6

超气压　over inflation

轮胎使用时的冷充气压力超出轮胎负荷能力对应气压的现象。

12.4.7

磨胎圈　chafing bead

胎圈接触轮缘部位被磨损的现象。

12.4.8

胎圈底部磨损　bead flat wear

轮胎经使用后，胎踵和胎趾之间被磨损的现象。

12.4.9

轮胎老化　tyre aging

轮胎中的高分子材料在光、热、空气、潮湿和机械力的作用下，出现发黏、变脆等性能逐渐降低的现象。

12.4.10

胎圈脱层　bead separation

胎圈部位各部件之间的粘合面脱开。

12.4.11

胎侧脱层　sidewall separation

胎侧胶与帘布层脱离的现象。

12. 4. 12

带束层脱层　belt separation

带束层各层间及带束层与帘布层间脱离的现象。

12. 4. 13

缓冲层脱层　breaker separation

缓冲层各层间及缓冲层与帘布层间脱离的现象。

12. 4. 14

帘布层脱层　ply separation

帘布层各层间脱离的现象。

12. 4. 15

气密层脱层　inner line separation

气密层从帘布层上脱离的现象。

12. 4. 16

胎面脱层　tread separation

胎面胶从带束层或缓冲层或胎体帘布层脱离的现象。

12. 4. 17

磨耗　wear

轮胎在行驶中，由于接地面中的滑动摩擦、材料疲劳、撕裂等引起胎面花纹被磨损的现象。

12. 4. 18

花纹磨平　worn-out

轮胎胎面花纹磨损到胎面磨耗标志。

12. 4. 19

花纹磨光　bald

轮胎胎面花纹磨损到胎面花纹沟底部。

12. 4. 20

爆破　blow out

轮胎局部突然破裂。

12. 4. 21

冲击内裂　bruise break

轮胎在行驶过程中，由于冲撞异物，而造成胎里裂口。

12.4.22

零压行驶　running flat

轮胎在无气压条件下行驶。

12.4.23

裂口　cracking

深达帘线的轮胎胎面、胎侧或气密层开裂，如接头裂开、花纹沟裂口等。

12.4.24

帘线剥离　cords separation

轮胎帘线与胶脱开。

12.4.25

帘线断裂　cords break

轮胎胎里帘线断裂。

12.4.26

龟裂　chap

深达帘布层的胎面胶或胎侧胶的不规则裂口。

12.4.27

胎体异常变形　body shape distortion

轮胎胎体形状出现过量的胀大、变形和扭曲等畸变。

12.4.28

单位磨耗　unit wear

胎面花纹深度每磨去 1 mm 所行驶的里程数（单位为：km）。

12.4.29

平均磨耗　average wear

轮胎行驶的总里程（单位为：km），除以被磨耗了的胎面花纹深度（单位为：mm）。

12. 4. 30

等距磨耗　equal distance wear

对比轮胎在同一使用条件下，行驶相等里程的累计平均磨耗。

12. 4. 31

轮胎换位　tyre rotation

对装配在同一车辆上的轮胎进行位置和行驶方向调换。

13　轮胎翻新与修补

13. 1

翻新　retread

对使用后的轮胎进行修补、重新更换新胎面、新胎侧橡胶或二者同时更换的过程，使轮胎胎体的使用寿命延长的一种方法。

13. 2

翻新轮胎　retreaded tyre

经过翻新的轮胎。

13. 3

全翻新　remoulding

将胎圈到胎圈之间的胶层除去，更换全部外表面胶料的翻新工艺。

13. 4

顶翻新　top-capping

仅更换胎面胶的翻新工艺。

13. 5

肩翻新　recapping

更换胎面胶和胎肩胶的翻新工艺。

13. 6

花纹块翻新　relugging

利用手工或挤出胶块，更换局部花纹块的翻新工艺。

13.7

热贴法胎面翻新　hot capping

使用未硫化胎面，在模型中硫化的翻新过程。

13.8

轮胎修补　tyre repair

消除轮胎使用损伤或制造过程中的外观缺陷的工艺。

13.9

钉眼　fall hole

轮胎被尖锐物刺穿的直径小于6 mm的孔洞。

13.10

穿洞尺寸　penetration size

打磨后的洞口底部尺寸。

13.11

两洞间距　both hole clearance

相邻洞口边缘之间的最小距离。

13.12

修补轮胎　repaired tyre

经过修补后使用的轮胎。

13.13

翘边　lifting edge

胎面胶从胎身肩部掀起、修补垫边缘脱开、带束层边缘与胎体脱开的现象。

13.14

充气检验法　air inflation

一种利用压缩空气探查轮胎损伤的方法。

13.15

扎锥　awl

一种带尖，扁状或是圆状的工具，用于探查钉洞或刺伤的工具。

13. 16

胎圈定心板　bead centering plate

一种定位装置，用以在翻胎模型中对正轮胎中心。

13. 17

翻胎硫化轮辋　inside curing rim

安装在轮胎内部，用于支撑硫化内胎，正常车辆不能使用的轮辋。

13. 18

预硫化工艺　precuring process

先预硫化胎面，再将预硫化胎面用薄胶层（天然橡胶）粘贴到胎体上完成翻胎。

13. 19

预硫化胎面　precured tread

预先用模型硫化并用于制作预硫化翻新轮胎的胎面。

13. 20

预硫化缓冲胶　precured tread cushion gum

一种黏性胶料，用于预硫化胎面与胎体粘合。

13. 21

预干燥　pre-drying

翻新前将胎体预先在干燥室中除去水分、湿气等的过程。

13. 22

压合胎面　pressuring tread

一种翻新工序，不用模型，直接将挤出的未硫化胎面贴合到胎体。

13. 23

保护层　protector

翻胎时为保护带束层的一种结构，该层在翻胎时可移动除去。

13. 24

胎体变形　carcass distortion

翻胎过程中因模型原因造成的胎体形状变形。

13.25

胎面再刻花纹　regrooving tread pattern

当胎面磨损到规定深度时，在胎面上再刻深花纹或修正花纹形状的工艺。

附录 A
（资料性附录）
轮辋名义直径

轮辋名义直径见表 A.1。

表 A.1　轮辋名义直径

轮辋名义直径		轮辋名义直径		轮辋名义直径	
in	mm[a]	in	mm[a]	in	mm[a]
5　轮辋		18	457	32	813
4	102	19	483	33	838
5	127	20	508	34	864
6	152	21	533	35	889
7	178	22	559	36	914
8	203	23	584	37	940
9	229	24	610	38	965
10	254	25	635	39	991
12	305	26	660	40	1016
13	330	27	686	41	1041
14	356	28	711	42	1067
15	381	29	737	43	1092
16	406	30	762	44	1118
17	432	31	787	45	1143

续表

轮辋名义直径		轮辋名义直径		轮辋名义直径	
in	mm[a]	in	mm[a]	in	mm[a]
46	1168	52	1321	19.5	495
47	1194	54	1372	20.5	521
48	1219	57	1448	22.5	572
49	1245	15　轮辋		24.5	622
50	1270	14.5	368	26.5	673
51	1295	17.5	445		

[a] 这些值是理论值，仅供计算轮胎外直径用。

附录 B
(资料性附录)
速度符号与速度能力的对应关系

速度符号与速度能力的对应关系见表 B.1。

表 B.1　速度符号对应的速度能力

速度符号	速度/(km/h)	速度符号	速度/(km/h)	速度符号	速度/(km/h)
A1	5	D	65	Q	160
A2	10	E	70	R	170
A3	15	F	80	S	180
A4	20	G	90	T	190
A5	25	J	100	U	200
A6	30	K	110	H	210
A7	35	L	120	V	240
A8	40	M	130	W	270
B	50	N	140	Y	300
C	60	P	150		

附录 C

（资料性附录）

负荷指数与负荷能力的对应关系

负荷指数与最大负荷能力的对应关系见表 C. 1。

表 C. 1　负荷指数（LI）对应的负荷能力

LI	负荷能力/kg	LI	负荷能力/kg	LI	负荷能力/kg	LI	负荷能力/kg	LI	负荷能力/kg	LI	负荷能力/kg
0	45	20	80	40	140	60	250	80	450	100	800
1	46. 2	21	82. 5	41	145	61	257	81	462	101	825
2	47. 5	22	85	42	150	62	265	82	475	102	850
3	48. 7	23	87. 5	43	155	63	272	83	487	103	875
4	50	24	90	44	160	64	280	84	500	104	900
5	51. 5	25	92. 5	45	165	65	290	85	515	105	925
6	53	26	95	46	170	66	300	86	530	106	950
7	54. 5	27	97. 5	47	175	67	307	87	545	107	975
8	56	28	100	48	180	68	315	88	560	108	1000
9	58	29	103	49	185	69	325	89	580	109	1030
10	60	30	106	50	190	70	335	90	600	110	1060
11	61. 5	31	109	51	195	71	345	91	615	111	1090
12	63	32	112	52	200	72	355	92	630	112	1120
13	65	33	115	53	206	73	365	93	650	113	1150
14	67	34	118	54	212	74	375	94	670	114	1180
15	69	35	121	55	218	75	387	95	690	115	1215
16	71	36	125	56	224	76	400	96	710	116	1250
17	73	37	128	57	230	77	412	97	730	117	1285
18	75	38	132	58	236	78	425	98	750	118	1320
19	77. 5	39	136	59	243	79	437	99	775	119	1360

续表

LI	负荷能力/kg	LI	负荷能力/kg	LI	负荷能力/kg	LI	负荷能力/kg	LI	负荷能力/kg	LI	负荷能力/kg
120	1400	145	2900	170	6000	195	12150	220	25000	245	51500
121	1450	146	3000	171	6150	196	12500	221	25750	246	53000
122	1500	147	3075	172	6300	197	12850	222	26500	247	54500
123	1550	148	3150	173	6500	198	13200	223	27250	248	56000
124	1600	149	3250	174	6700	199	13600	224	28000	249	58000
125	1650	150	3350	175	6900	200	14000	225	29000	250	60000
126	1700	151	3450	176	7100	201	14500	226	30000	251	61500
127	1750	152	3550	177	7300	202	15000	227	30750	252	63000
128	1800	153	3650	178	7500	203	15500	228	31500	253	65000
129	1850	154	3750	179	7750	204	16000	229	32500	254	67000
130	1900	155	3875	180	8000	205	16500	230	33500	255	69000
131	1950	156	4000	181	8250	206	17000	231	34500	256	71000
132	2000	157	4125	182	8500	207	17500	232	35500	257	73000
133	2060	158	4250	183	8750	208	18000	233	36500	258	75000
134	2120	159	4375	184	9000	209	18500	234	37500	259	77500
135	2180	160	4500	185	9250	210	19000	235	38750	260	80000
136	2240	161	4625	186	9500	211	19500	236	40000	261	82500
137	2300	162	4750	187	9750	212	20000	237	41250	262	85000
138	2360	163	4875	188	10000	213	20600	238	42500	263	87500
139	2430	164	5000	189	10300	214	21200	239	43750	264	90000
140	2500	165	5150	190	10600	215	21800	240	45000	265	92500
141	2575	166	5300	191	10900	216	22400	241	46250	266	95000
142	2650	167	5450	192	11200	217	23000	242	47500	267	97500
143	2725	168	5600	193	11500	218	23600	243	48750	268	100000
144	2800	169	5800	194	11800	219	24300	244	50000	269	103000

续表

LI	负荷能力/kg	LI	负荷能力/kg	LI	负荷能力/kg	LI	负荷能力/kg	LI	负荷能力/kg	LI	负荷能力/kg
270	106000	272	112000	274	118000	276	125000	278	132000	279	136000
271	109000	273	115000	275	121000	277	128500				

汉语拼音索引

E

F

G

H

I

J

K

L

M

N

T

U

W

X

Y

Z

英文索引

A

B

C

D

E

F

G

H

I

K

L

M

N

O

P

R

S

T

U

V

W

X

Y

三、国内外有关制度

我国现行产品召回制度情况简表

经梳理现行法律、行政法规、部门规章和规范性文件，医疗器械、食品、乳制品、儿童玩具、汽车产品、食品添加剂、进口肉类制品、进口水产品、农业机械、生猪产品、药品、消防产品、危险化学品、粮食、保健食品和化妆品、种子、农药等共17种产品的管理制度中含有“召回”字样。《侵权责任法》还对产品召回作了一般性规定，即产品投入流通后发现存在缺陷的，生产者、销售者应当及时采取警示、召回等补救措施。以上产品在召回条件、企业责任、政府职责、后处理措施等方面不尽相同：

从召回条件上看，可分为依不符合安全标准召回（食品、粮食、消防产品）与依不合理风险召回（其他14种产品）。

从召回方式看，种子、农药只规定要进行召回，但未提及具体企业责任和政府职责及后处理措施。其他15种产品分为三种情况：（1）企业主动召回（食品添加剂、生猪产品、药品、消防产品）；（2）主管部门责令召回（危险化学品、粮食、保健品和化妆品）；（3）两种方式并存（医疗器械、食品、乳制品、儿童玩具、汽车产品、进口肉类制品、进口水产品、农业机械）。

从后处理方式上看，食品类（食品、乳制品、食品添加剂、粮食）和儿童玩具主要采取无害化处理或销毁的方式；机械类采取修退换的方式（汽车产品）；医疗器械采取警示、检查、修理、重新标签、修改并完善说明书、软件升级、替换、收回、销毁等多种方式；还有10类未提及后处理方式（进口肉类制品、进口水产品、农业机械、生猪产品、药品、消防产品、危险化学品、保健食品和化妆品、种子、农药)。

附表

产品	依据	条件	企业责任	部门职责	后处理
医疗器械	医疗器械召回管理办法(试行)(2011年)	存在缺陷,指在正常使用情况下存在可能危及人体健康和生命安全的不合理的风险	生产者应主动召回	药品监督管理部门经过调查评估认为存在缺陷,生产者应当召回而未主动召回的,应当责令生产者召回	警示、检查、修理、重新标签、修改并完善说明书、软件升级、替换、收回、销毁等
食品	食品安全法及其实施条例(2009年)	不符合安全标准	生产者应主动召回	生产者未按规定召回的,县级以上质检、工商、药监部门可责令召回	无害化处理或予以销毁,向质检部门报告召回和处理情况
乳制品	乳品质量安全监督管理条例(2008年)	不符合乳品质量安全国家标准、存在危害人体健康和生命安全危险或者可能危害婴幼儿身体健康或者生长发育	生产企业应主动召回	县级以上质检、工商部门在监督检查中发现或者生产企业不按规定召回的,应当责令召回	采取销毁、无害化处理等措施
儿童玩具	儿童玩具召回管理规定(2007年)	存在缺陷	生产者应主动召回	生产者未召回,或经监督抽查发现存在安全隐患,可能对人体健康和生命安全造成损害的,质检总局应当责令召回	无害化处理

续表

产品	依据	条件	企业责任	部门职责	后处理
汽车产品	缺陷汽车产品召回管理条例（2012 年）	缺陷汽车产品	生产者应主动召回	国务院产品质量监督部门责令召回	修正或者补充标识、修理、更换、退货等措施
进口肉类产品	进出口肉类产品检验检疫监督管理办法（2011 年）	存在安全问题，可能或者已经对人体健康和生命安全造成损害	收货人应当主动召回	收货人不主动召回的，检验检疫机构应当按照有关规定责令召回	未提及
进口水产品	进出口水产品检验检疫监督管理办法（2011 年）	存在安全问题，可能或者已经对人体健康和生命安全造成损害	收货人应当主动召回	收货人不主动召回的，检验检疫机构应当按照有关规定责令召回	未提及
农业机械	农业机械安全监督管理条例（2009 年）	存在设计、制造等缺陷	生产者应主动召回	生产者未按规定召回的，质检、工商部门可责令召回	未提及
食品添加剂	食品添加剂生产监督管理规定（2010 年）；食品添加剂生产许可审查通则（2010 年）；国家质量监督检验检疫总局公告（2010 年）	存在安全隐患	生产者应主动召回	未提及	补救、无害化处理、销毁等措施

续表

产品	依据	条件	企业责任	部门职责	后处理
生猪产品	商务部办公厅关于进一步加强生猪屠宰管理确保肉品质量安全的紧急通知（2011年）	问题产品	屠宰企业主动召回	未提及	未提及
药品	药品生产质量管理规范（2010年修订）	存在安全隐患	企业应当建立产品召回系统，必要时可迅速、有效地从市场召回任何一批存在安全隐患的产品	未提及	未提及
消防产品	国务院关于进一步加强消防工作的意见（2006年）	不合格产品	生产企业主动召回	未提及	未提及
危险化学品	国家质量监督检验检疫总局办公厅关于质检系统加强危险化学品安全监管工作的通知（2010年）	产品危及人身安全或公共安全	未提及	省级质监局责令召回	未提及
粮食	国家粮食局关于进一步加强粮食质量安全监管工作的通知（2009年）	有害成分含量超过粮食质量安全标准限量	未提及	主管部门责令召回	封存的有害粮食，能够进行无害化处理的，经指定的检验机构检验合格后方可销售；不能进行无害化处理的，不得作为口粮销售

续表

产品	依据	条件	企业责任	部门职责	后处理
保健食品化妆品	国家食品药品监督管理局办公室关于开展保健食品、化妆品生产企业违法添加等专项检查的通知（2010 年）；国家食品药品监督管理局办公室关于加强保健食品生产经营日常监管的通知（2010 年）	存在安全隐患	未提及	药监部门在监督检查中发现的应当责令召回	未提及
种子	国务院办公厅关于推进种子管理体制改革加强市场监管的意见（2006 年）	缺陷种子	未提及	未提及	未提及
农药	农药产业政策公告（2010 年）	问题产品	未提及	未提及	未提及

美国汽车召回管理相关法律

（一）美国法典（选摘）

第30101条　宗旨和政策

本章旨在减少交通事故以及由交通事故引发的伤亡，因此有必要：

（1）规定州际贸易中机动车和机动车设备的安全标准；和

（2）进行必要的安全研发。

第30102条　定　　义

（a）一般性定义

在本章中

（1）“销售商”（dealer）指将新的机动车或机动车设备主要销售或发送给诚意购买车辆或设备的购买者而非从事转售的人。

（2）“缺陷”（defect）包括机动车或机动车设备在性能、构造、组成部件或材料方面的任何缺陷。

（3）“批发商”（distributor）指为转售而主要出售或配销机动车或机动车设备的人。

（4）“州际贸易”（interstate commerce）指一个州的某地和另一个州的某地之间的贸易，或一个州内不同地方之间通过另一个州实现的贸易。

（5）“制造商”（manufacturer）指

（A）制造或装配机动车或机动车设备的人；或

（B）为转卖而进口机动车或机动车设备的人。

（6）“机动车”（motor vehicle）指由机械动力驱动或牵引，主要用于公共街道、公路和高速公路的车辆，但不包括只在铁道上运行的车辆。

（7）“机动车设备”（motor vehicle equipment）指

（A）任何最初制造的机动车的系统、部件或零件；

（B）任何用以替换而制造或销售的类似部件或零部件，或对系统、部件或零件进行改进的部分，或作为机动车的附件或附加物的部分；

（C）不属于机动车系统、部件或组成部件，而被制造、出售、发送、提供或仅仅意图使用其以保护机动车使用者和高速公路使用者免遭事故、伤害或死亡的任何装置、物件或装饰物（已获取驾驶证的医生所指定的药品或眼镜除外）。

（8）“机动车安全”（motor vehicle safety）指机动车或机动车设备在某种程度上能保护公众免遭由于机动车的设计、构造或性能上的原因而引发事故的不合理的危险及免遭在事故中伤亡的不合理的危险，包括机动车的非操作性安全。

（9）“机动车安全标准”（motor vehicle safety standard）指机动车或机动车设备在性能上的最低标准。

（10）“州”（State）指美国的各州、哥伦比亚特区、波多黎各自由邦、北马里亚纳群岛、关岛、美属萨摩亚和弗吉尼亚群岛。

（11）“美国联邦地区法院”（United States district court）指美国的联邦地方法院、联邦关岛法院、弗吉尼亚群岛法院、美属萨摩亚法院、北马里亚纳群岛联邦地方法院。

（b）限制性定义

（1）在本章的第 30117 条（b）款，30118 ~ 30121 条和 30166 条（f）款中。

（A）“充分的修理”（adequate repair）不包括因机动车和机动车设备的运转在实质上受损而产生的修理；

（B）“最初购买者”（first purchaser）指机动车和机动车设备的最初购买者而非从事转售的人；

（C）“最初设备”（original equipment）指在销售给最初购买者时，安装在机动车内部或之上的机动车设备（包括轮胎）；

（D）“替换设备”（replacement equipment）指不属于最初配备的机动车设备（包括轮胎）；

（E）如果市场上出售的轮胎其商标名称不为该轮胎制造者所拥有，则该轮胎的商标名称拥有者将被视作该轮胎的制造商；

（F）最初设备的缺陷，或最初设备不符合本章规定的机动车安全标准，即被视为在发货给最初购买者时，该机动车上即被安装了具有缺陷和不符合标准的设备；

（G）在发货给最初购买者时，在其上或其内安装了最初设备的机动车制造商，即被视为该设备制造商；

（H）轮胎的翻新者，视为该轮胎的制造者。

（2）交通部部长可以制定法规，改变本款（1）段中（C）、（D）、（F）或（G）的有关规定。

第 30103 条　和其他法律的关系

（a）法规的一致性

交通部部长不能颁布与本章规定的机动车安全标准不同，且与包括在本主题第 135 章第一条中的机动车相关的安全法规。但是，对于属于第 135 章第一条规定的客运公司所驾驶的机动车颁布安全法规，部长可以在制造后规定一个比制造时生效适用的标准更高的履行标准。

（b）优先权

（1）根据本章制定的机动车安全标准生效时，州或州的分支政治机构可以规定或继续使用正在生效的、适用于机动车或机动车设备性能相同方面的标准，前提是该标准和本章制定的标准一致。但是，美国政府、州或州的分支政治机构可以自己制定机动车或机动车设备标准，该标准将强加比本章中适用标准更高的履行要求。

（2）州可以执行与本章规定的标准相同的标准。

（c）与反垄断法

本章不：

（1）免除在反垄断法下属非法之行为；或

（2）禁止在反垄断法下属合法之行为。

（d）保证责任和附加法律权利及补救

本主题的第30117条（b）款，30118~30121条，30166条（f）款和30167条（a）、（b）款不设立或不影响联邦法律或州法律下的保证责任。在那些法律条款及本主题第30161条和30162条下的补救是对联邦或州其他法律规定的其他权利和补救的补充。

（e）普通法责任

执行本章制定的机动车安全标准并不免除在普通法下的责任。

第30104条　授权的拨款

授权部长拨款98313500美元，用于国家公路交通安全管理局在1999—2001年间的每个财政年度实施本部分计划。

第30105条　游说活动的限制

（a）在一般情况下

不拨给部长任何基金，从而使国家公路交通安全管理局不能进行任何意图去促使州或地方立法人员支持或反对采用摆在州或地方立法机构面前任何特殊的待决的立法案的活动。

（b）不阻止出庭作证

上款（a）不禁止美国的官员或雇员应任何州或地方立法机构或州执行部门的邀请，在任何州或地方立法机构作证。

第 30106 条　出租或租借机动车的安全与责任

（a）一般情况：将车辆出租或租借给某人的机动车业主（或者是业主的雇员），对于在出租或租借期间，由于车辆的使用、驾驶或者占有造成的人身和财产伤害，在任何州立法律和行政规定下，都不会因为是车辆的所有人（或者车辆所有人的雇员）而对此负责任，如果：

（1）车辆所有人（或者车辆所有人的雇员）参与了出租或租借机动车的经营活动，并且

（2）车辆所有人（或者车辆所有人的雇员）一方并不存在疏忽或者违法行为。

（b）《赔偿能力担保法》：这部分的任何内容不能取代任何州立法律和行政法规：

（1）追究机动车所有人基于登记和驾驶机动车的权利的赔偿责任和保险责任；或者

（2）追究参与出租或者租借机动车，而没能履行州立法律规定的赔偿责任和保险责任的企业单位的责任。

（c）适用性和生效期。尽管有其他法律的规定，本部分将适用于在其颁布之日起的任何有关行为，不考虑在颁布日期之前的伤害是否是行为的结果，或者说该行为是否导致了伤害。

（d）定义。在本部分，下面的定义适用于：

（1）雇员。术语“雇员”是指除去直接或间接控制的车辆所有人之外的，平时受到车辆所有人控制的个人。在前面的句子中，术语“控制”的意思是个人或者通过所有权或者通过控股权及其他方法享有经营管理和决策的权力。

（2）所有人。术语“所有人”是指某人：

（A）是机动车记录在案或者享有使用权的所有者，是机动车的占有者、出租者或者承租者；

（B）基于对其他人的担保物权而有资格使用或者占有机

动车；

（C）是机动车的出租人、承租人或者保管者，参与了机动车出租或者租借的商贸活动，在租约、保管权或者其他情况下，享有机动车的使用权和占有权。

（3）人。术语“人”是指任何的个人、企业法人、公司、有限责任公司、基金会、协会、商号、合伙、社团、股份公司或者其他实体。

第30111条　标　　准

（a）一般要求

交通部部长应制定机动车安全标准。每一条标准应是可行的、符合机动车安全的要求，并用客观语言表述。

（b）考虑和磋商

在依据本章要求制定机动车安全标准时，部长应：

（1）考虑相关的可适用的机动车安全信息；

（2）与依据1958年8月20日通过的法案（公共法85～684，72号法令635）建立的机构及其他适当的州或州际当局（包括立法委员会）进行协商；

（3）考虑某项建议标准对于被规定的特定型号的机动车或机动车设备是否合理、可行、适当；和

（4）考虑该标准贯彻本主题第30101条的程度。

（c）合作

在推行机动车安全标准的过程中，部长可以咨询、协助美国政府、各州的部门、机构及其分支机构和其他公共及私人机构，并和他们开展合作。

（d）标准的生效日期

部长应按照本章标准的制定程序，指定机动车安全标准的生效日期。标准只有在制定后的第180天或者在制定后的一年方可生效。然而，如果部长在调查后有充足的理由，感到其他的生效

日期更有利于公众，并在公布调查的理由后，可以规定其他的生效日期。

（e）检测标准的五年计划

部长应建立并定期复查和更新本章制定的、其认为能够被检测的机动车安全标准的连续的五年检测计划。在制定计划和确定检测优先选择对象时，部长应考虑合适的和本主题第 30101 条相一致的因素，以及本章中规定的部长的其他责任和权力。部长可以随时改变优先检测对象，以致力于部长认为具有更大优先权的事务。最初的计划可以是对 12 月 18 日生效的第 30112 条——禁止生产、销售、进口不执行标准的机动车及其设备实行检测的五年计划。

第 30112 条　禁止生产、销售、进口不执行标准的机动车及其设备

（a）一般规定

除本条、本主题中的第 30113 条和第 30114 条、本章第三节的规定外，任何人在本章规定的适用机动车安全标准自生效之日起，不可以制造机动车和设备以买卖、销售、出卖、引进或在州际贸易中为引进而交付，或进口到美国，除非车辆和设备执行标准且具有根据本主题第 30115 条颁发的证明。

（b）不适用

本条不适用于：

（1）在购买车辆或设备最初被诚意购买而非转卖之后，买卖、出售、引进或在州际贸易中为引进而交付机动车或机动车设备；

（2）个人

（A）经证实尽管其尽到了合理的注意，仍没有理由知道机动车或机动车设备未遵守本章规定的适用于机动车的安全标准的人；或

（B）在最初诚意而非用于转售而购买之前，不知道该机动车未遵守标准，持有制造商或进口商颁发的声明该车或设备执行本章规定的适用于机动车安全标准证明的人；

（3）只用于出口的机动车或机动车设备，已标明供出口的、在外包装上贴有供出口标记的和已出口的机动车或机动车设备；

（4）交通部部长根据本主题第 30141 条确认能够执行本章规定的适用标准的机动车；

（5）依据本主题第 30142 条得到豁免的个人使用的进口机动车；

（6）本主题第 30143 条规定的在美国以外工作的个人进口的机动车；

（7）本主题第 30144 条规定的临时使用而进口的机动车；

（8）本主题第 30145 条中要求进一步加工的机动车或机动车设备；或

（9）至少有 25 年寿命的机动车。

第 30113 条　一般豁免

（a）定义

在本条中，“低排放机动车”指机动车在制造时应符合洁净空气法案[①]规定的可适用于该机动车的新车标准，并且其排放的废气量大大低于那些标准所设定的量。

（b）豁免权及程序

（1）在交通部部长认为适当时，可以临时豁免机动车免受本章规定的机动车安全标准约束，或豁免客车不受本主题第 325 章[②]规定的保险杠标准的约束。豁免可以被更新。更新豁免只有

① 《洁净空气法案》(Clean Air Acts) 第 202 条 42U. S. C. 7521（《美国法典》第 42 主题 7521）。

② 见《美国法典》第 49 主题 30325。

在申请和必须遵守本款的要求时才能被准予。

（2）当制造商申请豁免或更新豁免时，部长可以开始本款规定的程序。部长应公布申请通知并提供评估机会。豁免或更新豁免的申请应按本条和部长要求的时间、格式及包含的内容一并存档。

（3）部长可以根据本款对下列情况作出裁决：

（A）某项豁免和公众利益及本章或本主题第 325 章（如适用）相一致；和

（B）

（ⅰ）执行该标准将造成已经执行标准的制造商重大的经济困难；

（ⅱ）豁免将使提供的安全水平至少等于该标准的安全水平的新的机动车安全特性的开发及实地评估变得更为容易；

（ⅲ）豁免将使低排放机动车的发展和实地评估变得更为容易，且不会不合理地降低该车的安全水平；

（ⅳ）执行该标准将防止制造商出售的机动车的总体安全水平至少等于非豁免车辆的总体安全水平。

（c）申请内容

制造商按本条（b）款申请豁免时，应在申请中包含如下信息：

如果按本条（b）款（3）（B）（ⅰ）提交申请时，需要一份完整的描述经济困难的财务报告和提供一份能完整体现制造商诚意遵守本章每项机动车安全标准规定的或本主题第 325 章规定的保险杠标准的报告，而这些内容正是制造商要求豁免的条件。

（1）如果按本条（b）款（3）（B）（ⅱ）提交申请时，需要一份研究、开发和测试的记录，以表明安全设备的创新特点，以及一份详细的分析报告，以表明设备的安全水平至少等于标准的安全水平。

（2）如果按本条（b）款（3）（B）（ⅲ）提交申请时，需要一份研究、开发和测试的记录，以表明该机动车属低排放型，且车辆的安全水平不会因为标准的豁免而被不合理地降低。

（3）如果按本条（b）款（3）（B）（ⅳ）提交申请时，需要提交一份详细的分析报告，以表明该车辆如何提供一个与非豁免车辆的总体安全水平至少相等的总体安全水平。

（d）豁免资格

只有当部长确定制造商在最近一年中的机动车生产总数不超过1万辆时，该制造商才可以获得本条（b）款（3）（B）（ⅰ）规定的豁免（包括（b）款（3）（B）（ⅰ）中关于保险杠标准的豁免，该标准在（b）款（1）中也有提及）。只有当部长确定该豁免使在任一12个月周期内在美国出售的车辆不超过2500辆时，制造商才可以获得本条（b）款（3）（B）（ⅱ）、（ⅲ）或（ⅳ）规定的豁免。

（e）最长期限

本条（b）款（3）（B）（ⅰ）中的豁免或更新豁免最多在3年内有效。本条（b）款（3）（B）（ⅱ）、（ⅲ）或（ⅳ）规定的豁免或更新豁免最多在两年内有效。

（f）信息披露

在申请存档后的第10日，部长可以将申请中包含的信息或与申请相关的信息公开，除非该信息涉及商业秘密或其他与申请不相关的信息。

（g）决定的通知

部长应在联邦注册上公布根据本条决定的每项准予豁免的通知，以及准予豁免的原因。

（h）永久性标签

部长应要求在按本条准予豁免的机动车上贴上永久性标签。该标签应标明本章规定的每条被豁免的机动车安全标准或本主题第325章规定豁免的车辆保险杠标准。部长可以要求以适当的方式，给销售商和车辆最初购买者而非转售者发送书面豁免通知。

第 30114 条　特别豁免

交通部部长认为必要，可以根据本主题第 30112 条（a）款，对在研究、调查、演示、培训、竞争性的比赛事项、展览或陈列期间的机动车或机动车设备项目，使其免受本主题第 30112 条（a）款的约束。

第 30115 条　执行标准的证明

机动车或机动车设备的制造商或批发商，应在发货时向批发商或销售商证明：该车辆或设备执行本章规定的生效的机动车安全标准。只要尽了合理的注意，制造商或批发商便有理由知道该证明是虚假的或在实质方面存在误导，那么就不可以颁发证明。车辆的证明必须通过永久固定在车辆上的标记或标签展示出来。设备的证明，必须通过固定在设备上的标记或标签，或固定在交付该设备的集装箱上外部的标记或标签展示出来。

第 30116 条　在销售给购买者之前发现缺陷和不符合标准

（a）制造商和批发商采取必要的行动

如果在制造商或批发商将机动车或机动车设备出售给批发商或经销商后及在批发商或经销商销售车辆或设备之前，该车辆或设备被裁定存在机动车安全方面的缺陷或不符合本章规定的生效的机动车安全标准，则：

（1）制造商或批发商应立即以批发商或销售商所支付价格，加上交通费和合理的赔偿费回购该车辆和设备。赔偿费从不符合标准或有缺陷的通知发出之日起至回购之日止，按每月至少支付所付价格的 1% 计算；

（2）制造商或批发商应立即无偿为批发商或经销商提供为使车辆执行标准或改正缺陷所必需的零部件或设备。

（b）批发商或销售商安装

批发商或销售商应安装本条（a）款（2）所提及的零部件或设备。如批发商或销售商在得到零部件或设备后以合理的勤勉进行了安装，制造商应补偿批发商或销售商合理的安装费用，并按每月至少支付销售价格的1%给予合理赔偿。赔偿从不符合标准或有缺陷的通知发出之日起至该机动车执行了本章规定的生效的机动车安全标准或缺陷被改正之日止。

（c）确定应付款项和民事诉讼

各方应根据本条确定安装费用和赔偿款额。如果有不同意见，制造商或批发商拒绝遵守本条（a）或（b）款，购买机动车或机动车设备的批发商或经销商可以提起民事诉讼。该诉讼可以在制造商或批发商居住地、被发现地，或有代理人的司法管辖地的美国联邦地区法院提出，以索回赔偿金、法庭费用及合理的律师费。根据本条的诉讼必须在索赔发生后的3年内提出。

第30117条　为购买者提供信息，保存记录

（a）提供信息和通知

交通部部长可以要求每一个机动车或机动车设备的制造商，提供执行木章要求的有关性能和安全方面的技术信息。必要时，部长可以要求制造商提供如下有关信息和通知给：

（1）每一个预期的车辆或设备的购买者。该通知须在首次出售而非转售前，由与制造商有法律关系的人在该车辆或设备被出售的地点以交通部部长认为合适的方式提供。

（2）车辆或设备的最初购买者而非转售者。该通知须在车辆或设备被购买时，以印刷品的形式置于车内，或粘贴，或附随设备上。

（b）保存购买者记录和相应程序

（1）机动车或轮胎（翻新的轮胎除外）的制造商，应按部长规定的范围，保存其生产的每一部机动车或每一个轮胎的最初

购买者的姓名和地址，及保存其生产的替换设备（轮胎除外）的最初购买者的姓名和地址。部长可以用法规规定根据本款保存的记录和保存记录的合理程序，包括批发商和销售商须遵循的、协助制造商获得本款所要求的信息的程序。程序对所涉车辆或轮胎的类型应是合理的，并应提供合理的保证，使除批发商或经销商之外的个人只在执行本款和本主题第 30118 ~ 30121 条、第 30166 条（f）款、第 30167 条（a）和（b）款必要时，才能获得批发商或销售商的客户清单或类似信息。批发商和经销商协助的有效性不影响制造商在本款中的责任。

（2）

（A）除本款第（3）项规定外，部长可以要求批发商或销售商保存依据本款（1）项要求的记录，除非批发商或销售商的业务被轮胎制造商所有或控制。

（B）部长应要求每一个其业务不被轮胎制造商所有或控制的批发商或销售商，向轮胎的最初购买者提供一份登记表（包括轮胎的识别编号）。部长应规定表格形式，并使之标准化以适用于所有轮胎，表格设计应考虑到购买者便于完成并直接返还给轮胎制造商。制造商应提供给批发商和销售商足够的表格副本。

（3）

（A）部长应经常评估本款（2）项中有助于保存轮胎最初购买者记录的程序是否有效。在每一次评估后，部长应决定：

（ⅰ）批发商和销售商已经遵守该程序的程度；

（ⅱ）批发商和销售商已经鼓励轮胎最初购买者登记的程度；

（ⅲ）是否为制造商、批发商或经销商制定其认为能极大提高保存轮胎最初购买者记录比例的其他要求。

（B）只有当部长考虑以下情况后，认为对减少机动车安全的危险性有必要时，才能根据（A）段规定一项要求。

（ⅰ）把由于该要求给制造商带来的费用及对于批发商和销售商的负担，与由于该要求导致的对于保存轮胎最初购买者记录的比例的提高相比较；

（ⅱ）批发商和销售商已经遵守本款（2）项中的程序的程度；和

（ⅲ）批发商和销售商已经鼓励轮胎的最初购买者登记轮胎的程度。

（C）轮胎制造商应补偿该轮胎的批发商和销售商因执行部长根据本段（A）小段中规定而规定的要求所产生的一切合理的费用。

（D）在按照本段（A）小段做出决定后，部长应向国会提交一份报告，报告中包含对该决定的详尽陈述和做出此决定的原因。

第30118条　缺陷和不符合标准的通知

（a）部长的通知

交通部部长在初步决定（通过依据本章施行测试、检查、调查、研究或依据本主题第30166条（f）款检查交流，或依据其他方面）车辆或设备含有涉及机动车安全的缺陷或不符合本章规定的机动车安全标准后，应立即通知该机动车或替换设备的制造商。通知应包括做出上述决定所依据的信息。部长依据本款在联邦注册上公布每一项决定的通知。根据本主题第30167条（a）款的规定，任何利害关系人都可以获得通知和信息。

（b）缺陷和不符合标准的确认程序和命令

（1）只有在给制造商机会以提出信息、意见和理由，表明不存在缺陷或不存在未执行标准，或缺陷不影响机动车安全后，部长才可以做出最后确认该机动车或替换设备含有涉及机动车安全的缺陷或未遵守本章规定的生效的机动车安全标准的决定。任何利害关系人也可以获得提供信息、意见和理由的机会。

（2）如果部长按本款（1）项认定车辆或装备含有缺陷或不符合标准，应责令制造商：

（A）根据本主题第 30119 条向有缺陷和不符合标准的车辆或设备的所有人、购买者和销售商发出通知；

（B）根据本主题第 30120 条对缺陷或不符合标准的情况采取补救措施；

（c）制造商的通知

作为第 30119 条（d）款的规定，机动车或替换设备的制造商，应用保送邮件通知部长和车辆或设备的所有人、购买者和销售商，如果该制造商：

（1）得知该车辆或设备存在缺陷并诚意认定该缺陷关系到机动车安全；或

（2）诚意认定该车辆或设备不符合本章规定的生效的机动车安全标准。

（d）豁免

如果部长认定缺陷或不符合标准的情况对机动车安全是无关紧要的，根据制造商的申请，部长将免除制造商受本条的约束。部长只有在联邦注册上发布通知且为任何利害关系人提供使其能够提出信息、意见和理由后，才能依据本款采取行动免除制造商受本条的约束。

（e）符合通知要求的听证会

根据部长的动议或任何利害关系人的申请，部长可以召开听证会来确认制造商是否已合理地达到本条中的通知要求。任何利害关系人都可以就制造商是否已合理地达到本条中的通知要求提出相关的信息、意见和理由的书面或口头陈述。如果部长认定制造商还没有合理地达到通知要求，部长将责令制造商采取明确的行动以达到那些要求，部长也可以采取本章授权的其他行为。

第 30119 条　通 知 程 序

（a）通知内容

根据本主题第 30118 条要求，制造商发出的缺陷或不符合标准的通知应包含：

（1）对缺陷或不符合标准情况的清晰描述；

（2）对缺陷或不符合标准涉及的机动车安全危险的合理评估；

（3）对缺陷或不符合标准情况的补救措施；

（4）依据本主题第 30120 条，制造商表明将无偿补救缺陷或不符合标准情况的陈述；

（5）无偿补救缺陷或不符合标准情况的最早日期以及依据本主题第 30120 条无偿补救轮胎缺陷或不符合标准情况的期限；

（6）当制造商、批发商或销售商未能按本主题第 30120 条的规定无偿补救缺陷或不符合标准的情况时，此通知的接收者向交通部部长反馈的程序；

（7）部长通过法规规定的其他信息。

（b）最早补救日期

制造商按照本条（a）款（5）项或本主题的第 30121 条（c）款（2）项的规定在通知中指定的日期即为补救缺陷或不符合标准的零部件被预期得到的最早日期。部长可以否决此日期。

（c）通知时间

按本主题第 30118 条的要求，通知应在合理的时间内发出：

（1）在制造商收到根据本主题第 30118 条（b）款中作出的最后决定的通知后，由部长规定；或

（2）在制造商依据本主题第 30118 条（c）款首次认定存在与安全有关的缺陷或不符合标准后发出。

（d）提供通知的方法

（1）按本主题第 30118 条要求的关于机动车的通知，应用一等邮件发送：

（A）给每一个在州法律下注册为所有者的人且其姓名和地址可以由制造商通过州记录或其他可得到的资料确认。

（B）根据本段（A）款的规定，如果注册的所有者不能被通知，则应通知给制造商所知道的最近的购买者。

（2）本主题第 30118 条所要求的关于替换设备（不包括轮胎）的通知，应用一等邮件发送给制造商知道的最近的购买者。另外，如果部长认为公布通知对于机动车安全有必要，则在和制造商协商后，应以部长要求的方式公布该通知。

（3）本主题第 30118 条所要求的关于轮胎的通知，应用一等邮件（如果制造商愿意，也可以选择保送邮件）发送给制造商知道的最近的购买者。另外，如果部长认为公布通知对于机动车安全有必要，则在和制造商协商后，应以部长要求的方式公布该通知。在决定公布通知是否必要时，部长应考虑：

（A）缺陷或不符合标准的情况对机动车安全带来危险的程度；

（B）将公开通知的成本与追加的可获得通知的所有者人数进行比较。

（4）对于机动车或替换设备已经被交付的销售商，应以保送邮件或以更快的方式通知。

（e）第二次通知

如果部长认为制造商按本条发送的通知，没有导致足够数量的机动车或替换设备项目被退回补救，则可责令该制造商用部长通过法规规定的方式发出第二次通知。

（f）出租人对承租人的通知

（1）在本款中，“出租的机动车”（leased motor vehicle）指出租人将机动车出租给他人至少 4 个月时间，且该出租人在通知日期的前 12 个月内已出租了至少 5 辆机动车。

（2）收到本主题第 30118 条所要求的关于被出租的机动车的通知的出租人，应以部长在法规中规定的方式向承租人提供一份该通知的副本。

第 30120 条　对缺陷和不符合标准情况的补救

（a）补救的方式

（1）受本条（f）款和（g）款约束，当依据本主题第 30118 条（b）或（c）款规定发出缺陷或不符合标准的通知时，该有缺陷的或不符合标准的机动车或替换设备的制造商，应无偿为提出补救的车辆或设备给予补救。受本条（b）款和（c）款约束，制造商应选择下列任何一种方式补救缺陷或不符合标准的情况：

（A）若是车辆。

（ⅰ）修理车辆；

（ⅱ）用同样的或尽量相同的车辆替换；或

（ⅲ）退还购买价金，减去合理的折旧费。

（B）若是替换设备，则修理该设备或用同样的或尽量相同的设备替换。

（2）交通部部长可制定法规，允许制造商对机动车的替换或购买价金的退还强加条件。

（b）轮胎补救

（1）如果轮胎的所有者或购买者在不晚于制造商规定的日期之后的 60 日内提出对轮胎的补救，轮胎（包括最初装备的轮胎）的制造商应补救有缺陷的或不符合标准的轮胎：

（A）在所有者或购买者收到本主题第 30119 条要求的通知之日；或

（B）如制造商决定替换轮胎，则在所有者或购买者收到可以替换的通知之日。

（2）如制造商决定替换轮胎，但没有在 60 日的期限内替换，则所有者或购买者须在随后的 60 日期限内继续提出对轮胎的补救，此期限只能从所有者或购买者收到可以进行替换的通知后开始算起。如果在随后的期限内可以获得轮胎，则只有在此期限内提出补救的轮胎才能获得补救。

（c）充分修理

（1）如果制造商决定修理有缺陷或不符合标准的机动车或替换设备，但在合理的时期内没有进行充分的修理，则制造商应：

（A）无偿地用同样的或尽量相同的车辆或设备替换该车辆或装备；或

（B）对于车辆，则退还购买价金，减去合理的折旧费。

（2）在不晚于提出进行补救后的60日内，未能对机动车或替换设备进行充分修理，则是在合理期限内未充分修理的初步证据。然而，如果显示有正当理由，且该理由公布在联邦注册上，部长可以在此期限终止前用命令延长该60日的期限。在制造商根据本主题第30119条（a）款（5）或第30121条（c）款（2）的规定作出的通知中指定的日期之前，提出修理车辆或设备的不适用于本款。

（d）提交制造商的补救计划

制造商应向部长提交一份其根据本条去补救缺陷或不符合标准的计划副本。部长应使公众可获取该计划，并在联邦注册上公布一个有效的通知。

（e）关于补救符合要求的听证会

经部长提议或任何利害关系人的申请，部长可以召开听证会，以确认制造商是否合理地达到本条的补救要求。任何利害关系人可以就此作出书面或口头的信息、意见和理由的陈述。如果部长认定制造商还没有合理地达到补救要求，部长将责令制造商采取明确的行动以达到那些要求，部长也可以采取本章授权的其他行为。

(f) 对销售商的适当补偿

制造商应支付给按本条要求提供无偿补救的销售商适当补偿。

(g) 不适用

(1) 在依据本主题第 30118 条 (c) 款发出通知或依据本主题第 30118 条 (b) 款发布命令前 (不管何者在先), 如机动车或替换设备被最初购买者购置了 8 个以上公历年, 或轮胎 (包括最初装备的轮胎) 已被最初购买者购置了 3 个以上公历年, 则无偿提供补救的要求不适用。

(2) 在根据本主题第 30118 条 (b) 款作出的责令的强制执行在民事诉讼中依据本主题第 30121 条 (d) 款被限制或搁置的期间, 本条不适用。

(h) 豁免

如果部长认定缺陷或不符合标准的情况并不影响机动车安全, 应制造商的申请, 将免除制造商受本条的约束。部长只有在联邦注册上发布了通知, 且给任何利害关系人提出信息、观点和论点的机会后, 才能依据本款采取行动。

(ⅰ) 出售或出租的限制

(1) 如果根据本主题第 30118 条 (b) 款或第 30118 条 (c) 款要求, 制造商已经通知销售商 (包括机动车设备的零售商), 同时告知销售商其所占有的新机动车或新替换设备项目中含有涉及机动车安全缺陷或不符合本章规定的适用机动车安全标准, 则经销商只有在以下情况下才可以出售或出租机动车或替换装备项目:

(A) 在根据出售或出租而交付前, 缺陷或不符合标准的情况已按照本条要求加以补救; 或

(B) 当按本主题第 30118 条 (b) 款的责令发出通知时, 责令的强制执行在民事诉讼中依据本主题第 30121 条 (d) 款被限制或搁置的期间, 本条不适用。

（2）本款不禁止销售商出售或出租车辆或设备。

第 30121 条　临时通知和执行民事诉讼

（a）临时通知

（1）如果根据本主题第 30118 条（b）款发布的责令，已按本主题第 30163 条被提起了民事诉讼，则交通部部长可以责令制造商发布一个临时通知。该临时通知应包含：

（A）部长已认定涉及机动车安全缺陷或存在不符合本章规定的适用机动车安全标准的陈述，和制造商正在地区法院的民事诉讼中为此认定据理力争；

（B）清晰地描述部长作出上述决定的依据；

（C）部长对缺陷或不符合标准的情况将给机动车安全带来的危险进行的合理评估；

（D）为避免由于缺陷或不符合标准的情况给机动车安全造成不合理的风险，部长认为有必要采取的措施；

（E）制造商将依照本主题第 30120 条规定免费对缺陷或不符合标准情况进行补救的陈述，但这项免费补救要求取决于民事诉讼的结果；

（F）部长通过规章规定的或在要求作出通知的责令中包含的其他信息。

（2）本款的通知不减轻制造商对其未按本主题第 30118 条（b）款的责令要求发放通知所应承担的责任。

（b）因未发出通知引发的民事诉讼

（1）未按本主题第 30119 条（c）款和（d）款规定通知机动车所有者和购买者的制造商，要受到美国政府的民事处罚，除非该制造商在本条（a）款提到的民事诉讼中或在强制执行责令的法庭上胜诉。除非法庭裁定未能通知是合理的，且制造商已经表明其在法律上胜诉的可能性，则命令将被强制执行。如果命令被强制执行，则制造商在命令被延缓的期间不承担责任。

（2）未按本条（a）款通知机动车所有者和购买者的制造商，要受到民事处罚，而不管制造商在关于按本主题第 30118 条（b）款所发布的命令是否具有效力的民事诉讼中能否胜诉。

（c）给制造商的责令

如果部长在本条（a）款相关的民事诉讼中胜诉，部长应责令制造商：

（1）将民事诉讼的结果和部长要求的其他信息通知本主题第 30119（d）款所述的每一位机动车所有者、购买者和销售商。本项的通知可以和本主题第 30118（b）款要求的通知联合发出；

（2）按本主题第 30119 条（b）款的规定指定最早日期，该日期即为按本主题第 30120 条对缺陷或不符合标准情况进行免费补救的最早日期；

（3）如果依据本条（a）款要求发出通知，赔偿所有者和购买者合理的和必要的费用（赔偿金额不超过部长在（a）款责令中的指定金额），这项由修理缺陷或执行标准所引起的费用，从要求发布通知之日起到所有者和购买者收到本款要求的通知之日止计算。

（d）诉讼裁决地点

尽管本主题第 30163 条（c）款已有相关规定，但有关本主题第 30118 条（b）款责令的民事诉讼，必须在制造商所在地，以州或哥伦比亚特区为司法地区的美国地区法院提起。经一方动议，如果理由充分，该法院可以将诉讼移送另一地区法院。所有与第 30118 条（b）款相同责令有关的民事诉讼，依据首次提起诉讼的法院的裁定，将被合并为一个诉讼。如果首先提起的诉讼被移送另一法院，则另一法院应作出合并裁定。

第 30122 条　使安全装置和要素不起作用

（a）定义

在本条中，“机动车修理商”（motor vehicle repair business）

指向公众提供机动车或机动车设备补偿修理服务者。

（b）禁止

制造商、销售商、批发商或机动车修理商，不可故意使安装在执行了本章规定的机动车安全标准的机动车之上的装置的任何部分或机动车设备中的任何设计要素不起作用，除非该制造商、经销商、批发商或机动车修理商有理由相信当该装置或要素不起作用时，该车辆或设备将不会被使用（在维护或修理期间为了测试或类似目的除外）。

（c）规则

交通部部长可以制定规则：

（1）免除某人受本条约束，前提为部长认定该豁免符合机动车安全标准和本主题第30101条；和

（2）界定“使不起作用”。

（d）不适用

本条款不适用于本主题第30124条所述的安全带连锁或提示安全带未使用的报警器。

第30123条　轮　　胎

（a）压槽轮胎的限制

（1）在本款中，“压槽轮胎”（reproved tire）是指通过切割已磨平的旧轮胎而得到的具有新轮胎面的轮胎。

（2）如果部长认定压槽轮胎的设计和制造在某种程度上符合本主题第30101条，可以准许压槽轮胎或配备了压槽轮胎的机动车的销售、出卖、为销售而引进或在州际贸易中为引进而交付。除非部长准许，任何人不许销售、出卖、为销售而引进或在州际贸易中为引进而交付压槽轮胎或配备了压槽轮胎的机动车。

（b）统一质量评级系统、命名和市场行为

部长应通过制定一个统一的机动车轮胎质量评级系统标准，

以帮助消费者在购买轮胎时做出明智的选择。部长还应与工业界及联邦贸易委员会合作，尽最大程度地实践以消除具有欺骗性和混淆性的轮胎命名及市场行为。本章规定的轮胎标准或规则将取代该委员会的命令或行政解释。

（c）最大负载标准

当机动车装载适量的货物和符合设计的乘客总人数时，部长应要求车辆装备符合最大载荷标准的轮胎。当车辆最初被诚意购买而非转售时，应由制造商或最初购买者装备符合上述标准的轮胎。

第30124条　提示未使用安全带的报警器

本章规定的机动车安全标准，不要求或允许制造商通过采用安全带连锁装置（如果车内的人未使用安全带可阻止车辆的发动或操纵）或者通过采用报警器装置（提示未使用安全带。但在点火装置被旋到“发动”状态后的8秒内运行的报警器不包括在内）来达到标准。

第30125条　校车和校车设备

（a）定义

在本条中，

（1）“校车”（school bus），指设计用来载运一名驾驶员和10名以上的乘客的客车，交通部部长确认该种车辆将主要用于运送学前儿童和中小学生往返学校或从事与学校相关的事宜。

（2）“校车设备”（school bus equipment），是指为替换或改进校车的系统、零部件或作为校车的辅助设备而主要为校车设计、制造或出售的设备。

（b）标准

部长应为校车、在美国制造的或进口到美国的校车设备规定机动车安全标准。标准应包括下列项目的最低性能要求：

（1）紧急出口；

（2）对乘员的内部保护；

（3）汽车底部板的强度；

（4）座椅设置系统；

（5）车身或车架的防撞性（包括抗翻滚危险的防护）；

（6）车辆操作系统；

（7）车窗和挡风玻璃；

（8）燃料系统。

（c）制造商的测试性驾驶

部长可通过法规要求在校车进入商业交易前，由制造商对校车做测试性驾驶。

第30126条　旧机动车

为确保持续有效的国家安全计划，美国政府的政策是鼓励并强化对旧机动车由州进行检查。因此，交通部部长应该制定适用于所有旧机动车的统一的机动车安全标准。该标准将被称为“机动车安全性能”。

第30127条　自动的乘客碰撞保护和安全带使用

（a）定义

在本条中，

（1）“公共汽车”（bus），是指具有运载10人以上动力（拖车除外）的机动车。

（2）“多用客运车”（multipurpose passenger vehicle），是指具有运载不超过10人的动力（拖车除外），并建造在货车底盘之上或具有偶尔离路行驶特性的机动车。

（3）“客运轿车”（passenger car），是指具有运载不超过10人的动力（多用客运汽车、摩托车或拖车除外）的机动车。

（4）“卡车”（truck），是指具有主要用来运输货物的动力

（拖车除外）或具有特殊用途设备的机动车。

（b）安全气囊要求

（1）最迟在1993年9月1日，交通部部长将依据本章规定，修订根据1966年《国家交通与机动车安全法》颁布的联邦机动车安全208号标准。此项修订应要求以下每一车辆的两个前外侧座椅的自动乘客碰撞保护系统，必须是安全气囊（带有膝部和肩部束带），且符合标准208号中4.1.2.1条对乘客保护的要求：

（A）从1996年8月31日到1997年9月1日间，每一个制造商年度生产客运轿车生产总数的95%；

（B）从1997年8月31日到1998年9月1日间，每一个制造商年度生产公共汽车、多用客运车辆和卡车（宽敞篷式卡车和仅为销售给美国邮政服务局而设计的车辆除外）生产总数的80%，这些车辆的总重量都不超过8500lb（1lb = 0.4536kg），空车的重量不超过5500lb；

（C）1997年8月31日后，每一个制造商年度生产的客运轿车总数的100%；

（D）1998年8月31日后，每一个制造商按本段（B）所述车辆总数的100%。

（2）制造商不可利用1998年9月1日之前有效的信用证和奖励，根据208号标准中的规定（已被本条修订）来达到1998年8月31日后本款（1）项（D）的要求。

（c）车辆所有者手册的要求

在修订208号标准时，为了使修订后的规定能尽快生效，交通部部长将要求在为配备了安全气囊的客运轿车、公共汽车、多用客运车辆和卡车而准备的所有者手册内，以通俗易懂的形式说明：

（1）车辆前外侧座椅之一或二者皆配备了“安全气囊”（airbag）和“膝带及肩带”（a lap and shoulder belt）；

（2）“安全气囊”是辅助束缚物，并非膝带及肩带的替代物；

(3) 前外侧座椅的乘客还必须正确使用膝带及肩带，以使其为发生在前部的碰撞和其他种类的碰撞或事故提供束缚或保护；

(4) 无论有无安全气囊，乘客都应始终系好膝带及肩带，如果可能，还应系好其他安全带。

(d) 座椅安全带使用法

国会认为每个州采用并实施强制性座椅安全带使用法，以及美国政府采用并实施强制性座椅安全带使用规则是符合公众利益的。

(e) 暂时性豁免

(1) 根据制造商的申请，如交通部部长认为恰当，可以暂时豁免本条（b）款和（c）款对该制造商所生产的机动车的约束。豁免可以更新。

(2) 如果交通部部长发现在安全气囊的任何部件供应上存在混乱，或在由制造商提供的零部件的使用安装上，由于制造商无法控制的不可避免的因素，将阻碍制造商达到预期的配有安全气囊车辆的生产量，部长可依据本款（1）段授予豁免。

(3) 只有受到影响的制造商可以申请豁免

交通部部长将在208号标准的修正案中规定，受到影响的制造商按照本款的规定必须将本条要求的信息写入申请中。制造商应在申请中指明受到影响的车辆的类型、品种和型号。部长可以合并不同制造商的类似申请。

(4) 豁免或豁免更新取决于制造商对漏装安全气囊的被豁免车辆在合理的时间内进行召回的承诺。在合理的时间内，即在得到足够的部件满足预期生产量和召回数量两者的需要，经制造商提出并经交通部部长同意的时间内。

(5) 对于依据本款提出的每一份申请，交通部部长应在联邦注册上作出公告，以及每项授予或拒绝授予暂时性豁免的决定和该决定的理由。

（6）交通部部长应要求每一部被豁免的车辆贴上标签，该标签只有在实施召回且安装了要求的安全气囊后才能去掉。部长应要求以其认为适当的方式和内容向每一部被豁免车辆的经销商和最初购买者而非转售者提供书面通知。

（f）申请

（1）本条修订，但不替代1991年12月18日生效的208号标准，包括1991年3月26日对208号标准的修正案（《联邦法规》第56主题第12472条），该修正案通过激发对于货车、公共汽车和多用客运车辆的自动碰撞保护进行更多的创新，扩大了自动碰撞保护的要求。本条不可以被建立，作为：

（A）影响交通部部长实施另一项适用于客运轿车、公共汽车、多用客运车辆或卡车的法律条款；或

（B）建立一个涉及发展或制定政府机动车安全标准的先例。

（2）本条和依据本条对208号标准所作的修正案，不能被建立为表明国会意图影响机动车制造商在涉及有无安全气囊的车辆方面适用的法律下所承担的任何责任。

（g）报告

（1）从1992年10月1日起，及自此以后每年同一日期直到2000年10月1日，交通部部长应提交乘客束缚系统有效性的报告，表明被束缚的乘客较未被束缚的乘客，在伤亡方面比例下降，因为：

（A）安全气囊和膝带及肩带的结合；

（B）只使用安全气囊；和

（C）只使用膝带及肩带。

（2）在与劳工部部长及国防部部长进行商讨时，交通部部长还应提供膝带及肩带在全国及各州被以下人员使用方面的信息和分析：

（A）军事人员；

（B）政府、州、地方执法官员；

（C）其他政府和州雇员；和

（D）公众。

（h）政府用车的安全气囊

在与总务管理局局长和其他相关的部门、机构及政府分支机构的领导进行合作时，交通部部长应制定一个计划，该计划与政府采购法和拨款法相一致，要求得到的所有客运轿车：

（1）1994 年 9 月 30 日以后，为政府用车在最大范围内装备有驾驶人员用的安全气囊；和

（2）1996 年 9 月 30 日以后，为政府用车最大范围内装备双前外侧座椅用安全气囊。

第 30141 条　进口可以执行标准的机动车

（a）一般性规定

本主题第 30112 条（a）款对下列机动车不适用

（1）在交通部部长的发起下，或依本条（c）款注册的制造商或进口商请求下，部长决定：

（A）该车辆

（ⅰ）与最初制造以进口到美国和在美国销售的机动车实质性相似；

（ⅱ）依据本主题第 30115 条得到确认；

（ⅲ）与被比较的机动车属同一类型车（依据交通部部长的规则定义）；和

（ⅳ）能被容易地改动以符合本章规定适用的机动车安全标准；或

（B）如果没有实质性相似的美国机动车，则基于破坏性试验数据或其他交通部部长认为充分的证据，该车辆的安全特征符合或可以被改动以符合那些标准；

（2）该车辆由注册进口商进口；和

（3）注册进口商交纳交通部部长根据本条（e）款而确立的

年费，用于支付执行本条（c）款规定的进口商注册计划的开支，以及交纳交通部部长确立的其他费用以支付下列开支：

（A）按照本条（d）款，办理提供给财政部部长的债券；和

（B）按照本节作出决定。

（b）决定机动车性能的程序

（1）交通部部长应通过规则为作出决定建立程序。该决定是依据本条（a）款（1）项和依据请求者必须提供的明确表明机动车能符合本章规定的适用机动车安全标准的信息而作出的。在建立该程序时，部长应提供公共通知和书面评论的最短期限，该期限应确保通知和意见是迅速而又全面的考虑，同时又避免被任何人延误。在按照程序作决定时，部长应考虑测试信息和其他可得到的信息，包括制造商提供的信息。如果部长作出否定的决定，只有等到此后至少 3 个月后，部长才可以对同一个类型作出另一个决定。

（2）交通部部长每年应在联邦注册上公布所有按照本条（a）款（1）作出的决定的清单。每一条被公布的决定适用于该决定针对的机动车类型。一项肯定的决定，允许另一个依据本条（c）款注册的进口商根据本条规定进口相同型号的机动车，前提是该进口商遵守决定中的所有条件。

（c）注册

（1）交通部部长应为符合其依据本款并通过法规规定的要求的人，建立一个注册程序，包括

（A）保存记录的要求；

（B）检查记录，及检查与该人已进口的、改动的或进口又经改动的机动车相关的设备；和

（C）确保进口商（或其利益继承人）在技术上和财力上能承担本主题第 30117 条（b）款、30118 ~ 30121 条和 30166 条（f）款规定的责任的要求。

（2）对于依据本款第（4）项的规定被撤销注册的人，交通

部部长应拒绝对其进行注册。

（3）对于现在或过去依据本款第（4）项被撤销注册的人所有、控制，或与其共同所有或共同控制的人，交通部部长应拒绝对其进行注册。

（4）交通部部长应建立程序，用于：

（A）撤销或延缓依据本款（1）项作出的注册，由于未遵守本节的要求或本主题第30112、30115、30117～30122条、30125条（c）款或30166条中的任一条款，或本节规定的法规，或上述条款中的任意一款；

（B）自动暂缓注册，由于没有及时地按本条（a）款（3）项的规定交付费用，或故意提交本主题第30146条中提到的虚假的或有误导性的证明；和

（C）恢复被暂缓的注册。

（d）债券

（1）依据本条进口机动车的人，应向财政部部长（代理交通部部长）提供债券，并遵守交通部部长认为适当的条款，以确保该车辆：

（A）在车辆进口后的合理的时期内（由交通部部长指定），能符合本章规定的可适用的机动车安全标准；或

（B）能被财政部部长出口（美国政府不承担任何费用），或放弃给政府处理。

（2）按本款应提供的债券总额至少等于机动车的完税价格（财政部部长决定），但不能多于该价格的150%。

（e）费用的审核、调整和使用

交通部部长至少每两年应对按本条（a）款（3）项交纳的费用总额进行审核，并作适当调整。交通部部长应在每一个财政年度开始前确定该年的费用。所有征收的费用将一直保持不动，直到拨款法事先规定的范围没有财政年度的限制的情况下才可以使用。这些费用只供交通部部长用于：

（1）执行本条和本主题第30146条（a）款至（c）款（1）项，（d）款和（e）款及第30147条（b）款；

（2）向财政部部长预付因本条和本章第30146条引起的费用，以偿还财政部部长的那些开支。

第30142条　进口供私人使用的机动车

（a）一般性规定

本主题第30112条（a）款不适用进口机动车，如果：

（1）该车辆是由个人（本主题第30143条和30144条所述的个人除外）进口供私人使用而非转售；

（2）该车辆是1990年1月31日后进口；以及

（3）个人采取本条（b）款要求的行动得到豁免。

（b）豁免

（1）为取得本条（a）款规定的豁免，个人必须

（A）向财政部部长（代理交通部部长）提供：

（ⅰ）按本主题第30141条（d）款确定的适当数额的债券；

（ⅱ）与按本主题第30141条（c）款注册的进口商，就使机动车符合本章规定的可适用的机动车安全标准问题所签订协议的副本；以及

（ⅲ）该车辆符合本主题第30141条（a）款（1）项（A）段或（B）段要求的证明；以及

（B）遵守交通部部长强加的适当条款，以确保车辆：

（ⅰ）在进口后的合理时间内（由交通部部长指定）能符合那些标准；或

（ⅱ）能被财政部部长出口（美国政府不承担任何费用），或放弃给政府处理。

（2）若有正当理由，交通部部长可以允许个人在遵守本款（1）项（A）（ⅱ）要求时外加一定的时间，但是最多不超过该进口机动车提货日期后30天。

第 30143 条　美国以外工作的个人进口的机动车

（a）定义

在本条中，“工作指定的地点”（assigned place of employment）

（1）指个人持久地或无限期地被指定工作的主要地点；和

（2）就公务人员而言，指个人的永久责任地点。

（b）一般性规定

本章第 30112 条（a）款不适用于为私人使用（而非转售）而进口的机动车，机动车所有者：

（1）其被指定的工作地点从 1988 年 10 月 31 日起一直在美国以外，自此以后直到车辆进口到美国时，其在美国没有被指定的工作地点；

（2）从未根据本条或 1966 年《国家交通与机动车安全法》第 108 条（g）款，进口过机动车到美国，或者在 1988 年 10 月 31 日前，依据前述法案的第 108 条（b）款（3）进口过车辆；

（3）曾于 1988 年 10 月 31 日前获得过或通过签订契约获得过车辆；

（4）在不迟于 1992 年 10 月 31 日进口过机动车到美国；和

（5）满足 1988 年 10 月 30 日生效的前述法案第 108 条（b）（3）的要求。

（c）证明

本条（b）款可以通过交通部部长或财政部部长规定其形式的证明书来执行。

第 30144 条　临时进口的机动车

（a）一般性规定

本章第 30112 条（a）款不适用于个人临时进口的供私人使用的机动车，该个人是下列组织的一名成员：

（1）（A）外国政府在美国公干的人员或是按照国际组织豁

免法案（《美国法典》22 主题 288 以及以下等）任命的公共国际组织秘书处的成员；和

（B）国务卿授权自由进口机动车的特殊群体；或

（2）指派在美国执行任务的外国军队。

（b）确认

若交通部部长认为适当，交通部部长或财政部部长可以要求确认某个人是否为本条（a）款中描述的成员。交通部部长应确保，依据本条进口的机动车能被出口（美国政府不承担任何费用），或放弃给政府处理。当该个人不再：

（1）居住在美国；

（2）是本条（a）款中描述的成员。

（c）在美国的销售

依据本条进口的机动车，当其在美国时不可以出售。

第 30145 条　需要进一步加工的进口机动车或设备

本主题第 30112 条（a）款对下列机动车或机动车设备不适用，如果该车辆或设备：

（1）需要进一步加工以达到其设计的功能，该功能依据交通部部长规定的法规确定；

（2）在进口时附有制造商颁发的书面声明，表明该车辆或设备不符合本章规定的可适用的机动车安全标准。

第 30146 条　机动车和债券的让渡

（a）执行证明及债券

（1）除了本条（c）款和（d）款规定外，依据本章第 30141 条（c）款注册的进口商可以为在公共街道、公路、高速公路上使用的进口机动车获取执照或进行登记，或将注册进口商进口的，或由个人依据本章第 30142 条进口，而由注册的进口商改动以符合本章规定的可适用的机动车安全标准的机动车的保管权让渡给他人，由他人获取执照或登记，以便在公共街道、公路、高速公路上使用。但是注册进口商让渡前须以交通部部长规定的方式，向其证明该机动车在制造时已执行了规定的每一项标准，并且在该年适用于该机动车。在部长根据本条（c）款对车辆进行检查的30天期限结束前，如果部长作出书面通知，则车辆不能被让渡。

（2）交通部部长和财政部部长将制定法规：

（A）确保机动车和本主题第30141条（d）款中要求的债券的转让在30天期限内结束，除非交通部部长依据本条（c）款作出检查的通知；

（B）在依据本条（c）款进行检查并显示该车辆符合适用于车辆的标准后，交通部部长应及时地让渡车辆和债券。

（3）每一个注册进口商应在每一辆依据本款转让的机动车上附加交通部部长规定的标记，以鉴别该进口商和表明该车辆为遵守适用于车辆的标准已被该进口商改动。

（b）信任制造商的证明

在依据本条（a）款（1）作出证明时，如果进口商证明由其所作的任何改动并不影响车辆安全特征的执行，且进口商保存核实该证明的记录达到交通部部长规定的期限，则注册进口商可以信任制造商对型号实质上相同的车辆所作的证明。

（c）符合标准的证据

（1）交通部部长可以要求依据本条（a）款（1）项作出的证明附有其认为适当的执行标准的证据，或者可以检查被证明的机动车，或者二者皆需。如果部长发出检查的通知，则进口商可以转让车辆，只有在：

（A）通过检查表明，该机动车符合本章规定的可适用的机动车安全标准以后；

（B）部长让渡车辆以后。

（2）交通部部长应定期检查一批有代表性的、已按照本条

（a）款（1）项的规定提交了证明的机动车。在依照本章要求执行车辆测试计划时，部长应将这批有代表性的、已按本条（a）款（1）项规定提交了证明的机动车纳入其中。

（d）对证明的质疑

如果交通部部长在收到本条（a）款（1）要求的证明后的30天内，以书面形式告知其相信或有理由相信该证明是虚假的或含有虚假陈述，则车辆或债券不可依据本条（a）款进行让渡。只有在部长对该证明和该证明的任意改正满意之后，该车辆和债券才可以被让渡。

（e）债券的让渡

依据本主题第30141条（d）款要求的债券的转让，即被认为是依据本条对证明的认可或检查的完成，但不能认为是交通部部长依据本主题第30118条（a）或（b）款作出的该机动车符合本主题规定的可适用的机动车安全标准的认定。

第30147条　缺陷和不符合标准的责任

（a）认定特定车辆有缺陷或不符合标准以及将进口商视为制造商

（1）在实施本主题第30117条（b）款、第30118～30121条、第30166条（f）款时

（A）对于为进口美国而最初制造的机动车，其存在缺陷或不符合本章规定的可适用的机动车安全标准，那么具有本主题第30146条（a）款（1）规定的有效证明的进口机动车，以及被认定与前述机动车实质性相似的进口机动车，将被视为同样存在缺陷或同样不符合标准。除非制造商或按本主题第30141条（c）款注册的进口商向交通部部长证明事实并非如此；以及

（B）注册进口商应被视为由其进口的、或按本主题第30142条规定使该车辆符合为个人规定的标准的任何机动车的制造商。

（2）部长应在《联邦注册》上公布本款（1）项（A）中提

到的任何缺陷或不符合标准的通告。

（b）财政责任要求

交通部部长应通过规则要求每个注册进口商（包括任何利益继承人）提供并保存部长满意的证据，该证据表明其具有充足的财政责任来履行本主题第 30117 条（b）款、第 30118 ~ 30121 条和第 30166 条（f）款的义务。

第 30161 条　标准的司法复审

（a）提交申请和审判地点

受到本章机动车安全标准规定的指令不利影响的人，可以在其居住地或主要业务所在地的美国巡回上诉法院提出复审请求，请求对该指令进行复审。复审请求书必须在不迟于该指令发布后的 59 天内提出。

（b）通知部长

法院的职员应立即将请求书的副本邮寄给交通部部长。部长应向法院提交一份规定该指令的程序记录。

（c）追加程序

（1）应上诉者的请求，如果法庭认为追加的证据是必不可少的，而且在作出指令的过程中不在部长面前出示证据有充分的理由，则法庭可以裁定部长接受追加的证据和反证证据。

（2）由于追加证据的提出，部长可以修改事实的调查结果或作出新的调查结果。部长应向法庭提交经修改的或新的调查结果、修改或搁置指令的建议及追加的证据。

（d）经确认的程序记录复印件

部长应向据本条提出请求并支付费用的任何利害关系人，提供经确认的程序记录的复印件。经确认的诉讼记录复印件在依据本章规定所引发的诉讼中可以被采用，不管本条规定的诉讼是否已经开始或终结。

（e）最终判决和最高法院复审

法庭根据本条所作的判决是最终判决，只有最高法院根据第28主题第1254条才可以复审。

第30162条　利害关系人对标准和执行的申请

（a）提交

任何利害关系人都可以向交通部部长提交申请，要求部长启动以下程序：

（1）依据本章制定机动车安全标准；或

（2）决定是否依据本主题第30118条（b）款发布指令。

（b）陈述事实

申请人必须在申请中陈述事实，以表明其主张制定机动车安全标准或主张发布本条（a）款中提及的指令是必要的，并简要地描述部长应发布的指令。

（c）程序

交通部部长可以主持一个公开的听证会，或进行调查，或建立程序，以决定是否批准申请。

（d）部长的行动

交通部部长应在不晚于申请递交后的120日内批准或拒绝申请。如果申请被批准，部长应立即开始该程序。如果申请被拒绝，部长应在联邦注册上公布拒绝的原因。

第30163条　司法部部长的诉讼

（a）执行民事诉讼

司法部部长可以在美国联邦地区法院提起民事诉讼，禁止：

（1）违反本章或依据本章制定的规则或发布的指令；和

（2）在最初诚意购买而非转售之前，销售、出卖、在洲际贸易中引进、为引进而交付或进口到美国的任何机动车和机动车设备，由于这些车辆或设备被认定：

（A）含有涉及机动车安全缺陷，有关该缺陷的通知已按本主题第 30118 条（c）款作出，或有关该缺陷的指令已按照本主题第 30118 条（b）款作出；或

（B）未遵守依据本章规定的可适用的机动车安全标准。

（b）事先通知

当可行时，交通部部长应通知其计划依据本条（a）款提起民事诉讼的任何人，使其有机会提出自己的观点（了解并故意违反本章规定的人除外），并提供其一个合理的机会以弥补缺陷或遵守本章规定的可适用的机动车安全标准。如果未通知或未提供弥补缺陷或遵守本章规定的可适用的机动车安全标准的机会，将不能阻止法庭对该人责任的适当减轻。

（c）审判地点

除本主题第 30121 条（d）款规定外，本条或本主题第 30165 条（a）款规定的民事诉讼，可以在违规发生地，被告被发现地、居住地或其业务所在地的司法辖区提起。该诉讼程序可以在被告居住地或被发现地的任何其他的司法辖区适用。

（d）陪审团审讯要求

在违反禁令或违反受本条（a）款发布的指令的审判中藐视法庭而受审时，被告可以要求有陪审团。被告应按照联邦刑事诉讼程序规则①第 42 条（b）款的规定受审。

（e）证人传唤

在根据本条提出的民事诉讼中，对证人的传唤可以适用于任何司法辖区。

第 30164 条　传票送达

（a）指定代理人

提供进口机动车或机动车设备的制造商应指定一个代理人，

---

① 《联邦犯罪程序法》（Federal Rules of Criminal Procedure）（《美国法典》附件 18）。

行政和司法讼诉中的通知和传票将对该人作出送达。应以书面形式指定并提交给交通部部长。可以通过采取与最初作出指定相同的方式对指定加以改变。

（b）送达

对于代理人，可以在其办公地点或经常居住地送达。对代理人送达即被视为对制造商送达。如果制造商没有指定代理人，则部长办公室里的通知或传票可以邮寄送达。

第30165条 民事处罚

（a）罚款

任何人违反本主题第30112、30115、30117～30122条、第30123条（d）款、第30125条（c）款、第30127、30141～30147条或第30166条任一条款或违反依据前述任一条款而制定的法规，应受到美国政府对每一项违法行为不超过1000美元的民事处罚。一项单独的违反发生在每一辆机动车或每一个机动车设备项目上，以及发生在每一次未能或拒绝遵守、履行以上任一条款所要求的一项法令。依据本款对一个相关系列的违法行为进行处罚的最高罚款额为800 000美元。

（b）折中与抵消

（1）交通部部长可以折中依据本条收取的民事处罚金额。

（2）政府可以从其对被处罚人的欠款总数中，扣除按本条收取或经折中的民事处罚数额。

（c）考虑因素

在决定民事处罚或折中处罚的金额时，应使处罚和折中与被处罚人所掌管的业务的大小及违法行为的严重程度相当。

（d）证人传唤

在按本条提起的民事诉讼中，对证人的传唤可以适用于任何司法辖区。

第 30166 条　检查、调查和记录

（a）定义

在本条中，“机动车事故”（motor vehicle accident）指与机动车或机动车设备保养或操作相关的，导致人员受伤、死亡或财产损失的情形。

（b）检查和调查的权限

（1）交通部部长可以进行的检查或调查为：

（A）对于实施本章或实施依据本章制定的规则或发布的命令将是必要的；或

（B）与机动车事故相关和被指定执行本章计划。

（2）交通部部长在执行本款（1）项（B）的检查和调查时，应尽最大程度可能与州及地方官员进行合作。

（c）可被检查的事项及扣押

在执行本章时，由交通部部长指派的官员或雇员：

（1）在合理的时候，可以检查和复制任何与本章相关的记录；

（2）经要求，可以检查制造商、批发商或销售商的记录，以确定制造商、批发商或销售商是否已经遵守或正在遵守本章的规定、根据本章制定的法规或发布的指令；

（3）在合理的时候，以合理的方式，并且向所有者、操作者或负责的代理人出示正式的证件和书面通知后，可以

（A）合理及时地进入并检查生产制造机动车或机动车设备的场所、装有为州际贸易而引进的或装有在州际贸易中引进后将销售的机动车或机动车设备的场所；

（B）合理及时地进入并检查存放与机动车事故关联的车辆或设备的场所；

（C）合理及时地检查上述车辆或设备；

（D）在不超过 72 小时内扣押与机动车事故关联的车辆或设备。

（d）合理的赔偿

当机动车（本主题第 135 章第一节规定的车辆除外）、机动车设备依据本条（c）款（3）项的规定被检查或被临时扣押时，如果检查或扣押造成了车辆无法使用或价值贬低，则交通部部长应向车辆所有者支付合理的赔偿。

（e）记录和撰写报告

交通部部长可以合理地要求机动车或机动车设备的制造商保存记录，及合理地要求制造商、批发商或经销商撰写报告，以使部长能够确定他们是否遵守了或正在遵守本章的规定、根据本章制定的法规或发布的指令。除那些依据本条（f）款和本主题第 30117 条（b）款，或根据（f）款制定的法规或发布的指令，或根据第 30117 条（b）款的要求而被要求需保持记录的批发商或销售商外，本款不强求批发商或销售商保存记录。

（f）提供关于缺陷和不符合标准的交流书复印件

制造商应向交通部部长提供真实的或有代表性的交流书复印件，交流书的内容为制造商每次与其经销商及其生产的机动车或机动车替换设备的所有者或购买者，就所出售的或所服务的车辆或设备的缺陷或不符合本章规定的机动车安全标准的问题所做的交流。

（g）关于报告、答辩和听证会的行政权

（1）在执行本章时，交通部部长可以：

（A）以普通的或特殊的指令要求任何人提交对特定问题的报告或答辩，包括经宣誓的报告和答辩；和

（B）举行听证会，执行宣誓，搜集证据和要求证人出庭（用传唤或其他方式）作证，要求提供部长认为可取的记录。

（2）按本款传唤的证人，有权享有与美国法庭支付给证人相同的费用和里程补贴。

（h）民事诉讼的执行和审判地点

执行按本条（g）款规定的传唤或指令的民事诉讼，可以向

任何规定该程序的司法辖区的美国联邦地方法院提起。法庭可以惩罚未遵守法庭传唤裁定的行为，以及以藐视法庭的方式未遵守法庭裁定的行为。

（i）政府合作

交通部部长可以请求美国政府的部门、办事处或其他机构提供部长认为执行本章必需的记录。各部门、办事处或其他机构的领导人应根据请求提供相应的记录，可以在有偿基础上提供人事方面的详细情况，和其他应与部长合作的方面。本款对各部门、办事处或其他机构的负责人向另外的部门、办事处或其他机构提供信息的法律限制不产生影响。

（j）部长的合作

在发展检查和测试的方法，以决定是否遵守机动车安全标准方面，交通部部长可以向政府的各部门、各办事处、其他机构、各州以及其他公共和私人机构提出建议、提供帮助和与他们进行合作。

（k）提供信息

交通部部长应向司法部部长（在适当的时候，提供给财政部部长）提供所获得的信息，该信息表明对本章或根据本章制定的法规或发布的指令有所违反。

第 30167 条　交通部部长披露信息

（a）信息的保密性

根据本章获取的，与第 18 主题第 1905 条提及的机密内容有关的信息，只能通过以下途径进行披露：

（1）向执行本章的其他官员和人员；

（2）与依据本章进行的诉讼有关时；

（3）在保护信息的机密性的情况下，向公众披露；

（4）当部长认为披露信息对执行本主题第 30101 条必要时，向公众披露。

（b）缺陷和不符合标准的信息

受本条（a）款的约束，在部长认定披露有助于执行本主题第30117条（b）款和第30118～30121条，或披露被本主题第30118条（a）款所要求的情况下，部长应披露依据本章获取的涉及缺陷或不符合标准的信息。本款对披露信息的要求是对第5主题第552条要求的补充。

（c）有关制造商成本增加的信息

由于成本增加而反对部长按本章采取行动的制造商，应向部长提交成本增加的信息，包括制造商的成本和零售购买者的成本，以便公众和部长对制造商的陈述作出评估。部长应立即对该信息作出评估，并根据本条（a）款将信息和评估情况公之于众。交通部部长应在联邦注册上公布该信息是有效的通知。

（d）对国会的信息保留

本条不允许对授权拥有信息的国会委员会保留信息。

第30168条　研究、试验、开发和培训

（a）一般权限

（1）交通部部长应开展为执行本章而必需的研究、试验、开发和培训。研究、开发、试验和培训应包括：

（A）搜集信息，确定机动车和机动车设备性能特性与下列情况的关系

（ⅰ）交通事故涉及的机动车；

（ⅱ）由事故造成的死亡的发生和人员的伤害；

（B）获取用于试验的以及其他供研究和试验的机动车和机动车设备；

（C）出售或用其他方式处置试验的机动车和机动车设备，并把所得收入归入用于执行本章的现行拨款中。

（2）部长可以通过授权给州、州际当局和非营利性机构来执行本章。

（b）利用公共机构

在执行本章时，部长应最大程度地利用公共机构的服务、研究和试验设施以避免重复。

（c）设施

部长可以计划、设计、建造新的设施或改造现有设施，以开展交通安全、公路安全和机动车安全方面的研究、开发和试验。用于计划、设计或建设的支出超过 10 万美元的，只有众议院的商业、交通和基础建设委员会和参议院的商业、科学、交通、环境和公共建设工程委员会作出基本上相同的决议的情况下才能被使用。为获得批准，部长应向国会递交提议设施的计划书。该计划书应包括：

（1）简要介绍计划、设计或建设的设施；

（2）设施所在地；

（3）对设施最大成本的评估；

（4）确认将使用设施的私人和公共机构以及每一机构将给设施造价捐款的陈述；

（5）需要该设施的正当理由。

（d）被批准设施增加的费用

根据本条（c）款批准的设施，其评估的最大费用可以按总额与向国会提交计划书时起，按建设费用增加的百分率相等的程度增加。然而，增加的设施费用不能高于包括在计划书中评估的最大费用的 10% 。部长应决定哪些建设费用已经发生增加。

（e）信息、专利和新发明的可利用性

当美国政府根据本章对研究或开发活动做了超过最低限度贡献时，部长应在活动的排列上加入一条法规，以确保公众可以得到与活动相关的信息、专利和新发明。无论怎样，专利背后的所有者不能被剥夺对该专利的权利。

第30169条　年度报告

（a）总报告

交通部部长应于每年的7月1日向总统提交前一年本章执行情况的报告，然后由总统呈交国会。报告应包括：

（1）一份详细的事故和伤害统计资料汇编；

（2）正在实行的或依据本章制定的机动车安全标准；

（3）该标准被遵守的程度；

（4）对授权和合同当前研究的总结以及在授权和合同中应被考虑的问题的介绍；

（5）对已完成的研究活动的分析和评估，以及取得的技术进步；

（6）强制执行诉讼；

（7）向科学界提供技术信息以及向公众提供消费者导向信息的程度；

（8）为促进州际合作以改进交通安全、加强国家交通安全计划的立法建议。

（b）进口机动车报告

在不晚于根据1988年进口车辆安全执行法案第2条（e）（1）（B）首次制定法规后的18个月内，部长应向国会提交为执行本章第3节所采取的行动及行动有效性的报告，包括由部长依据本章第30146条（c）款（2）进行的任何测试。第一次报告后，部长应依据本款在每年7月31日前向国会提交一份报告。

1. 相关的成文规定

A. 改善气囊安全性［21世纪交通衡平法第7103条］

B. 保险报告［《强化交通工具召回、责任与文件法案》第3（d）部分］

C. 轮胎的耐磨性和抗压性［《强化交通工具召回、责任与文件法案》第10部分］

D. 改良轮胎信息［《强化交通工具召回、责任与文件法案》第 11 部分］

E. 轮胎气压警告［《强化交通工具召回、责任与文件法案》第 13 部分］

F. 改进儿童专用保护装置安全性［《强化交通工具召回、责任与文件法案》第 14 部分］

G. 改进召回标准［《强化交通工具召回、责任与文件法案》第 15 部分］

H. 后续报告［《强化交通工具召回、责任与文件法案》第 16 部分］

I. 预算拨款授权［《强化交通工具召回、责任与文件法案》第 17 部分］

J. 安东法

K. 侧面碰撞保护规定［《运输权益法案：对用户的馈赠》第 10320 条］

L. 轮胎研究［《运输权益法案：对用户的馈赠》第 10303 条］

M. 避免被倒车车辆碾倒的技术报告车辆倒车规避技术研究［《运输权益法案：对用户的馈赠》第 10304 条］

N. 非交通事故数据汇集［《运输权益法案：对用户的馈赠》第 10305 条］

O. 安全带使用技术研究［《运输权益法案：对用户的馈赠》第 10306 条］

P. 电动车窗开关［《运输权益法案：对用户的馈赠》第 10308 条］

Q. 预算拨款授权［《运输权益法案：对用户的馈赠》第 10310 条］

2. 相关的成文规定

A. 成文规定：《美国法典》第 49 主题第 30127 条注释。

1998 年 6 月 9 日，《21 世纪交通衡平法》（简称 TEA－21）第 105～178 页第 7 主题 A 部分第 7103、112 条第 465 款。

第 7103 条　改善气囊安全性

（a）改善气囊的规章

（1）建议规章制定通知。在 1998 年 9 月 1 日之前，交通部秘书处应在《联邦机动车安全标准》第 208 号标准下，发布建议规章制定通知，用以提高针对不同体型，有安全带和无安全带的乘客的保护，同时将由于安全气囊导致的婴幼儿、儿童及其他乘客的受伤、死亡风险最小化。

（2）最终法案。尽管有其他法律的规定，在 1999 年 9 月 1 日之前，秘书处需通过颁布一部包括所有秘书处认为适当，并符合第（1）段和《美国法典》第 49 主题第 30111 条的最终法案，来完成在这部分要求下的规章制定。如果秘书处认定不能在此日期前完成符合第（1）段要领的最终法案，秘书处可以将颁布最终法案的日期延迟至不晚于 2000 年 3 月 1 日。

（3）生效期。按本部分要求制定的最终法案自颁布之日起生效，不得早于 2002 年 9 月 1 日，不得超过最终法案颁布日期之后 30 个月，也不得晚于 2003 年 9 月 1 日。最终法案对在 2005 年 9 月 1 日之后生产的由《美国法典》第 49 主题第 30127（b）条认证的所有车辆完全有效。在本段要求下最终法案的逐步实施开始于 2003 年 1 月，那么在这种情况下，也只有在这种情况下，秘书处有权令最终法案在 2006 年 9 月 1 日完全生效，并且对在 2006 年 9 月 1 日及其以后生产的车辆有效。

（4）生效期的协调。第 208 号标准的 S13 要求将一直生效，除非或直到本部分的规定发生变化。

（5）早期遵守行为的奖励。为鼓励早期遵守行为，秘书处规定包括在第（1）段要求下的建议规章制定通知，通过遵守通知里的要求，制造商可以为将来的遵守行为赢得奖励。奖励，在车辆一对一的基础上，可以由被认证为完全遵守《美国法典》

第49主题第30115条第（2）段要求的车辆获得，这些车辆或者是

（A）在逐步实施期之前被鉴定的；

（B）在逐步实施期内超出实施要求范围的。

（b）顾问委员会。任何政府顾问委员会，特派组或者其他涉及安全气囊的实体，应该包括消费者、安全机构、保险公司、制造商和供应商的代表。

B. 成文规定

《强化交通工具召回、责任与文件法案》

2000年11月1日，《公法》第106~414页，第114部分第1800条

第3部分

（d）保险报告。交通部秘书处需要制定一份报告，以决定从提供私人乘用车辆保险或者调解这种车辆保险索赔的人那里获得定期的关于私人乘用车辆事故索赔总体信息的可行性和效用。在本法案颁布日期之后的120天内，秘书处需要将此报告移交给众议院商务委员会和参议院商务、科学和运输委员会。

C. 成文规定

《强化交通工具召回、责任与文件法案》

2000年11月1日，《公法》第106~414页，第114部分第1800条

第10部分　轮胎的耐磨性和抗压性

交通部秘书处需制定一部规章以修订和更新在《联邦管理法典》第49主题第571.109条和第571.119条下颁布的轮胎标准。秘书处需在2002年6月1日之前完成这部分的规章制定。

D. 成文规定

《强化交通工具召回、责任与文件法案》

2000年11月1日，《公法》第106~414页，第114部分第1800条

第 11 部分　改良轮胎信息

（a）轮胎标志。在本法案颁布日期后 30 天内，交通部秘书处需要开始一项规章制定进程，用以改良在《美国法典》第 49 主题第 30123 部分要求下的轮胎标志，帮助消费者鉴别轮胎是在第 30118 条（b）段决定下的产物，还是在第 30118 条（c）段要求通告下的产物。秘书处需在 2002 年 6 月 1 日之前完成规章制定。

（b）压力水平和装载量限制。在（a）部分规定的规章下，秘书处可以采取适合确保公众知晓为保证机动车安全操作而留意机动车载重量限制和保持适度轮胎内压水平重要性的附加措施。这些附加措施可以包括要求机动车制造商向机动车购买者提供相应的轮胎内压水平和载重量限制的信息（如果秘书处认为要求制造商提供这些信息是信息被提供的最好方式）。

E. 成文规定

《强化交通工具召回、责任与文件法案》

2000 年 11 月 1 日，《公法》第 106 ~ 414 页，第 114 部分第 1800 条

第 13 部分　轮胎压力报警

在本法案颁布后一年之内，交通部秘书处需完成一部旨在要求在新的机动车上配备报警系统的规章，当轮胎承受压力达到极限时提醒驾驶者。该规章的生效日期不得迟于规章制定完成后两年。

F. 成文规定

《强化交通工具召回、责任与文件法案》

2000 年 11 月 1 日，《公法》第 106 ~ 414 页，第 114 部分第 1800 条

第 14 部分　改进儿童专用保护装置安全性

（a）一般规则。在本法案制定后 12 个月内，交通部秘书处需制定一部旨在提高儿童专用保护装置安全性的规章，包括将来

自侧面碰撞的头部伤害最小化。

（b）其他需要考虑的因素。在（a）部分要求下的规章制定，秘书处需考虑：

（1）是否要比现行的《联邦机动车安全标准》要求更多的全面的儿童专用保护的测试，包括动态测试的使用：

（A）复制一系列碰撞情形，比如侧碰撞和后碰撞；

（B）在本法案制定之时起考虑乘用机动车的设计。

（2）是否要求使用假人测试设备：

（A）表现更大范围的不同的儿童体型包括需要使用假人测试设备用以代表一个10岁的儿童；

（B）是混合型假人测试设备。

（3）是否要改善由侧碰撞和后碰撞导致的头部伤害的保护设备；

（4）怎样以模型形式向消费者提供有关儿童专用保护装置及车辆座椅设置的物理原理的信息；

（5）是否要按要求在儿童专用保护装置处作出更为简洁明白的标志和说明；

（6）是否要修正《联邦机动车安全标准》关于儿童专用保护装置适用于体重不超过80lb儿童的第231号（《联邦管理法典》第571.213条）标准；

（7）是否要设置儿童专用加高安全座椅和进行对三点固定安全带结构完整性要求的动态测试；

（8）是否应用来自《联邦机动车安全标准》关于儿童专用保护装置的第208号标准和关于儿童专用加高安全座椅的第213号标准的局部伤害标准执行级别，包括颈部伤害；

（9）是否包括在《新车安全评估标准》下每一项车辆碰撞测试中的儿童专用安全保护。

（c）向议会提交的报告。如果秘书处在最终法案中并没有综合考虑（b）部分的任何因素，秘书处需要以报告形式向参议院商务、科学和运输委员会和众议院商务委员会作出解释，报告需要在最终法案颁布后 30 天内提交，明确为什么秘书处在最终法案中没有综合考虑这些因素。

（d）完成。尽管存在其他法律的规定，秘书处需在本法案颁布后的 24 个月内完成（a）部分要求的规章制定。

（e）儿童专用说明。在本部分，术语“儿童专用保护装置”与《联邦管理法典》第 49 主题第 571.213 条的“儿童专用安全装置”意思一致（在本法案制定之日起生效）。

（f）拨款。每个财政年度，秘书处可支配的用于改善安全性活动的款项中，至少有 75 万美元需要拨给有关儿童专用保护装置的碰撞测试。

（g）儿童专用保护装置安全性级别计划。在本法案颁布之日后的 12 个月内，交通部秘书处需发布关于确立儿童专用保护装置安全性级别消费信息计划的建议规章，用以为消费者购买儿童专用保护装置作出正确决定提供可行的、易懂的和及时的信息。在本法案颁布日期后 24 个月内，秘书处需颁布最终法案确立儿童专用保护装置安全性级别计划并提供其他秘书处认为对购买儿童专用保护装置的消费者有用的信息。

（h）儿童专用安全座椅报告。除考虑儿童专用安全座椅的执行和（b）（7）部分包含的结构完整性外，在本法案颁布之日后的 12 个月内，交通部秘书处需要起草并完成一份研究报告，考虑公众关于儿童专用安全座椅的使用和效用的意见，汇集关于使用儿童专用安全座椅的优点和缺点的资料，如果可以，比较同时使用对角式安全带和儿童专用安全座椅的儿童与只使用对角式安全带的儿童，并提交一份研究结果报告给国会。

（i）儿童专用安全座椅教育计划。交通部秘书处在本法案颁布日期后 1 年以内，需开展将由未使用儿童专用安全座椅而导致的 4 ~ 8 岁儿童的死亡率和受伤率减少 25% 的五年战略计划。

G. 成文规定

《强化交通工具召回、责任与文件法案》

2000 年 11 月 1 日，《公法》106 ~ 414 页，第 114 部分第 1800 条

第 15 部分　改进召回标准

（a）关于应用于公开缺陷或不符合调查的标准和尺度的审查。秘书处需在本法案制定日期后 30 日内，实施一项关于国家高速公路安全管理局在依照《美国法典》第 49 主题第 301 章第 2 节或第 4 节决定是否公开缺陷或不符合调查时使用的所有的标准、尺度、程序和方法，包括数据管理和分析的全面审查，并且实施的这些审查步骤对于修订和改善这些标准、尺度、程序和方法，包括数据管理和分析是必要的。

（b）向国会提交报告。在本法案颁布日期后 1 年内，秘书处需向众议院商务委员会和参议院商务、科学和运输委员会移交一份秘书处在（a）部分下描述其发现和行动的报告。

H. 成文规定

《强化交通工具召回、责任与文件法案》

2000 年 11 月 1 日，《公法》第 106 ~ 414 页，第 114 部分第 1800 条

第 16 部分　后续报告

在本法案制定后一年，交通部秘书处需向国会报告关于本法案的修正案的执行情况和另外的关于消费者安全的修正案的所有建议。

I. 成文规定

《强化交通工具召回、责任与文件法案》

2000 年 11 月 1 日，《公法》第 106 ~ 414 页，第 114 部分第 1800 条

第 17 部分　预算拨款授权

除去由《美国法典》第 49 主题第 30104 条和 32102 条授权

拨出的款项，交通部秘书处被授权在 2001 财政年度拨款 9100000 美元给国家高速公路安全管理局执行本法案及其修正案。

J. 安东法

《公法》第 107 ~318 页

第 107 次国会

2002 年 12 月 4 日被核准

一部在国会召开时由美国参众两院制定颁布为改善乘用机动车的儿童专用保护装置安全性及其他目的而制定的法案。

第 1 部分　别名

这部法案可以被称作“安东法”。

第 2 部分　决定

国会认定以下：

（1）所有机动车的儿童乘客，不管座椅位置，应被适当保护以减少由于机动车在街道、公路和高速公路的碰撞而导致的受伤和死亡事故，这是交通部的政策。

（2）研究表明在乘坐乘用机动车时，4 ~8 岁的儿童中得到与其年龄相当的安全保护措施是很少的。

（3）超过适用儿童专用安全座椅年龄的儿童应当乘坐配有安全带的加高座椅，直到他们能够乘坐成人安全带座椅。

（4）乘坐乘用机动车的儿童中得到适当的安全保护措施的要比没有得到安全保护措施的较少受到交通事故导致的严重伤害。

第 3 部分　改善乘用机动车的儿童安全保护装置

（a）一般措施。交通部秘书处（以下简称“秘书处”）需要发起一项规章制定程序，以确立儿童安全保护的执行要求，包括儿童专用安全座椅，为保护体重超过 50lb 的儿童的安全。

（b）需要考虑的因素。在（a）部分要求下的规章制定过程中，秘书处需要：

（1）考虑在规章制定过程中确立的要求里是否包括儿童安全保护的伤害标准，是否包括为体重超过 50lb 的儿童乘坐乘用机动车提供保护的专用安全座椅和其他产品。

（2）考虑是否要确立与儿童专用安全座椅同时使用的安全带及其他安全带设施的执行要求。

（3）考虑是否说明在何种情形下，体重超过 50lb 的儿童能够使用配有安全带的座椅，比如限定这些儿童在一定范围内可以使用。

（4）回顾《联邦管理法典》第 49 主题第 571.213 条的两部机动车安全标准第 213 号标准的术语“儿童专用安全座椅”的定义，决定该定义是否能够被充分理解接受。

（c）接受：秘书处需要在本法案颁布后的 30 个月内完成（a）要求的规章制定程序。

第 4 部分　模拟 10 岁儿童的假人测试设备的使用

（a）发展和评估：在本法案颁布之后的 24 个月内，秘书处需发展和评估用于测试机动车儿童安全保护的模拟 10 岁儿童的假人测试设备。

（b）通过规章被采用：在执行（a）部分的发展和评估后 1 年内，秘书处需为采用（a）部分发展的假人测试设备开始一项规章制定程序。

第 5 部分　安装安全带的要求

（a）一般要求。在本法案颁布后的 24 个月内，秘书处需完成一项规章制定程序，用以修正《联邦管理法典》第 49 主题第 571.208 条的《联邦机动车安全标准》第 208 号标准，涉及乘客碰撞保护的内容。目的是为了：

（1）要求额定总车重不超过 10000lb 的机动车在每一个后排指定座椅安装安全带，除非秘书处认为为特殊型号的乘用机动车的特殊指定座椅安装安全带是行不通的，秘书处可以将这些特殊情况排除在外；并且

（2）使针对乘用机动车的要求与（b）部分协调一致。

（b）执行进度。（a）（1）部分作出的要求应在相应的生产年内被执行，生产年必须是在（a）部分规则被制定的这一年年末后12个月内开始的。最终法案应适用于所有在逐渐执行进度中第三个生产年制造的额定总车重不超过10000lb的乘用机动车。

第6部分　儿童专用安全保护装置完整性评估

（a）评估。在本法案颁布后的180天内，秘书处需对儿童固定保护装置及专用安全座椅作出评估。评估需包括：

（1）儿童固定设备的安全性和安装的正确性；

（2）关于设备和采用儿童保护设备的车辆的测试数据的有效性；

（3）不同构造和样式的儿童保护设备的兼容性；

（4）供销售的儿童保护设备的大规模生产的成本效率；

（5）儿童保护设备对于乘坐机动车的儿童的使用舒适性和相关的实用性；

（6）内置安全座椅对于遵守州立儿童乘客保护法的益处；

（b）报告：在本法案颁布后12个月内，秘书处需要向众议院能源与商务委员会及参议院商务、科学和运输委员会移交一份评估报告。

第7部分　定义

以下定义正如本法案所使用的那样：

（1）儿童固定保护装置：术语“儿童固定保护装置”的意思是所有符合国家高速公路安全管理局制定的《联邦机动车安全标准》，为儿童提供固定保护而设计的产品（包括儿童专用安全座椅及其他配备安全带的产品）。

（2）生产年：术语“生产年”是指从每年的9月1日到次年8月31日之间的12个月。

（3）乘用机动车：术语“乘用机动车”的意思是《美国法

典》第 23 主题第 405（f）（5）处赋予的意思。

第 8 部分　预算拨款授权

（a）一般要求。秘书处被授权拨款 500 万美元用于：

（1）本法案第 6 部分要求的评估；和

（2）由于机动车碰撞引发的儿童伤害的行为和原因研究；

（b）限制。（a）部分要求下的拨款不能被用作秘书处的一般行政性开支。

K.《运输权益法案：对用户的馈赠》中成文的机动车安全性能规定

第 10302 条　侧面碰撞保护规章

（a）规章制定：在《美国法典》第 49 主题第 301 章要求下，秘书处需完成一项规章制定程序，为加强乘用机动车所有座椅的乘客侧面碰撞保护确立标准。秘书处需在 2008 年 6 月 1 日前颁布最终法案。

（b）最终期限。如果秘书处认定无法在本部分要求的最终期限完成最终法案。秘书处需要：

（1）通知参议院商务、科学和运输委员会及众议院能源与商务委员会，并解释为什么不能在最终期限完成；

（2）确定新的最终期限。

L.《运输权益法案：对用户的馈赠》中成文的机动车安全性规定

第 10303 条　轮胎研究

在本法案颁布后两年内，秘书处需向参议院商务、科学和运输委员会及众议院能源与商务委员会移交一份研究轮胎寿命管理的报告。报告需包括一份关于所有联邦机构调查报告、活动、结论和与轮胎寿命有关的建议及关于轮胎寿命的潜在规章的建议的概要。

（a）符合性修正。通过对 30127 条和 30128 “交通事故排出物保护” 及其后相关条目中插入的有关内容对第 301 章进行分析。

M.《运输权益法案：对用户的馈赠》中成文的机动车安全性能规定

第10304条　车辆倒车规避技术研究

（a）一般要求。国家高速公路安全管理局的官员需开展一项减少由于额定总车重不超过10000lb的乘用机动车的停放移动造成的伤亡事故的有效办法的研究。官员需在本法案颁布后的一年内完成研究并在本法案颁布后15个月内将研究结果报告给参议院商务、科学和运输委员会及众议院能源与商务委员会。

（b）不能公布的特殊问题。（a）部分要求下的研究需要：

（1）包括一份关于防止被倒车车辆碾倒的技术分析；

（2）鉴别、评估和比较现有的观测额定总车重不超过1万lb的乘用机动车后方有人或物体的技术及其安装的精确性、有效性、成本和可行性；

（3）提供一份关于额定总车重不超过1万lb的乘用机动车广泛使用防止被倒车车辆碾倒的设备和技术后的费用节省评估，包括来自于：

（A）防止伤亡带来的费用节省；

（B）防止对缓冲器和其他机动车零件的破坏和对其他物体的破坏带来的费用节省。

N.《运输权益法案：对用户的馈赠》中成文的机动车安全性能规定

第10305条　非交通事故数据收集

（a）一般要求。与第10304条的要求相协调，国家高速公路安全管理局需要确立收集和保留额定总车重不超过1万lb的机动车的非交通事故中有关伤亡人数和类型的数据方法。

（b）数据收集和公布。至少每两年，交通部秘书处需要将在（a）部分要求下收集的数据公布一次。

O.《运输权益法案：对用户的馈赠》中成文的机动车安全性能规定

第 10306 条　安全带使用技术研究

秘书处需着手一项关于安全带使用技术的研究，以便考虑在技术上对安全带进行可行的进一步的改进。秘书处需在 2008 年 6 月 1 日前完成这项研究报告。

P.《运输权益法案：对用户的馈赠》中成文的机动车安全性能规定

秘书处需修正联邦机动车连安全标准第 118 号标准，要求额定总车重不超过 1 万 lb 的机动车的电动车窗配有开关，只有当开关被拔起时车窗才能被打开。秘书处需在 2007 年 4 月 1 号之前颁布一项最终法案以贯彻执行本部分。

Q.《运输权益法案：对用户的馈赠》中的成文的机动车安全性能规定

预算拨款授权

由秘书处执行第 49 主题第 301 章和第 49 主题第 6 副题的 C 部分的预算拨款授权：

（1）2006 年财政年度预算拨款 136000000 美元；

（2）2007 年财政年度预算拨款 142800000 美元；

（3）2008 年财政年度预算拨款 149900000 美元；

（4）2009 年财政年度预算拨款 157400000 美元。

（二）强化交通工具召回、责任与文件（TREAD）法案

修正《美国法典》第 49 主题，要求报告机动车、轮胎或其他机动车设备在外国出现的有关缺陷，以及其他目的。

该法案由美利坚合众国国会参议院、众议院一致通过。

第1条 简　　称

该法案被引作“强化交通运输工具召回、责任与文件（TREAD）法案”。

第2条 保留第30118条

根据2001年交通部和相关机构拨款法案的第364条对《美国法典》第49主题第30118条所做的修正废除，原款生效。

第3条 最后期限报告要求

（a）产品和机动车在国外出现的缺陷——在《美国法典》第49主题第30166条末尾处添加如下内容，对该款进行修正：

（l）报告机动车和产品在外国出现的缺陷——

若制造商在外国对机动车或机动车设备决定执行安全召回或其他安全活动，并且这些机动车或机动车设备与在美国销售的相同或实质相似，制造商应在作出召回决定后5个工作日内，将此召回决定报告给部长。

（2）报告外国政府确定的产品缺陷——

若外国政府通知制造商，其已确定制造商必须对机动车或机动车设备执行安全召回或其他安全活动，并且这些机动车或机动车设备与在美国销售的相同或实质相似，制造商应在接到通知后5个工作日内，将此召回决定报告给部长。

（3）报告要求：部长根据本小节的要求规定通告的内容

（b）早期预警报告的要求——在《美国法典》第49主题第30166条的末尾处添加如下内容，对该款进行修正：

（m）早期预警报告的要求——

（1）条例制定要求——自交通运输工具召回的强化、责任和记录（TREAD）法案颁布后120日内，部长应开始条例制定程序，以要求机动车制造商或机动车，设备制造商进行早期预警报告，从而加强部长实行本章条款的能力。

（2）最后期限——部长应在2002年6月30日（含）以前，签发第（1）段中的最终条例。

（3）报告内容

（A）担保和索赔资料——作为依第（1）段颁布的最终条例的一部分，部长应当要求机动车制造商和机动车设备制造商定期或应部长要求报告该制造商从国内外各渠道获得的资料，这些资料须有助于识别美国机动车和机动车设备中与安全有关的缺陷以及其他关于——

（ⅰ）提交给制造商的索赔资料，包括由机动车或机动车设备中所谓的缺陷造成的严重人身伤害（包括死亡）的索赔资料和财产损失的汇总统计资料；或

（ⅱ）用户满意活动、消费者咨询活动、召回活动以及其他涉及机动车或机动车设备零部件的维修或更换的活动。

（B）其他资料——作为依第（1）段颁布的最终条例的一部分，部长在需要时可以要求机动车或机动车设备制造商定期或应部长要求提交一些资料，这些资料须有助于识别美国机动车或机动车设备中与安全有关的缺陷。

（C）报告可能存在的缺陷——机动车或机动车设备制造商应按照部长以条例规定的方式向其报告所有这样的事故：制造商已收到真实的事故通知，事故涉及死亡或严重人员伤害，事故的发生据称或被证明是由该制造商在美国的机动车或机动车设备，或在外国的、与在美国销售的机动车或机动车设备相同或实质相似的机动车或机动车设备中可能存在的缺陷引起的。

（4）报告的处理和利用——

（A）部长的规定——在要求制造商按照本小节的规定报告部长所需的信息时，部长应在依第（1）段颁布的最终条例中规定：

（ⅰ）如何审查和利用这些信息，以帮助识别与机动车安全有关的缺陷；

（ⅱ）为了审查和利用这些信息，部长所采取或制定的制度和流程；

（ⅲ）报告这些信息的方法和格式，包括电子文档的格式。

（B）制造商拥有的信息——部长依第（1）段颁布的条例不要求机动车或机动车设备制造商保留或提交不为制造商拥有的相关材料。

（C）披露——根据第30167（b）条的规定，依第（1）段颁布的最终条例收集到的任何信息都不能披露，除非部长确定披露这些信息有助于执行第30117（b）条和第30118—30121条的规定。

（D）负担性要求——在颁布依第（1）段制定的最终条例时，部长应考虑制造商为符合这些要求所需支付的费用，以及部长以有效的查询方式利用这些信息帮助识别与机动车安全有关的缺陷方面的能力，不得将不合理的负担强加于机动车或机动车设备制造商。

（5）定期审查——作为依第（1）段颁布的最终条例的一部分，部长应制定定期审查和更新此条例的程序。

（c）有缺陷或不符合的轮胎的销售或租赁——《美国法典》第49主题第30166（b）条修订后，在其末尾处添加如下内容再进行修正：

（n）有缺陷或不符合标准的轮胎销售或租赁——

（1）总则——部长应在交通运输工具召回强化、责任和记录（TREAD）法案颁布后90日内，颁布一个最终条例，要求那些故意销售或租赁有缺陷或不符合有效轮胎安全标准的轮胎以使其用于机动车的人（他们实际知道轮胎制造商已按第30118（c）中的要求或第30118（b）中的命令通知了其销售商）将此类销售或租赁行为报告给部长。

（2）缺陷或不符的修复，或无效的命令——若轮胎在销售或租赁之前，发生以下情况，则依第（1）段规定的条例不能要求销售或租赁者按第（1）段的规定报告：

（A）轮胎的缺陷或不符按照第30120条的要求予以修复；或

（B）第30118（b）条要求通知此种缺陷或不符，但该命令的执行受到限制或被第30121（d）条适用的民事诉讼驳回。

（d）保险的研究——交通部部长应进行研究，以确定经常性或定期地从从事私人轿车保险业务或私人轿车保险理赔的人员处获取私人轿车事故索赔的汇总资料的可行性和作用。自本法案颁布之日起120日内，部长应向众议院商务委员会和参议院商务、科学和交通委员会提交研究结果。

第4条　免费修复

《美国法典》第49主题第30120（g）条（1），修正如下：

（1）删去“8个日历年”，插入“10个日历年”；

（2）删去“3个日历年”，插入“5个日历年”。

第5条　处　　罚

民事处罚——《美国法典》第49主题第30165（a）条，修正如下：

（a）民事处罚——

（1）总则——对于违反第30112、30115、30117—30122、30123（d）、30125（c）、30127或30141—30147中的任何一条或其中规定的任何条例的人，美国政府对其每次违法行为处以5000美元以下的民事处罚。每辆机动车或每件机动车设备的违法行为，或未能或拒绝允许执行以上条款所要求的行为，即视为一次违法行为。对于一系列相关的违法行为，本小节中规定的最高处罚金为1500万美元。

（2）第 30166 条——对于违反第 30166 条或其中某一条例的人，若未能或拒绝允许执行本节条例所要求的行为，美国政府将对其处以民事处罚。本段中规定的最高处罚为：每次违法行为 5000 美元/天。对于相关的一系列违法行为，本段中规定的每天的最高处罚为 1500 万美元。

（b）刑事处罚——

（1）总则——在《美国法典》第 49 主题第 301 章的第 4 分章的末尾处添加如下内容，进行修正：

第 30170 条　刑事处罚

（a）伪造资料或不提供资料的刑事责任

（1）总则——如果有人违反第 18 主题第 1001 节中关于第 30166 条的报告要求，对已造成死亡或严重人身伤害（如第 18 主题第 1365（g）（3）条中所定义的）的与机动车或机动车设备安全相关的缺陷隐瞒不报，蓄意欺骗部长，则根据第 18 主题的规定，可对其进行以下刑事处罚：罚款或 15 年（含）以下的监禁，或并罚。

（2）鼓励报告和检举揭发行为的安全港

（A）改正——在下列情形下，第（1）段中所述的人不应受到本小节规定的刑事处罚：（1）本人在违反时并不知道其违法行为将会造成死亡或严重人身伤害事故；（2）在合理的时间内，其改正了不正确的报告或不报告的行为。

（B）合理的时间和充分的修正——

部长应当通过条例规定（A）小段中所述的合理时间的构成以及（A）小段中所述的充分改正行为的方式。自本节颁布后 90 日内，部长应颁布本小节中规定的最终条例。

（C）生效日期——（B）小段中的最终条例生效之后，（a）小节才能生效。

（b）与司法部的配合——对于违反（a）小节的案件，仅在交通部部长的要求下，司法部部长才会提出诉讼或者启动大陪审团诉讼程序。

（2）文书修正——在《美国法典》第 49 主题第 301 章第 4 分章的分章解析末尾处添加如下内容，进行修正：

“30170. 刑事处罚。”

第 6 条　制造商修复计划的加速进行

（a）修复计划——在《美国法典》第 49 主题第 30120（c）条的末尾插入如下内容，进行修正：

（3）如果部长断定制造商的修复计划在合理的时间内不可能完成，部长可要求制造商加快修复计划，如果部长发现有下列情形存在，部长就可以制定条例来实施本段：

（A）如计划不加快，有可能造成严重的人身伤害或死亡；

（B）通过增加替换零件的数量，增加授权维修站的数量，或者同时采取这两种措施，能够加快修复的实现。

（b）召回之前的赔偿——在《美国法典》第 49 主题第 30120（d）条末尾插入如下内容进行修正：“制造商修复计划应包括一个赔偿计划，赔偿机动车所有人或购买者在制造商按照第 30118 条第（b）或（c）小节的规定发出通知之前的合理时间内因修复所花的费用。部长可制定条例，以规定上述合理时间的构成以及赔偿计划的其他合理条件。”

第 7 条　被更换轮胎的销售

在《美国法典》第 49 主题第 30120（d）条的末尾处添加如下内容，修正如下：“如果修复计划涉及轮胎更换，制造商应作出一个计划，以说明在制造商力所能及的合理范围内，如何防止更换下来的轮胎被再次销售并安装到机动车上；在制造商力所能及的合理范围内，如何限制，特别是通过将被更换的轮胎粉碎、碾碎、再循环利用、回收及用于其他有益的非用于车辆用途等方法，限制将换下来的轮胎扔到垃圾场。制造商还应按季度向部长报告召回通知或修复活动的进展情况，其中应包含该计划实施的有关信息。”

第 8 条　被更换设备的销售

在《美国法典》第 49 主题第 30120 条的末尾处添加如下内容，修正如下：

(j) 禁止销售被更换设备。第 30118（b）条的裁定或第 30118（c）条要求的通知所针对的任何机动车设备（包括轮胎），任何人都不得进行销售或租赁，以将其安装到机动车上，即使它们能够用于其最初用途。除非：

(1) 在销售或租赁的标的交付之前，缺陷或不符已按照本节的要求予以修复；

(2) 第 30118（b）条要求通知缺陷或不符，但该指令的执行被第 30121（d）条适用的民事诉讼驳回。

第 9 条　合 格 标 签

《美国法典》第 49 主题第 30115 条在“制造商”前插入“(a) 总则”并在末尾添加以下内容予以修正：

(b) 合格标签——对于分多级制造的机动车，若由中间制造商或最终制造商粘贴合格标签，则其应根据现行联邦机动车安全标准确认以下内容：

(1) 制造商达到合格证中要求的技术规范，合格证是由非完整车辆制造商依据部长制定的条例提供的；或者

(2) 制造商已经决定承担符合该标准的责任。如果中间制造商或最终制造商决定承担符合合格证（由各级制造商提供的）中的标准的责任，则中间制造商或最终制造商应在贴上合格标签以后的合理时间内以书面形式通知各级车辆制造商。违反本小节不受第 30165 条规定的民事处罚。

第 10 条　轮胎的使用寿命和耐磨性标准

交通部部长应制定条例以修正和更新 49 CFR 571. 109 和 49 CFR 571. 119 中颁布的轮胎标准。部长应在 2002 年 6 月 1 日（含）之前制定出本条规定的条例。

第 11 条　改进轮胎的信息

（a）轮胎标签——在该法案颁布后 30 日内，交通部部长应启动条例制定程序，以改进《美国法典》第 49 主题第 30123 条所要求的轮胎标签，以帮助消费者识别可能属于第 30118（b）条的裁定或第 30118（c）条的通知所针对的轮胎。部长应在 2002 年 6 月 1 日（含）之前完成条例的制定。

（b）轮胎的充气状态和载重范围——按（a）小节的规定制定的条例中，部长可采取任何适当的其他措施来确保公众了解观察机动车轮胎载重范围以及保持轮胎适当充气压力对机动车行驶安全的重要性。如果部长断定由机动车制造商提供轮胎充气压力和载重范围是此类信息的最佳提供途径，则此类其他措施应包括要求机动车制造商向购买者提供此类信息。

第 12 条　翻 车 试 验

在《美国法典》第 49 主题第 30117 条的末尾处添加如下内容，进行修正：

（c）翻车试验——

（1）制定——自本小节颁布之日起 2 年内，部长应：

（A）制定机动车的翻车动态试验，以用于消费者信息计划；

（B）实施此类试验的计划。

（2）试验结果——部长在制定（1）（A）段中的试验时，应制定一个条例，以确定如何将试验结果最大程度地公之于众。

（3）所涉及的机动车——本小节适用于机动车，包括轿车、多用途客车（MPV）和卡车，车辆总质量不超过1万lb。但不包括提供临时住宅用途的机动车。

第13条 轮胎压力报警

在本法案颁布后1年内，交通部部长应制定条例，以要求在新机动车上装备报警系统，在轮胎压力明显不足时提示驾驶员。此要求在该条例完成后两年内生效。

第14条 改进儿童约束装置的安全性

（a）总则——该法案颁布后12个月内，交通部部长应开始制定一个条例，以改进儿童约束装置的安全性，包括将侧面碰撞导致的头部伤害降到最低。

（b）考虑的因素——在制定（a）小节所要求的条例时，部长应考虑：

（1）是否需要对儿童约束装置进行比现行联邦机动车安全标准的要求更全面的试验，包括采取以下动态试验：

（A）模拟一系列碰撞条件，如侧面碰撞和后面碰撞；

（B）自本法案颁布之日起，反映轿车结构的安全性；

（2）是否需要采用下列人体模拟试验装置：

（A）代表更大尺寸范围的儿童，包括是否需要代表10岁儿童的模拟试验装置；以及

（B）采用第三代混合式（Hybrid III）人体模拟试验装置；

（3）是否需要改进侧面碰撞和后面碰撞对于头部伤害的保护；

（4）如何按车型逐个向消费者提供有关儿童约束装置和车辆座椅的身体兼容性信息。

（5）是否规定在儿童约束装置上需要粘贴更简洁明了的标签和说明；

（6）是否修正联邦机动车安全标准第213号（49 CFR 571.213）以将重量在80lb（含）以下儿童的约束装置包括进去；

（7）是否要规定儿童防护座椅性能和结构整体性的要求，以与三点式安全带和肩带结合起来进行动态测试；

（8）是否将联邦机动车安全标准第 208 号中的分级伤害标准性能指标（包括颈部伤害），用于联邦机动车安全标准第 213 号中的儿童约束装置和儿童防护座椅。

（9）是否将儿童约束装置包含到“新车评估程序”规定的每辆车的碰撞试验中。

（c）报告给国会——如果部长没有将（b）小节中所述的任何因素融入最终条例中，则部长应在最终条例颁布后 30 日内向参议院商务、科学和交通委员会以及众议院商务委员会提交一份报告，以作出解释，要特别说明部长未将任何一项此类因素融入最终条例的原因。

（d）完成——尽管还有其他法律条款，部长仍应在本法案颁布后 24 个月内按照（a）小节的要求完成本条例的制定。

（e）儿童约束装置的定义——本节中的术语“儿童约束装置”与《联邦法规》第 49 主题第 571. 213 条（在本法案颁布之日开始生效）中的“儿童约束系统”意思相同。

（f）经费——每个财政年度，在部长获得的与安全有关的活动经费中，应拿出至少 75 万美元用于儿童约束装置的碰撞试验。

（g）儿童约束装置安全评估程序——在本法案颁布后 12 个月内，交通部部长应颁布一份建议立法的公告，以建立儿童约束装置安全性评估的顾客信息程序，目的是向消费者提供实用、通俗和及时的信息，便于消费者在购买儿童约束装置时作出有根据的决定。自本法案颁布后 24 个月内，部长应制定最终条例，以建立儿童约束装置安全性评估程序，并向购买儿童约束装置的消费者提供部长确认有用的其他信息。

（h）儿童防护座椅的研究——除了（b）(7）小节中对儿童防护座椅性能和结构整体性的考虑之外，交通部部长应在本法案颁布后 12 个月内开展并完成关于汽车儿童防护座椅的作用和效果的研究。要参考公众意见，收集有关使用儿童防护座椅的优缺点的资料，并确认与儿童单独使用安全腰带和肩带相比，儿童防护座椅与安全腰带和肩带结合使用对儿童的好处（如果有好处），并将研究结果报告提交给国会。

（i）儿童防护座椅教育程序——在本法案颁布后1年内，交通部部长将制定一个5年战略计划，将4~8岁年龄组的儿童由于未正确使用儿童防护座椅而导致死亡或伤害的数量减少25%。

第15条　召回标准的改进

（a）对启动缺陷或不符调查的标准和准则进行审查——在本法案颁布后30日内，部长应全面审查国家高速公路交通安全管理局所采用的标准、准则、程序和方法，包括数据管理和分析，以确定是否根据《美国法典》第49主题第301章第2分章或第4分章启动对缺陷或不符的调查，并采取必要的步骤更新和改进这些标准、准则、程序或方法，包括数据管理和分析。

（b）报告给国会——在本法案颁布后1年内，部长应向众议院商务委员会以及参议院商务、科学和交通委员会提交一份报告，以陈述部长按（a）小节进行审查的结果和采取的措施。

第16条　后续报告

在本法案颁布后1年后，交通部部长应向国会报告本法案所作的修正条款的执行情况，并提出与消费者安全有关的其他修正建议。

第17条　拨款的批准

《美国法典》第49主题第30104条或第32102条除了批准的拨款金额外，还批准向交通部部长拨款910万美元，以用作国家高速公路交通安全管理局在2001财政年度执行和修正本法案。此项经费不能用于部长和管理局的一般行政开支。

日本汽车召回管理相关法律规定

（一）道路运输车辆法（选摘）

（1951 年 6 月 1 日第 185 号法律
最后修订：2004 年 6 月 18 日第 124 号法律）

总　　则

第 1 条（本法律目的）　本法律的目的旨在通过对于道路运输车辆所有权的公证，并通过对于确保安全及防止公害以及环保和维修技术的提高，同时通过对汽车维修业的健全发展，以增进公共福利事业。

■　2005 年 1 月 1 日起施行

第 1 条　本法律的目的旨在通过对于道路运输车辆所有权等的公证，并通过对于确保安全及防止公害以及环保和维修技术的提高，同时通过对汽车维修业的健全发展，以增进公共福利事业。

第 2 条（定义）

1. 本法律中的“道路运输车辆”系指汽车、带发动机自行车以及轻型车辆。

2. 本法律中的“汽车”系指为不使用轨道或电力网线、依靠发动机在陆地上移动而制造的工具，或为下款规定的带发动机自行车之外、依靠牵引在陆地上移动而制造的工具。

3. 本法律中的“带发动机自行车”系指为不使用轨道或

电力网线、依靠国土交通省行政法令规定的总排气量或额定功率的发动机在陆地上移动或依靠牵引在陆地上移动而制造的工具。

4. 本法律中的“轻型车辆”系指为不使用轨道或电力网线、依靠人力或畜力在陆地上移动或依靠牵引在陆地上移动、符合行政法令规定而制造的工具。

5. 本法律中的“运行”系指无论运输人或物品，均按照该装置的使用方法对道路运输车辆加以使用的行为（仅在非道路场所使用的除外）。

6. 本法律中的“道路”系指道路法（1952 年第 180 号法律）规定的道路、道路运输法（1951 年第 183 号法律）规定的汽车道路以及其他用于普通交通的场所。

7. 本法律中的“汽车运输业务”系指依据道路运输法从事的汽车运输业务（货物轻型汽车运输业务除外）；“汽车运输从业者”系指汽车运输业务的经营者。

■ 2005 年 1 月 1 日起施行

8. 本法律中的“用后汽车”系指关于用后汽车再资源化等法律（2002 年第 87 号法律）所规定的用后汽车。

第 3 条（汽车种类） 本法律所规定的普通汽车、小型汽车、轻型汽车、大型特殊汽车及小型特殊汽车的类别由国土交通省行政法令按照汽车的大小、结构及发动机的种类和总排气量或额定功率作出规定。

第 57 条之 2（提供有关汽车的检修及维护信息） 汽车制造者或签约从国外向我国出口汽车的制造业者购买该汽车并进口该汽车的业者（第 63 条之 2、第 63 条之 3 及第 63 条之 4 第 1 项所称“汽车制造者等”）必须就其制造并在我国运行或其进口的汽车，向该汽车的使用者提供该汽车使用者按照第 47 条的规定进行检修及维护（第 47 条之 2 及第 48 条规定的除外）时所需要的、国土交通省行政法令规定的技术性信息。

第5章　道路运输车辆的检查

■　2005年1月1日起施行

第5章　道路运输车辆的检查等

第58条（汽车的检查及汽车检查证）

1. 汽车（国土交通省行政令规定的轻型汽车（以下简称“检查对象外轻型汽车”）及小型特殊汽车除外。以下本章均同此）必须按照本章规定接受国土交通大臣的检查并在获得有效的汽车检查证后方可运行。

2. 汽车检查证的记载事项由国土交通省行政法令规定。

第63条（临时检查）

1. 针对特定范围的汽车或检查对象外的轻型汽车所出现的事故显著上升情况，当国土交通大臣认为其结构、装置或性能可能存在不符合安全标准的隐患时，可以公示并要求这些汽车或检查对象外轻型汽车限期接受如下项目的临时检查。

2～7.（略）

第63条之2（改进措施的规劝等）

1. 对于按前条第1项规定认定为结构、装置或性能上存在着不符合安全标准隐患的同一型式的特定范围内汽车（包括检查对象外轻型汽车。以下该项、下一项及下一条第一项至第三项均同此），当国土交通大臣认为其原因源自于设计或制造过程时，可以向该汽车（非汽车进口商进口的汽车及其他国土交通省行政法令规定的汽车除外。以下简称“不符合标准汽车”）的制造者或进口汽车的制造者发出规劝，要求对该不符合标准汽车采取必要的改进措施，使之符合安全标准。

2. 对于按前条第1项规定认定为存在着不符合安全标准隐

患的同一型式的特定范围内装置（从设计或制造过程的角度认定该汽车制造者等按照前项规定对汽车制造过程中安装的装置及其他已经安装在汽车上的装置所采取的改进措施系妥当的除外。以下简称“后配装置”），主要是行政法令允许大量使用后配装置的（以下简称“特定后配装置”），当国土交通大臣认为其原因源自于设计或制造过程时，可以向该特定后配装置（非汽车装置进口商所进口的特定后配装置及其他国土交通省行政法令规定的特定后配装置除外。以下简称“不符合标准特定后配装置”）的制造者、或进口装置的制造者等（系汽车装置的制造者或签约从国外向我国出口汽车装置的制造者购买并进口该装置的业者。以下本条、下一条第 2 项至第 4 项以及第 63 条之 4 第 1 项均同此）发出规劝，要求对该不符合标准特定后配装置采取必要的改进措施，使之符合安全标准。

3. 对于认定为其原因源自于设计或制造的不符合标准汽车或不符合标准特定后配装置，在按照下一条第 1 项规定履行了备案的汽车制造者等，或按照同一条第 2 项规定履行了备案的装置制造者等采取改进措施之后，当国土交通大臣最后认定不符合安全标准的隐患都已经被消除时，应不发出第 1 项或前项规定的规劝。

4. 国土交通大臣在按第 1 项或第 2 项规定发出规劝后，对于受到规劝的汽车制造者等或装置制造者等不服从其规劝的，可予以公示。

5. 按第 1 项或第 2 项规定受到规劝的汽车制造者等或装置制造者等在前项规定的不服从规劝公示之后，无正当理由而未采取规劝中要求的措施时，国土交通大臣可以命令该汽车制造者等或装置制造者等采取该规劝中要求的措施。

第 63 条之 3（改进措施的备案等）

1. 当汽车制造者等认为其制造或进口的同一型式的特定范

围内的汽车在结构、装置或性能上处于已不符合安全标准的隐患状态或不符合安全标准的隐患状态之中，并且其原因源自于设计或制造过程，为此需要对该汽车采取必要的措施以消除已不符合安全标准的隐患或使其符合安全标准时，必须事先向国土交通大臣履行如下内容的备案：

（1）认为处于已不符合安全标准的隐患状态或不符合安全标准的隐患状态之中的结构、装置或性能的状况及其原因。

（2）改进措施的内容。

（3）为告知该汽车的使用者上述两项内容而采取的措施及其他国土交通省行政法令所规定的事项。

2. 装置制造者等认为其制造或进口的同一型式的特定范围内的特定后配装置处于已不符合安全标准的隐患状态或不符合安全标准的隐患状态之中，并且其原因源自于设计或制造过程，为此需要对该特定后配装置采取必要的措施以消除已不符合安全标准的隐患或使其符合安全标准时，必须事先向国土交通大臣履行如下内容的备案：

（1）认为处于已不符合安全标准的隐患状态或不符合安全标准的隐患状态之中的特定后配装置的状况及其原因。

（2）改进措施的内容。

（3）为告知该特定后配装置的使用者上述两项内容而采取的措施及其他国土交通省行政法令所规定的事项。

3. 当国土交通大臣认为第 1 项或前项备案中要求的改进措施内容不适于消除该汽车或特定后配装置上存在的不符合安全标准的隐患或使其符合安全标准时，可以要求履行该备案的汽车制造者等或装置制造者等进行修改。

4. 按第 1 项要求已履行备案的汽车制造者等或按第 2 项要求已履行备案的装置制造者等必须根据国土交通省行政法令的规定，就该备案中的相关改进措施的实施情况向国土交通大臣提出报告。

第 63 条之 4（报告及检查）

1. 根据前 2 条的实施情况，国土交通大臣可以要求制造或进口了不符合标准汽车的汽车制造者等、制造或进口了不符合标准特定后配装置的装置制造者等以及按前条第 1 项规定已履行备案的汽车制造者等或按同一条第 2 项规定已履行备案的装置制造者等提交相关业务报告，可以要求其职员进入该汽车制造者等或装置制造者等的办公室及其他工作场所，对其账簿等其他物品进行检查，或向相关人员提出质询。

2. 按前项规定进行现场检查的职员必须携带证明其身份的证件，并且当相关人员提出要求时，必须出示该证件。

3. 按第 1 项规定实施的现场检查的权限不得理解为允许作为犯罪搜查。

第 8 章　罚　　则

第 106 条之 2　符合以下任何一项的，处以 1 年以下徒刑或 300 万日元以下的罚金，或并处罚金。

（1）违反第 63 条之 2 第 5 项规定的命令的。

（2）未按第 63 条之 3 第 1 项或第 2 项的规定履行备案或履行虚假备案的。

（3）未按第 63 条之 4 第 1 项的规定提交报告或提交了虚假报告或拒绝接受、妨碍或回避按同项规定实施的检查，或对于质询拒绝陈述或作出虚假陈述的。

第 110 条　符合以下任何一项的，处以 30 万日元以下的罚金。

（1）、（2）（略）

（3）未按第 30 条第 1 项、第 52 条、第 63 条之 3 第 4 项、第 81 条（包括适用第 94 条之 9 的情况）、第 82 条第 2 项（包括适用第 83 条第 2 项的情况）、第 94 条之 4 第 3 项或第 100 条第 1 项的规定履行备案或提交报告、或履行了虚假备案或报告的。

（4）～（8）（略）

■ 2005 年 1 月 1 日起施行

（3）未按第 16 条第 3 项、第 30 条第 1 项、第 52 条、第 63 条之 3 第 4 项、第 69 条之 2 第 1 项、第 81 条（包括适用第 94 条之 9 的情况）、第 82 条第 2 项（包括适用第 83 条第 2 项的情况）、第 94 条之 4 第 3 项或第 100 条第 1 项的规定履行备案或提交报告、或履行了虚假备案或报告的。

（4）～（8）（略）

（9）拒绝接受、妨碍或回避按第 100 项第 2 项规定实施的检查，或对于质询拒绝陈述或作出虚假陈述的。

■ 2005 年 12 月 31 日之前的行政法令规定之日起施行

（3）未按第 16 条第 3 项、第 30 条第 1 项、第 52 条、第 63 条之 3 第 4 项、第 69 条之 2 第 1 项、第 81 条（包括适用第 94 条之 9 的情况）、第 82 条第 2 项（包括适用第 83 条第 2 项下的情况）、第 94 条之 4 第 3 项或第 100 条第 1 项的规定履行备案或提交报告、或履行了虚假备案或报告的。

（4）～（9）（略）

（10）违反第 96 条第 14 项的规定，无账、不记账、做假账或未保存账簿的。

第 111 条 法人代表或法人，或自然人的代理人、使用人及其他从业者在该法人或自然人的业务，或拥有、使用的道路运输车辆中有下列各种违反行为的，对该法人处以该项规定的罚金，对于该人处以本条各项罚金。

（1）第 106 条之 2 2 亿日元以下的罚金

（2）第 107 条至前条（同条第 1 项第 8 号及同条第 2 项除外）本条各项罚金

（二）道路运输车辆法施行令（选摘）

（1951年6月30日第254号政令
最后修订：2004年6月23日第211号政令）

第6条（特定后配装置） 法律第63条之2第2项由政令规定的后配装置为轮胎及少儿辅助乘车装置（系指幼儿及其他少儿乘车时具有代替安全带功能的乘车装置或为确保安全带功能而固定在座位上的乘车装置）。

（三）道路运输车辆法施行规则（选摘）

（1951年8月16日运输省第74号令
最后修订：2004年8月17日国土交通省第83号令）

第2节　改进措施的规劝等

第50条（改进措施的规劝对象外的汽车及特定后配装置）

1. 法律第63条之2第1项由国土交通省行政法令规定的汽车应为汽车进口商所进口的汽车、从国外向我国出口汽车的制造者购买汽车的合同签约者按照该合同进口的汽车（包括在国外向我国出口汽车的制造者自己进口的汽车）之外的汽车。

2. 法律第63条之2第2项由国土交通省行政法令规定的特定后配装置应为汽车装置的进口商所进口的特定后配装置、从国外向我国出口汽车装置的制造者购买特定后配装置的合同签约人按照该合同进口的特定后配装置（包括在国外向我国出口汽车装置的制造者自己进口的特定后配装置）之外的装置。

第51条（向使用者等的告知措施）

1. 法律第63条之3第1项第3号由国土交通省行政法令规

定的事项为将同项第 1 号及第 2 号所列事项告知汽车使用者以及汽车分解维修业者而采取的措施。

2. 法律第 63 条之 3 第 2 项第 3 号由国土交通省行政法令规定的事项为将同项第 1 号及第 2 号所列事项告知特定后配装置的使用者、汽车分解维修业者以及特定后配装置的销售者而采取的措施。

第 51 条之 2（实施情况报告）

1. 法律第 63 条之 3 第 4 项规定的汽车制造者等的报告应在改进措施结束之前（国土交通大臣认为不再需要报告时终止）每月提交一次。

2. 法律第 63 条之 3 第 4 项所规定的装置制造者等的报告应自改进措施备案日起的 3 年内每 3 个月提交一次。但是，国土交通大臣可以根据特定后配装置改进措施的实施情况及其他情况，在必要的时候延长或缩短该报告的期限。

第 51 条之 3（现场检查人员出示证明身份的证件） 法律第 63 条之 4 第 4 项的证件按第 18 条之 3（略）要求。

（四）对汽车安全若干技术问题法律规定

1 关于防止因汽车的结构、装置引发的事故

（授权通知）自车第 636 号

致：

（社）日本汽车工业会会长

日本汽车进口联合会理事长

为了防止类似事故的发生，当因型式指定汽车的结构或装置的不良而引发事故，或存在发生事故的隐患时，请告知所有贵会会员，采取下述措施。

非型式指定汽车也应据此采取措施。

1. 如需要按照汽车型式指定规则（1951 年运输省第 85 号令）第 11 条第 1 项规定取得变更认可的，应立即履行所规定的手续。

2. 即使不需要取得前项所述变更认可，但如果对汽车或装置实施了变更的，应迅速向运输大臣备案。

3. 关于前 2 项的汽车或装置的缺陷及其改进措施，应尽早告知汽车使用者采取切实措施。

1969 年 6 月 6 日

运输省汽车局长

2 关于针对缺陷车辆问题的对策

（授权通知）自车第 665 号、自整第 105 号

陆运局长：

关于存在结构和装置缺陷的车辆，先前已经以“关于防止因汽车的结构、装置引发的事故（授权通知）”（1969 年自车第 636 号）的通知形式告知了社团法人日本汽车工业会等单位，现已得到运输大臣的谈话内容，根据其精神特制定了“针对缺陷车辆问题的对策内容”（见附页 2），现告知如上并请采取如下措施：

关于所述缺陷车辆，已经要求汽车维修业者在按附页 2 之 2（3）要求采取必要的改进措施时，在该汽车的定期检修记录簿或分解维修记录簿上加以注明。因此，如果在汽车检查时发现定期检修记录簿或分解维修记录簿上未有注明以及未采取必要的改进措施的，应要求申请人迅速采取必要的改进措施。

1969 年 6 月 17 日

运输省汽车局长

大臣谈话

1. 运输省要求日本汽车工业会及日本汽车进口联合会就缺陷车辆的实际情况提出报告，分别于昨日和今日收到了前者和后者的报告。

2. 该报告表明，无论是国产车还是进口车，缺陷车辆的实际情况均超出预料，深感必须采取切实而又强有力的改进措施。

3. 因此，作为运输省，应当针对缺陷车辆的问题提出综合对策并迅速予以实施，同时也要与相关部门进一步密切沟通，绝不疏漏。

4. 毫无疑问，我国汽车工业的技术水平已经处于世界水平，但是希望以此次问题为契机，确保今后在安全方面采取万无一失的措施，进一步提高国产车的质量，使我国汽车工业取得更加快速的发展。

1969 年 6 月 17 日

针对缺陷车辆问题的对策内容

1. 关于汽车制造者的事项

（1）应努力提高汽车安全方面的质量并切实实施安全质量管理。

（2）对于新型车辆，应具备进行充分耐久试验的体制。

（3）当得知汽车的结构或装置存在缺陷时，应按照 6 月 6 日授权通知的要求向运输大臣履行备案，并迅速采取措施告知所有汽车使用者。

（4）对于需要定期更换的汽车安全零件，应注明更换时间。

2. 关于汽车维修业者及汽车销售商的事项

（1）当发现汽车的结构或装置存在缺陷时，应迅速向运输省备案。

（2）缺陷车辆对策公布之后，应取得与客户的联系，同时切实采取对策。

（3）应采取措施，在对缺陷车辆进行必要的改进后，在该汽车的定期检修保养记录簿或分解维修记录簿上加以注明。

（4）关于汽车的结构或装置的安全性等问题，应努力以家庭医生（HOME－DOCTOR）的态度对待客户。

3. 关于运输省的事项

（1）增加了关于型式指定汽车的审查项目及变更认可或需要备案的事项，同时明确了被确认存在缺陷时汽车制造者应当采取的措施。为此，需要对汽车型式指定规则加以修改。

（2）新型车辆的审核应在经过充分耐久试验之后进行。

（3）应充实强化组织体制。

a. 为了在运输省强化对于新型车辆的审核体制，特设立汽车审核中心（名称暂定），同时强化对于汽车制造者的监督检查职能。

b. 为了专门分析车辆缺陷事故等情况，特设立事故分析部以及充实和加强研究所的体制。

c. 在路运局配备负责事故调查的专职调查官。

（4）应修改汽车检修标准，增加和补充检修项目及内容。

（5）为了便于掌握已被确认为缺陷车辆的使用者，应运用电子信息处理系统。

4. 关于汽车使用者（用户）的事项

（1）应在日本汽车联盟（JAF）、全国家用汽车协会、运输者团体等组织内建立车辆缺陷信息处理体制，尽早发现及排除缺陷车辆。

（2）应在汽车维修振兴会等组织内开展对于开机检查、定期检修以及高速行驶检查必要性的宣传，使汽车使用者加深对于检查维修的认识并要求其切实落实。

1969 年 6 月 17 日
运输省

3　关于防止因汽车的结构、装置引发事故的对策

地审第 697 号

致：
（社）日本汽车工业会会长

关于防止因汽车的结构、装置引发事故的对策

关于防止因汽车的结构、装置引发事故的对策，已经发出“关于防止因汽车的结构、装置引发的事故（授权通知）”（1969 年 6 月 6 日自车第 636 号）的通知并采取了各种措施。为了进一步充实事故预防对策，现要求目前一段时间内，应对汽车的结构、装置的变更事项按如下规定提交报告，请告知贵会所有下属会员。

1. 对象车种

按照《道路运输车辆法》（1951 年第 185 号法律）第 75 条规定接受型式指定的汽车、或按照“关于新型汽车等处理要领（授权通知）”（1970 年 6 月 12 日自车第 375 号、自整第 86 号）的附件“新型汽车等处理要领”（以下简称“新型汽车等处理要领”）第 2 项规定汽车型式备案中乘员在 10 人以下的乘用汽车以及车体形状为箱体的、最大载重量为 500kg 以下的汽车。

2. 报告对象的变更范围

上述 1 中所列汽车上配备的下列涉及安全的装置的相关公司内部试验结果或根据汽车使用者等提出的投诉所进行的变更。

① 发动机

② 动力传动装置
③ 行驶装置
④ 操纵装置
⑤ 制动装置
⑥ 悬架装置
⑦ 附属于上述装置的电子控制装置

3. 报告方法

关于上述2中所列变更事项，从1989年第3季度开始应在每季度后的1个月内按另附的格式提交该季度的报告。如没有相关变更事项，应予注明。另外，关于根据汽车型式指定规则（1951年运输省第85号令）第11条或第13条，或新型汽车等处理要领第4项或第5项规定，需要另行提出申请或备案的变更事项，可以省略之。

1989年6月26日
运输省地域交通局
陆上技术安全部长

4 关于召回备案等事项的处理要领

（授权通知）
自审第1530号、1994年12月1日
改自管第96号、1997年12月10日
自审第280号、1998年3月31日
自审第1255号、1998年11月12日

致：
（社）日本汽车工业会会长
（社）日本汽车进口联合会理事长

（社）日本汽车车体工业会会长
（社）日本农业机械工业会会长
（社）日本产业车辆协会会长
（社）日本建设机械化协会会长

《道路运输车辆法》局部修改法律（1994 年第 86 号法律）部分施行后，为了正确处理汽车召回备案的各项工作，特制定“关于召回备案等事项的处理要领”（见附件），并于 1995 年 1 月 1 日起实施。因此，请通知所有相关会员。

另外，在制定本处理要领的同时，对相关通知已经以“关于《道路运输车辆法》部分修改法律的部分施行以及《道路运输车辆法》施行规则等部分修改行政法令的公布后对相关通知的修改（授权通知）”（1994 年 12 月 1 日、自审第 1529 号、自技第 177 号）的形式做出了修改，在此一并说明如上。

运输省汽车交通局长

关于召回备案等事项的处理要领

（授权通知）
自审第 1530 号之 2、1994 年 12 月 1 日
改自管第 96 号之 2、1997 年 12 月 10 日
自审第 280 号之 2、1998 年 3 月 31 日
自审第 1255 号之 2、1998 年 11 月 12 日

致：
各运输局长
冲绳综合事务局长
交通安全公害研究所长

《道路运输车辆法》部分修改法律（1994 年第 86 号法律）部分施行后，为了正确处理汽车召回备案的各项工作，特制定

“关于召回备案等事项的处理要领”（见附件），并已通知各相关团体，特告知如上。

另外，在制定本处理要领的同时，对相关通知已经以“关于《道路运输车辆法》部分修改法律的部分施行以及《道路运输车辆法》施行规则等部分修改行政法令的公布后对相关通知的修改（授权通知）”（1994 年 12 月 1 日、自审第 1529 号、自技第 177 号）的形式作出了修改，在此一并说明如上。

运输省汽车交通局长

关于召回备案等事项的处理要领

（授权通知）

自审第 1530 号之 3、1994 年 12 月 1 日
修改自管第 96 号之 3、1997 年 12 月 10 日
自审第 280 号之 3、1998 年 3 月 31 日
自审第 1255 号之 3、1998 年 11 月 12 日

致：
轻型汽车检查协会理事长

《道路运输车辆法》部分修改法律（1994 年第 86 号法律）部分施行后，为了正确处理汽车召回备案的各项工作，特制定“关于召回备案等事项的处理要领”（见附件），特告知如上。

另外，在制定本处理要领的同时，对相关通知已经以“关于《道路运输车辆法》部分修改法律的部分施行以及《道路运输车辆法》施行规则等部分修改行政法令的公布后对相关通知的修改（授权通知）”（1994 年 12 月 1 日、自审第 1529 号、自技第 177 号）的形式作出了修改，在此一并说明如上。

运输省汽车交通局长

附件

关于召回备案等事项的处理要领

目　　录

第 1 章　总　　则

第 1 条　本要领的适用

按照《道路运输车辆法》(1951 年第 185 号法律。

以下简称“法律”)第 63 条之 3、“关于汽车型式认证实施要领”(1998 年 11 月 12 日、自审第 1252 号)的附件 3“非检查对象汽车以及带发动机自行车的型式认定要领”(以下简称“型式认定要领”)第 8 条规定的道路运输车辆安全标准(1951 年运输省第 67 号令。以下简称“安全标准”)进行改进措施(以下简称“召回”)备案、召回实施情况报告及其他事项处理时，除了依据法律第 63 条之 3、《道路运输车辆法》施行规则(1951 年运输省第 74 号令。以下简称“规则”)第 51 条及第 51 条之 2 以及型式认定要领第 8 条规定执行外，同样按照本要领的规定执行。

第 2 章　召　　回

第 2 条　召回备案

1. 关于按照法律第 75 条第 1 项规定被指定的、或按照规则第 62 条之 3 第 1 项规定被认定的、或按照“关于汽车型式认定实施要令”(1998 年 11 月 12 日、自审第 1252 号)的附件 2“新型汽车等处理要领”第 2 条规定履行了备案的、或按照“关于进口汽车特别处理制度”(1998 年 11 月 12 日、自审第 1256 号)的附件“进口汽车特别处理要领”第 3 条规定履行了备案的型式(以下简称“受到指定、或已履行备案的型式”)，该汽车等制造者、或签约从国外向我国出口汽车的制造者购买该汽车并进口该汽车的业者(以下简称“汽车制造者等”)对于受到该指定、或履行了备案的汽车等，当认为其结构、装置或性能处于已不符合安全标准的隐患状态或处于不符合安全标准的状态(以下简称“不符合标准状态”)之中，并且其原因源自于设计或制造过程时，应迅速按照格式 1(以下简称“召回备案书”)向运输大臣履行召回备案。

此时，对于下列各项不符合标准状态，则不能将该汽车等结构、装置或性能上出现不符合标准状态的原因归结为设计或制造过程。

（1）不符合标准状态的原因被认定为是未实施法律规定的检修及其他要求的检修。

（2）不符合标准状态的原因被认定为是超过了通常预想的使用限度或耐用期限。

（3）不符合标准状态的原因被认定为是该汽车制造者等未参与改造。

（4）不符合标准状态的原因被认定为是使用了性能明显低劣的燃料、润滑油等。

（5）不符合标准状态的原因被认定为是由于天灾、异常气象等通常无法预料的外部条件。

2. 召回备案书中应附上下列材料：

（1）召回备案一览表（格式2）

（2）改进部位说明

（3）召回对象车辆的主要参数（格式3）

（4）贴有召回对象车辆代表车型外观照片（彩色照片、E板尺寸）的材料（并在空白处注明该对象车辆的车名、车型以及通称）

（5）英文召回备案书（召回备案汽车范围仅限于国内制造的汽车以及在国外制造、进口到我国的汽车）（格式4）

3. 为了通知地方运输局等单位以及为了按照第5条第3项要求进行公布，召回备案履行人应当按照第2项的格式1至格式4要求、按另行规定的份数将材料提交给运输大臣。

第3条 召回改进

召回改进是为了消除不符合标准的状态，而且还要消除其他不符合标准的状态或经判断认为在安全或公害防止上放任不管的状态。并且，实施改进后应容易识别，以便判断是否实施了改进。

第 4 条　召回对象车辆的范围

关于召回对象汽车（以下简称“召回对象车辆”），应在召回备案书上填写已消失、拆解（因维修或改造而拆解的除外）或废弃汽车（以下简称“废弃车辆等”）以外的、处于不符合标准状态之中的汽车。

但是，对于处在汽车制造者等或销售商管理之下尚未销售的汽车，如正在按照第 3 条规定切实实施改进的，则可以不包括在召回对象车辆内。

第 5 条　召回告知

1. 汽车制造者等在履行了召回备案后应迅速通过邮件、直接访问等方式将下述事项（其中（3）仅限于特别需要时）切实告知于召回对象车辆的使用者。

此时，汽车制造者等应利用运输大臣管辖的电子信息处理系统中的汽车登记档案信息，掌握该召回对象车辆使用者的所在地址后进行告知。

（1）认定为处于不符合标准状态下的结构、装置或性能的状况以及原因。

（2）召回内容。

（3）实施改进之前使用上的注意事项及其他必要事项。

2. 汽车制造者等在履行了召回备案后，应采取相关措施，将包括下述事项的备案内容刊载于汽车整备振兴会的机关杂志等刊物上，以便通知所有汽车分解、维修业者。

但是，如果召回对象车辆的数量极少，并且汽车制造者等能够对所有对象车辆实施切实改进的除外。

（1）认定为处于不符合标准状态下的结构、装置或性能的状况以及原因。

（2）召回内容。

3. 运输大臣受理召回备案后，应公布第 2 条第 2 项第 1 号至第 4 号的材料，以便敦促实施改进措施。

但是，如果召回对象车辆的数量极少，并且汽车制造者等能够对所有对象车辆实施切实改进的除外。

第 6 条 改进的实施

1. 汽车制造者等在履行了召回备案后应迅速对召回对象车辆（废弃车辆等以及具有注销登记证明或汽车检查证返还证明的车辆等除外）实施改进。

2. 尽管有第 1 项的规定，但是如果认为涉及该召回的不符合标准状态具有预料性，即产生预料现象，并且使用者或运行者能够轻易认知该预料现象并在该预料现象发生后的相当期间内能够确保安全运行的，原则上汽车制造者等可以在该汽车使用者认知该预料现象后再迅速实施改进。

届时，汽车制造者等应根据第 5 条第 1 项的规定将下述事项作为同项（3）的必要事项告知所有使用者。

（1）预料现象的内容。

（2）预料现象发生时使用上的注意事项。

第 7 条 实施改进前的临时措施

由于改进所需零件的生产和供应等方面的原因，汽车制造者等无法在召回备案之后迅速实施改进时，应根据情况，掌握召回对象车辆的状况，告知使用上的注意事项以及采取其他临时措施。

第 8 条 召回实施情况的报告

1. 汽车制造者等应在每年 1 月、4 月、7 月以及 10 月的 20 日之前将截至各自上月末的召回实施情况按格式 5 要求提出报告。

2. 对于前项规定，如属于社团法人日本汽车工业会或特别法人日本汽车进口联合会的汽车制造者应通过所属团体提交报告。

3. 对于下列情况，运输大臣将认为召回已经结束，或认为不再需要报告，按照规则第 51 条之 2 或型式认定要领第 8 条的规定，在该情况发生日之后不再需要报告。

（1）已经报告对所有召回对象车辆实施了召回的。

（2）已经报告对 90% 以上的召回对象车辆实施了召回，并已过去3年的（但运输省汽车交通局长认为需要继续报告的除外）。

（3）以及其他运输省汽车交通局长认为之后不再需要报告的。

第3章 改进对策

第9条 改进对策的备案

1. 汽车制造者等对于型式受到指定或履行了备案的、特定范围汽车，当认为虽然其结构、装置或性能并不处于不符合标准的状态，但是在安全或防止公害上存在隐患或经判断属于不能放任不管的状态（以下简称“问题状态”），并且其原因源自于设计或制造过程，需要采取改进措施时，该汽车制造者等应迅速按格式6要求向运输省汽车交通局长履行改进对策备案。

2. 第2章（第2章第1项前段及第8条除外）的规定适用于改进对策的备案事项。

此时，这些规定中的“召回”可以置换成“改进对策”；“不符合标准状态”（第3条中“其他部分”下面的“不符合标准状态”除外）可以置换成“问题状态”；“（格式2）”可以置换成“（格式7）”。

第4章 服务活动

第10条 服务活动通知

为了顺利地进行召回备案等工作，在不属于召回或改进对策的情况下，当汽车制造者等对型式受到指定或履行了备案的、特定范围的汽车通知使用者并采取改善对策时，该汽车制造者等应按照格式8要求及时地将其改善对策内容通知运输省汽车交通局技术安全部审查科长。

第5章 细 则

第11条 适用规定

1. 不属于型式指定的汽车或履行了型式备案汽车的，该汽车制造者等对于其制造或进口的车辆适用于第 1 条至第 8 条的规定。

2. 不属于型式指定的汽车、或履行了型式备案汽车的经营商（指进口商及改造汽车、试制汽车或组装汽车的制造者（第 1 项规定的对象除外））采取召回措施时，可以适用第 1 条至第 8 条的规定履行备案和提交报告。

3. 不属于型式指定的汽车、或履行了型式备案汽车的经营商采取改进对策或开展服务活动时，可以适用第 9 条及第 10 条的规定履行备案和提交报告。

第 12 条 国外召回报告

为了顺利地进行召回备案等工作，在我国从事汽车等制造的业者（以下简称“国内汽车等制造者”）对于其制造并出口到外国的汽车，或在外国从事汽车等制造的业者所制造并标有该国内汽车制造者商标及其他标志的汽车，如只在外国采取改进措施（以下简称“国外召回”）时，或得到有关采取措施的信息时，应按照格式 9 要求及时地向运输省汽车交通局技术安全部审查科长提交国外召回报告。

但是，在外国装配的配置品除外。

第 13 条 备案书的署名等事项

1. 备案书可以由备案履行人（得到法人代表或法定代表人关于履行备案的授权的人员）以署名方式代替盖章。

如果由被授权者提交备案书，应事先提交证明已得到授权的文件。

2. 外国人或外国法人履行备案或提交报告、发布通知时，可以在备案书、报告书或通知书中附上英文译文作为参考。

此时，在备注栏内用日文和英文注明“所附英文译文仅供参考”。

第 14 条 备案书的共同署名

数人对同一车种履行备案或提交报告或发布通知时，可以采取共同署名的方式。

第 15 条　过渡措施

1. 关于 1994 年 12 月 31 日之前制造的、按照关于新型汽车等处理要领（1970 年 6 月 12 日、自车第 375 号、自整第 86 号）的附件“新型汽车等处理要领”的第 5 条规定所履行备案、按照关于创建“进口车辆特别处理制度”（1985 年 12 月 27 日、地审第 1161 号、地技第 433 号）的附件“进口车辆特别处理要领”的第 6 条规定所履行备案、按照关于少量汽车的处理事项（1982 年 5 月 31 日、自车第 373 号、自公第 155 号）的附件“少量汽车的处理要领”第 7 条规定履行备案或按照型式认定要领的附件“非检查对象轻型汽车等以及用于带发动机自行车的发动机型式认定要领”第 8 条规定履行备案时所涉及的变更要求和实施情况的报告义务，在该备案中的措施结束之前（运输大臣认为无须提交实施情况报告时即告截止）继续按照从前规定执行。

2. 按照《道路运输车辆法》施行规则等局部修改行政法令（1994 年运输省第 48 号令。以下简称为“修改行政法令”）第 4 条规定的关于修改前的汽车型式指定规则（1951 年运输省第 85 号令）第 13 条第 1 项规则履行备案以及对于前项备案事项的实施情况提交报告时，均按第 8 条规定执行。

届时，第 8 条第 3 项中的“规则第 51 条之 2 或型式认定要领第 8 条”内容变成“修改行政法令附则第 2 项或第 13 条第 1 项”。

3. 1998 年 11 月 23 日之前，按照关于规则第 62 条之 3 第 1 项规定被认定的带发动机自行车或新型汽车等处理要领（1970 年 6 月 12 日、自车第 375 号、自整第 86 号）的附件“新型汽车等处理要领”第 2 条规定、关于创建“进口车辆特别处理制度”（1985 年 12 月 27 日、地审第 1161 号、地技第 433 号）的附件“进口车辆特别处理要领”第 2 条规定，或关于少量汽车的处理事项（1982 年 5 月 31 日、自车第 373 号、自公第 155 号）的附件“少量汽车的处理要领”第 2 条规定履行了型式备案的汽车等，其召回备案等事项的处理要领按照从前规定执行。

格式 1（召回备案书）(第 2 关系)

召回备案书

年　月　日

致：
国土交通大臣

备案人姓名
或名称＿＿章
地址＿＿

召回备案编号		召回开始日	
认为处于不符合标准状态之中的结构、装置或性能的状况及其原因			
改进措施内容			
为通知所有汽车使用者及汽车分解、维修业者所采取的措施			

车名	型式	通称名称	召回对象车辆的底盘号（序列号）的范围及制造时间	召回对象车辆数量	备注
			合计		

备注：

1. 根据本要领第 6 条第 2 项要求采取改进措施时，应在改进措施内容一栏内填写有关预料现象的事项（包括使用上的注意事项）。

2. 存在多处问题并且对象车辆不同时，应分别填写。

3. 关于进口车辆，可以将制造时间填写为进口时间。

格式 2（召回备案一览表）（第 2 关系）

召回备案一览表

召回备案日：　年　月　日

<table>
<tr><td>召回备案编号</td><td></td><td>召回开始日</td><td></td></tr>
<tr><td>备案人姓名或名称</td><td colspan="3">制造国：
制造者名称：
联系方法：</td></tr>
<tr><td>问题部位（零件名称）</td><td colspan="3"></td></tr>
<tr><td>认为处于不符合标准状态之中的结构、装置或性能的状况及其原因</td><td colspan="3"></td></tr>
<tr><td>改进措施内容</td><td colspan="3"></td></tr>
<tr><td>问题零件数量</td><td></td><td>是否发生事故</td><td></td></tr>
<tr><td colspan="4">发现动机</td></tr>
<tr><td>为通知所有汽车使用者及汽车分解、维修业者所采取的措施</td><td colspan="3"></td></tr>
</table>

车名	型式	通称名称	召回对象车辆的底盘号（序列号）的范围及制造时间	召回对象车辆数量	备注
	（合计　型式）	（合计　车种）	（制造时间全部范围）	（合计　数量）	

备注：

1. 备案人的姓名或名称栏内，填写法人名称。关于制造国及制造者，只有进口车辆需要填写。关于联系方法，应填写主管部门名称及电话号码。备案人将召回信息刊登在互联网主页上的，可以填写该网址。

2. 关于进口车辆，可以将制造时间填写为进口时间。为方便起见，应同时填写车辆的型号。

3. 根据本要领第 6 条第 2 项要求实施改进措施时，应在改进措施内容一栏内填写有关预料现象的事项（包括使用上的注意事项）。

4. 存在多处问题并且对象车辆不同时，应分别填写。

格式 3（召回对象车辆的主要参数）（第 2 关系）

车名	型式	通称名称	种类、用途	车体形状	发动机的型式 （总排气量（mL））	备注

格式 4（英文召回备案书）（略）

格式 5（召回实施情况报告书）（第 8 关系）

召回实施情况报告书

年　月　日

致：
国土交通大臣

报告人姓名
或名称
地址

<table>
<tr><th>备案编号及备案年月日</th><th>车名</th><th>通称名称</th><th>召回对象车辆的数量</th><th colspan="2">实施改进措施的车辆数量</th><th>实施率</th><th>备注</th></tr>
<tr><td rowspan="3"></td><td rowspan="3"></td><td rowspan="3"></td><td rowspan="3"></td><td>（　　）</td><td></td><td rowspan="3"></td><td rowspan="3"></td></tr>
<tr><td colspan="2">上次（　　月）</td></tr>
<tr><td>（　　）</td><td></td></tr>
<tr><td></td><td></td><td></td><td></td><td colspan="2"></td><td></td><td></td></tr>
</table>

备注：

1. 在“实施改进措施的车辆数量”及“实施率”一栏内填写确证属于废弃并视为已改进车辆的数量。

2. 在“实施改进措施的车辆数量”一栏内的（ ）内填写召回对象车辆中具有汽车检查证但尚未改进车辆的数量。

格式 6（改进对策备案书）(第 9 关系)

改进对策备案书

年　月　日

致：

国土交通省汽车交通局长

备案人姓名
或名称
地址

改进对策备案编号		改进对策开始日	
认为处于不符合标准状态之中的结构、装置或性能的状况及其原因			
改进对策内容			
为通知所有汽车使用者及汽车分解、维修业者所采取的措施			

车名	型式	通称名称	改进对策对象车辆的底盘号（序列号）的范围及制造时间	改进对策对象车辆的数量	备注
			合计		

备注：

1. 按照本要领第 6 条第 2 项规定实施改进时，应在“改进对策内容”一栏内填写有关预料现象的事项（包括使用上的注意事项）。

2. 存在多处问题并且对象车辆不同时，应分别填写。

3. 关于进口车辆，可以将制造时间填写为进口时间。

格式7（改进对策备案一览表）（第9关系）

<table>
<tr><td colspan="6">改进对策备案一览表
改进对策备案日：　年　月　日</td></tr>
<tr><td colspan="3">改进对策备案编号</td><td></td><td>改进对策开始日</td><td></td></tr>
<tr><td colspan="3">备案人姓名或名称</td><td colspan="3">制造国：
制造者名称：
联系方法：</td></tr>
<tr><td colspan="3">问题部位（零件名称）</td><td colspan="3"></td></tr>
<tr><td colspan="3">认为处于不符合标准状态之中的结构、装置或性能的状况及其原因</td><td colspan="3"></td></tr>
<tr><td colspan="3">改进对策内容</td><td colspan="3"></td></tr>
<tr><td colspan="3">问题零件数量</td><td></td><td>是否发生事故</td><td></td></tr>
<tr><td colspan="3">发现动机</td><td colspan="3"></td></tr>
<tr><td colspan="3">为通知所有汽车使用者及汽车分解保养业者所采取的措施</td><td colspan="3"></td></tr>
<tr><td>车名</td><td>型式</td><td>通称名称</td><td>改进对策对象车辆的底盘号（序列号）的范围及制造时间</td><td>改进对策对象车辆的数量</td><td>备注</td></tr>
<tr><td></td><td>（合计　型式）</td><td>（合计　车种）</td><td>（制造时间全部范围）</td><td>（合计　数量）</td><td></td></tr>
</table>

备注：

1. “备案人姓名或名称”栏内填写法人名称。关于制造国及制造者，只有进口车辆需要填写。关于联系方法，应填写主管部门名称及电话号码。备案人将召回信息刊登在互联网主页上的，可以填写该网址。

2. 关于进口车辆，可以将制造时间填写为进口时间。为方便起见，应同时填写车辆的型号。

3. 根据本要领第6条第2项要求实施改进措施时，应在“改进对策内容”一栏内填写有关预料现象的事项（包括使用上的注意事项）。

4. 存在多处问题并且对象车辆不同时，应分别填写。

格式 8（服务活动通知书）(第 10 关系)

服务活动通知书

年　月　日

致：

国土交通省汽车交通局技术安全部审查科长

通知人姓名
或名称＿＿＿＿
地址＿＿＿＿

※文档编号		服务活动开始日	
问题内容			
改进内容			
为通知所有汽车使用者而采取的措施			

车名	型式	通称名称	服务活动对象车辆的底盘号（序列号）的范围及制造时间	服务活动对象车辆的数量	备注
			（制造时间全部范围）	（合计　辆）	

备注：

1. 存在多处问题并且对象车辆不同时，应分别填写。
2. 关于进口车辆，可以将制造时间填写为进口时间。
3. 关于对象车辆的范围、问题内容及改进内容等，根据需要可以另行附页。
4. 通知人可以是主管部门的负责人。
5. 通知人不要在标记※的栏内填写内容。

格式9（国外召回报告书）(第12关系)

国外召回报告书

年　月　日

致：

国土交通省汽车交通局技术安全部审查科长

报告人姓名或名称

地址

※文档编号		国外召回开始日		外国政府报告处	
对内销车辆不实施召回的理由					

车名	型式	通称名称	国外召回对象车辆的制造时间	国外召回对象车辆的数量	问题内容	备注

备注：

1. 国外召回对象车辆的制造时间、数量可以是概数。另外，应简要说明问题内容及改进内容。

2. 通知人可以是主管部门的负责人。

3. 通知人不要在标记※的栏内填写内容。

5　关于在召回备案时可将有关召回中的不符合标准现象作为可预料事项处理的事例

自审第 1531 号

致：

（社）日本汽车工业会会长

（社）日本汽车进口联合会理事长

（社）日本汽车车体工业会会长

（社）日本农业机械工业会会长

（社）日本产业车辆协会会长

（社）日本建设机械化协会会长

根据“关于召回备案等事项的处理要领”（1994 年 12 月 1 日、自审第 1530 号）的附件“关于召回备案等事项的处理要领”的规定，关于召回中具有可预料性的不符合标准现象，可以按照该处理要领第 2 章第 6 条第 2 项的规定进行处理。因此，为了便于召回备案时有所参考，现将最近召回工作中部分具有可预料性的事项示例如下，请通知贵会全体会员。

附页所列事例符合“关于召回备案等事项的处理要领”（1994 年 12 月 1 日、自审第 1530 号）的附件“关于召回备案等事项的处理要领”第 2 章第 6 条对于改进实施的规定，即符合“认为与该召回有关的不符合标准状态具有预料性，即产生预料现象，并且使用者或运行者能够轻易认知该预料现象并在该预料现象发生后的相当期间内能够确保安全运行”之要求。

可预料性并不仅限于此，只能根据个别事例作出判断，特予说明。

1994 年 12 月 1 日

运输省汽车交通局长

技术安全部审查科客户业务室长

例1.（1）问题状况

由于驻车制动器手柄固定处的底板强度不够，导致出现裂痕，严重时会发生驻车制动操作时的拉动过量等故障。

（2）可预料内容

出现裂痕时发出异常声音，会发现拉动量变大。驻车期间不会发生裂痕，对制动性能没有影响。

例2.（1）问题状况

由于前轮悬挂装置车身横向稳定器的托架强度余量不足，在路况恶劣的道路上持续行驶时，过大的外力将使托架产生裂痕，严重时造成不稳定行驶。

（2）可预料内容

会发现有异常声音（嘎吱嘎吱的声音）。自产生异常声音到发生破损还可以行驶10万km。市场投诉有10件，均报告异常声音现象。

例3.（1）问题状况

由于用于空气悬挂系统的压缩机空气入口位置不当，会吸入雨水，使压缩机内部发生锈蚀，造成压力上升不良，严重时会使行驶中的车体与路面碰触。

（2）可预料内容

压力上升不良时报警灯闪烁。同时调节功能停止，以保持车高。自报警灯闪烁到车高下降还可以行驶4万km。市场投诉大部分都是报警灯闪烁现象。

6　关于特定装置的召回备案等事项的处理要领

（授权通知）

国自审第504号

致：

（社）日本汽车工业会会长

（社）日本汽车进口联合会理事长

（社）日本汽车轮胎协会会长

（社）日本汽车维修振兴联合会会长

日本汽车进口联合会理事长

（社）日本汽车车体工业会会长

（社）日本农业机械工业会会长

（社）日本产业车辆协会会长

（社）日本建设机械化协会会长

（社）日本建设机械工业会会长

（社）日本汽车销售协会联合会会长

儿童座联络协议会代表

《道路运输车辆法》局部修改法律（2002年第89号法律）部分施行后，为了正确处理涉及特定装置的召回备案事项，现已制定“关于儿童辅助乘车装置的召回备案等事项的处理要领”（见附件）及“关于轮胎的召回备案等事项的处理要领”，自2004年1月1日实施。请通知所有相关会员。

2003年8月25日

国土交通省汽车交通局长

关于特定装置的召回备案等事项的处理要领

（授权通知）

国自审第504号之2

致：

各地方运输局长

冲绳综合事务局长

独立行政法人交通安全环境研究所理事长

汽车检查独立行政法人理事长

轻型汽车检查协会理事长

《道路运输车辆法》局部修改法律（2002年第89号法律）部分施行后，为了正确处理涉及特定装置的召回备案事项，现已制定“关于少年用辅助乘车装置的召回备案等事项的处理要领”（见附件）及“关于轮胎的召回备案等事项的处理要领”，并已通知了各相关团体（见附页），特此告知。

2003年8月25日

国土交通省汽车交通局长

附件1

关于儿童保护座椅装置召回备案等事项的处理要领

目　　录

第 1 章　总　　则

第 1 条　本要领的适用对象

按照《道路运输车辆法》（1951 年第 185 号法律。以下简称“法律”）第 63 条之 3 第 2 项规定的道路运输车辆安全标准（1951 年运输省第 67 号令。以下简称“安全标准”）对儿童保护座椅装置（以下简称“装置”）进行改进措施（以下简称“召回”）的备案、召回实施情况的报告及其他事项处理时，除了按照法律第 63 条之 3 及《道路运输车辆法》施行规则（1951 年运输省第 74 号令。以下简称“规则”）第 50 条、第 51 条及第 51 条之 2 的规定执行外，同样按照本要领的规定执行。

第 2 章　召　　回

第 2 条　召回备案

1. 装置的制造者或签约从国外向我国出口装置的制造者购买该装置并进口该装置的业者（以下简称“装置制造者等”）在

按照法律第63条之3第2项规定履行备案（以下简称“召回备案”）时，应按照召回备案书（格式1）进行备案。

此时，对于下列各项不符合标准的状态（指处于已不符合安全标准的隐患状态或不符合安全标准的状态），则不能将该装置不符合标准状态的原因归结为设计或制造过程。

（1）不符合标准状态的原因是由于使用过程中的不正确的维护管理。

（2）不符合标准状态的原因是由于错误安装或错误使用。

（3）不符合标准状态的原因被认定为是在使用时超过通常预想的限度或耐用期限。

（4）不符合标准状态的原因被认定为是该装置制造者等未参与改造。

（5）不符合标准状态的原因被认定为是天灾、异常气象等通常无法预料的外部条件。

（6）不符合标准状态的原因被认定为是安装了该装置的车辆在过去发生事故后的冲击。

2. 召回备案书中应附上下列材料：

（1）召回备案一览表（格式2）.

（2）改进部位说明图（包括对召回对象装置识别方法的说明）。

（3）贴有召回对象装置外观照片（彩色照片、E板尺寸）的材料（并在空白处注明该对象装置的型式）。

（4）其他备案时需要提交的材料。

3. 为了按照第4条第4项规定进行公布，召回备案履行人应当将第2条第1项至第4项中所规定的材料按另行规定的份数提交给国土交通大臣。

第3条　召回对象装置的范围

关于召回对象的装置等，应在召回备案书上填写已消失、解体，或废弃装置之外、处于不符合标准状态之中的装置。但是，对于处在装置制造者等管理之下、正在按照第5条规定切实实施改进的装置，则可以不包括在召回对象装置内。

第4条 召回告知

1. 装置制造者等在履行了召回备案后，应通过在装置制造者等建立的互联网主页、报纸、杂志等刊登公告以及用户登记卡等通知方式，迅速向召回对象装置的使用者告知如下事项：

（1）认为处于不符合标准状态装置的状况以及原因。

（2）召回内容。

（3）召回对象装置的识别方法。

（4）实施改进之前使用上的注意事项及其他必要事项（仅限于特别需要指出的）。

2. 装置制造者等在履行了召回备案后，应将下述事项告知于该装置的销售商，与此同时努力敦促其协助向使用者提供信息。

但是，如果召回对象装置的数量极少，并且装置制造者等能够对所有对象装置切实实施改进的除外。

（1）认为处于不符合标准状态装置的状况以及原因。

（2）召回内容。

（3）召回对象装置的识别方法。

3. 装置制造者等在履行了召回备案后，应采取相关措施，将包括下述事项的备案内容刊载于汽车维修振兴会的机关杂志等刊物上，以便告知于所有汽车分解维修业者。

但是，如果召回对象装置的数量极少，并且装置制造者等能够对所有对象装置切实实施改进的除外。

（1）认为处于不符合标准状态装置的状况以及原因。

（2）召回内容。

（3）召回对象装置的识别方法。

4. 国土交通大臣受理召回备案后，应公布第2条第2项第1

款至第4款的材料，以便敦促实施改进。

第5条 改进的实施

1. 装置制造者等在履行了召回备案后，应对召回对象装置迅速进行改进。

2. 召回改进时，应消除该不符合标准的状态，并且也要消除其他导致不符合标准状态的可能性。而且，不管是否进行了改进，应在实施改进之后能够轻易地识别。

3. 对于确认可以由使用者自己采取有效的改进措施的，可以采取向使用者提供对策部件等方法进行改进。

4. 装置制造者等可以将改进工作承包给销售商等。

第6条 实施改进前的临时措施

由于改进所需零件的生产和供应等方面的原因，当召回备案装置的制造者等无法在召回备案之后迅速实施改进时，应根据情况，掌握召回对象装置的状况，告知使用上的注意事项以及采取其他临时措施。

第7条 召回实施情况的报告

1. 召回备案装置的制造者等应在每年1月、4月、7月以及10月的20日之前将截至各自上月月末的召回实施情况按格式3要求提出报告。

2. 对于前项规定，如属于社团法人日本汽车零件工业会的装置制造者可以通过该会提交报告。

3. 对于下列情况，国土交通大臣将认定为召回已经结束，或认定为已不再需要报告，按照规则第51条之2规定，在该情况发生日之后不再需要报告。

（1）已经报告对所有召回对象装置实施了召回的。

（2）召回备案日之后已有3年的（但国土交通汽车交通局长认为需要继续报告、已通知装置制造者等延长报告期间的除外）。

（3）其他国土交通省汽车交通局长判断已经实施了一定的

改进措施的。

第3章　服务活动

第8条　服务活动通知

为了顺利地进行召回备案等工作，在开展服务活动（指在不属于召回工作的情况下，装置制造者等向同一型式范围内的装置使用者发出通知并采取对策的行为）时，该装置制造者等应按照格式4要求，将其对策内容通知国土交通省汽车交通局技术安全部审查科长。

第4章　细　　则

第9条　适用规定

1. 对于装置制造者等之外的进口商所进口的装置采取召回措施时，该装置的进口商可以按照第1条至第7条的规定履行备案和提交报告。

2. 对于装置制造者等之外的进口商所进口的装置开展服务活动时，该装置的进口商可以按照第87条的规定发布通知。

第10条　备案书的署名等事项

1. 备案书可以由备案履行人（得到法人代表或法定代表人关于履行备案的授权的人员）以署名方式代替盖章。

如由被授权者提交备案书，应事先提交证明已得到授权的文件。

2. 外国人或外国法人履行备案或提交报告或发布通知时，可以在备案书、报告书或通知书中附上英文译文作为参考。这时，在备注栏内用日文和英文注明“所附英文译文仅供参考”。

第11条　备案书的共同署名

数人对同一装置履行备案或提交报告或发布通知时，可以采取共同署名的方式。

儿童保护座椅装置的关系

格式 1 （召回申请书）(第 2 关系）

召回申请书

__年__月__日

国土交通省官员阁下

申请人姓名
或生产商名称____印
地址______________

<table>
<tr><td>召回申请报告编号</td><td></td><td>召回起始日期</td><td></td></tr>
<tr><td>被认定不符合安全标准状态的轮胎的状况及其原因</td><td colspan="3"></td></tr>
<tr><td>改善措施的内容</td><td colspan="3"></td></tr>
<tr><td>为使装置使用人、销售人员及汽车修理人员等熟知的措施</td><td colspan="3"></td></tr>
</table>

<table>
<tr><th>产品名称</th><th>型号</th><th>类别</th><th>被召回装置的范围
（可识别号）及生产日期</th><th>被召回轮胎数</th><th>备注</th></tr>
<tr><td></td><td></td><td></td><td></td><td></td><td></td></tr>
<tr><td></td><td></td><td></td><td></td><td rowspan="2"></td><td></td></tr>
<tr><td colspan="3"></td><td>合计</td><td></td></tr>
</table>

备注：

1. 本要领根据第 5 项第 3 号的规定，实施改善措施的情况时，在改善措施的内容栏计入目的。

2. 故障部位如果是多处，要根据不同的装置的情况分别记录。

3. 是进口装置的，在生产日期栏填入进口日期。

格式 2（召回申请报告一览表）(第 2 关系)

召回申请报告一览表

召回申请报告日期：__年__月__日

召回申请报告编号		召回起始日期	
申请人的姓名或经销商的名称	生产国： 生产商名称： 询问方：		
故障部位			
被认定不符合标准状态的轮胎的状况及其原因			
改善措施的内容			
故障数量		有/无事故发生	
如何发现的			
为了让装置使用人、销售人员及汽车修理人员都知道的措施			

被召回装置的主要信息及规格			被召回装置的范围（可识别号）及生产日期	被召回的轮胎数	备注
产品名称	型号	类别			
（合计　种类）	（合计　型号） （以型号计算）		（创造时间的全部范围）	（合计　数量） （以……计算）	

备注：

1. “申请人的姓名或经销商的名称”这一栏，是指法人，填入法人的名称。只填入生产国、生产商及轮胎进口商的名称。另外，“询问方”这一栏必须填入受理部门的名称及电话号码。如果申请人是在网站的主页上登记召回信息的，那么就应该填入其登录的地址。

2. 如果是进口的轮胎，要写明生产日期和进口日期。另外，在记入进口日期的同时还要记录其模具的情况才能被认为是没有故障的。

3. 本要领根据第 5 项第 3 号的规定，实施改善措施的情况时，在“改善措施的内容”栏记入目的。

4. 故障部位如果是多处，要根据不同的装置的情况分别记录。

格式3（召回实施状况报告）

召回实施状况报告

年　月　日

国土交通省官员阁下

报告人姓名或经销商名称：____

地址：________

申请编号及申请日期	产品名称	型号	被召回的轮胎数量	实施改善措施的轮胎数量	备注
				上一次是（　月）	

备注：所谓“实施改善措施的轮胎数量”就是把实施改善措施时消减、分解以及废弃的轮胎数量记录下来。

格式4（服务宣传活动通知书）（第8关系）

服务宣传活动通知书

年　月　日

国土交通省汽车交通局技术安全部调查科长阁下

通知人姓名
或生产商名称____印
地址______________

※整理编号		服务宣传活动起始日期	
故障的内容			
改善措施的内容			
为使装置使用人等熟知的措施			

产品名称	型号	类别	服务宣传活动的对象装置的范围（可识别号、编号）及生产日期	服务宣传活动的对象装置数	备注
			（制造时间的全部范围）	（合计　数量）	

备注：

1. 故障部位如果是多处，要根据不同的装置的情况分别记录。

2. 是进口装置的，在生产日期栏填入进口日期。

3. 对象装置的范围、故障的内容、改善措施的内容等，是必须要附上书面文件的。

4. 通知者可以是担当部署责任的人员。

5. 通知者不必填写标记※一栏。

附件 2

关于轮胎召回申请等的操作要点

目　　录

第 1 章　总　　则

第 1 条　本要点的适用对象

关于轮胎召回申请等的操作要点是根据以下法律法规制定的。

（1）《道路运输车辆法》（昭和 26 年第 185 号法律，以下简称为“法”）第 63 条第 3 项第 2 号规定的道路运输车辆的安全标准（昭和 26 年运输部令第 67 号，以下简称为“安全标准”）

的改善措施（以下称为“召回”）的申请。

（2）同项第4号规定的实施召回的情况报告及其他事项的处理。

（3）法律第63条第3项《道路运输车辆法》规实行规则（昭和26年运输部第74号，以下简称为“规则”）第50条、第51条第2项。

第2章 召　　回

第2条 召回申请报告

1. 从轮胎生产商或由外国生产进口到国内的生产商那里，购买其轮胎时，签订合同方，即轮胎的进口商（以下简称为“轮胎生产商等”），实施生产或进口该轮胎的行为时，必须根据法律第63条第3项第2号规定的召回申请报告（格式1）（以下简称为“有关实施特定后付设备召回的申请报告的要点”）来实施。

在这种情况下，不符合以下各标准时（可能不符合或不符合安全标准的情况，以下相同）该轮胎不符合安全标准的原因不是设计或生产过程的问题时作为例子参照。

（1）因使用过程不恰当维持管理而引起的不符合安全标准的情况。

（2）错误操作或使用引起的不符合安全标准的情况。

（3）被认定为超出一般规定使用限度或使用寿命而仍然被使用着而引起的不符合安全标准的情况。

（4）该轮胎生产商等实行无关改造而引起的不符合安全标准的情况。

（5）被认定为天灾、异常天气等通常状况下无法预测的不可抗力的外部条件而引起的不符合安全标准的情况。

（6）由于一开始安装该轮胎的车辆发生事故使轮胎受到撞击而引起的不符合安全标准的情况。

2. 召回申请书要后附以下书面文件：

（1）召回申请一览表（第 2 号样式）。

（2）改善部位说明图（包含有关该故障轮胎识别方法的说明）。

（3）贴有故障轮胎的外观照片（用彩色照片来看 E 判程度的大小）的书面文件（空白处需记录该轮胎的型号）。

（4）被认定为与申请相关的其他必要书面材料。

3. 召回申请方要按照第 4 条第 4 项规定，把第 2 项第 1 号到 3 号的书面材料向国土交通部官员提交指定份数。

第 3 条 被召回的故障轮胎的范围

作为召回轮胎记入召回申请书的，由于不符合该安全标准，可作为销毁、解体或废弃以外情况处理，但是轮胎生产商等管理的未买卖的轮胎，即使确实应当实施第 5 条规定的改善措施，也可以不包含在召回轮胎范围内。

第 4 条 召回的熟知

1. 轮胎生产商在实施召回申请时，要在轮胎生产商开设的网站、报纸、杂志等媒体上刊登公司通告等，通知被召回轮胎的使用者，努力令被召回轮胎的使用者尽快得知以下事项：

（1）认定为不符合安全标准状态的轮胎的情况及其原因。

（2）召回的内容。

（3）应当被召回轮胎的识别方法。

（4）在实施改善措施前的这段时间在使用上的注意事项及其必要事项（特别是必须要限制的事项）。

2. 轮胎生产商等，在实施召回申请时，应该努力通过召回轮胎的经销商店，将下面的应当熟知的事项信息提供给使用者。

但是，如果应当召回轮胎的数量极少，并且，轮胎生产商等确实要对全部轮胎实施改善措施的情况，就没有这种限制。

（1）认定者不符合安全标准状态的轮胎的状况及其原因。

（2）召回的内容。

（3）应当召回轮胎的识别方法。

3. 轮胎生产商等在实施召回申请时，要在汽车维修振兴会的机关刊物上登出包含以下事项的申请报告内容，采取让汽车维修业者也熟知的改善措施。

但是，如果应当召回轮胎的数量极少，并且，轮胎生产商等确实要对全部轮胎实施改善措施的情况，就没有这种限制。

（1）认定者不符合安全标准状态的轮胎的状况及其原因。

（2）召回的内容。

（3）应当召回轮胎的识别方法。

4. 国土交通省官员受理召回申请报告时，为促进改善措施的实施公布，从第 2 条第 2 项第 1 号到第 3 号的书面材料。

第 5 条　改善措施实施

1. 轮胎生产商等在实施召回申请时，以最快的速度，努力实施对应当召回轮胎的改善措施。

2. 由于对召回轮胎的改善消除了该轮胎不符合安全标准的状态，并且没有导致其他部分的不安全标准状态的可能性。而且能够很容易识别是否已经实施了改善措施以及实施改善措施之后的情况。

3. 轮胎生产商等可以让经销商等来承揽实施改善措施的行为。

第 6 条　实施改善措施之前的临时措施

因为关系到改善的零件的生产以及供给等的理由，已经申请召回的轮胎的生产商等不能在召回申请发出后及时实施改善措施时，必须掌握应召回轮胎的状况，熟知使用上的注意事项对其实施其他的临时措施。

第 7 条　召回的实施状况报告

1. 每年 1 月、4 月、7 月和 10 月的 20 日申请召回的轮胎生产商等要提交根据第 3 号样式填写的，到上个月底为止的召回的实施状况的报告。

2. 上一条的情况如果是轮胎生产商为日本汽车轮胎协会的成员，那么报告可以经过协会上交。

3. 下面的情况是国土交通局官员，认定召回结束或认定为无效的报告，根据规则第 51 条第 2 项的规定，其他理由的期限已过的报告是无效的。

（1）实施召回的目的为关于对全部的应召回的轮胎。

（2）从召回申请日期起已经过 3 年的时间（国土交通省汽车交通局长认定延长报告是必要的，解除延长轮胎生产商等通知的报告期限）。

（3）国土交通省汽车交通局长判定要执行固定的改善措施时。

第 3 章　服务宣传活动

第 8 条　服务宣传活动的通知

为了使召回申请等工作顺利进行，实施服务宣传活动（不用召回的情况，轮胎生产商等要针对同一型号的固定范围的轮胎向使用者宣传应采取的措施）时，该轮胎生产商应该根据第 4 号样式填写采取措施的内容，递交给国土交通省汽车交通局技术安全部调查科长。

第 4 章　其 他 规 则

第 9 条　备用规则

1. 进口商、轮胎生产商等以外的商家在对进口的轮胎执行召回措施的情况时，该轮胎进口商可以根据从第 1 条到第 7 条的规定作出申请及其报告。

2. 进口商、轮胎生产商等以外的商家，在对进口的轮胎执行服务宣传活动措施的情况时，该轮胎进口商可以根据第 8 条的规定作出通知。

第 10 条 写入申请书等的署名等

1. 申请书需要盖公章

申请人（可以是法人、代理人或法人的代理人是有委任其在有关此申请书上的权限的人）可以签署。

这种情况，被任命者需要提交申请书时，出示书面的权限证明。

2. 外国国籍人或外国国籍法人申请或者报告或通知的情况，可以用申请书、报告书或通知书的英语译文作为参考。这种情况，备注栏要用日语及其英语写入“英语译文作为参考一并记入”。

第 11 条 申请书等的连署名

多人关于同一轮胎提交申请或者通知的情况，需要签署多人姓名。

轮 胎 关 系

格式1（召回申请书）(第2关系)

召回申请书

年 月 日

国土交通省官员阁下

申请人姓名
或生产商名称____印
地址____

召回申请报告编号		召回起始日期	
被认定不符合安全标准状态的轮胎的状况及其原因			
改善措施的内容			
为使装置使用人、销售人员及汽车修理人员等熟知的措施			

产品名称	型号	类别	被召回装置的范围（可识别号）及生产日期	被召回轮胎数	备注
			合计		

备注：故障部位如果是多处，要根据不同的装置的情况分别记录。

格式 2（召回申请报告一览表）

召回申请报告一览表

召回申请报告日期：__年__月__日

<table>
<tr><td>召回申请报告编号</td><td></td><td>召回起始日期</td><td></td></tr>
<tr><td>申请人的姓名或经销商的名称</td><td colspan="3">生产国：
生产商名称：
询问方：</td></tr>
<tr><td>故障部位</td><td colspan="3"></td></tr>
<tr><td>被认定不符合标准状态的轮胎的状况及其原因</td><td colspan="3"></td></tr>
<tr><td>改善措施的内容</td><td colspan="3"></td></tr>
<tr><td>故障数量</td><td></td><td>有/无事故发生</td><td></td></tr>
<tr><td>如何发现的</td><td></td><td></td><td></td></tr>
<tr><td>为了让装置使用人、销售人员及汽车修理人员都知道的措施</td><td></td><td></td><td></td></tr>
</table>

<table>
<tr><td colspan="3">被召回装置的主要信息及规格</td><td rowspan="2">被召回装置的范围
（可识别号）
及生产日期</td><td rowspan="2">被召回的
轮胎数</td><td rowspan="2">备注</td></tr>
<tr><td>产品名称</td><td>型号</td><td>类别</td></tr>
<tr><td>（合计　种类）</td><td>（合计　型号）</td><td></td><td>（制造时间的全部范围）</td><td>（合计　数量）</td><td></td></tr>
<tr><td></td><td></td><td></td><td></td><td></td><td></td></tr>
</table>

备注：

1. “申请人的姓名或经销商的名称”这一栏，是法人的，填入法人的名称。只填入生产国、生产商及轮胎进口商的名称。另外，“询问方”这一栏必须填入受理部门的名称及电话号码。如果申请人是在网站的主页上登记召回信息的，那么就应该填入其登录的地址。

2. 如果是进口的轮胎，要写明生产日期和进口日期。另外，在记入进口日期的同时还要记录其模具的情况才能被认为是没有故障的。

3. 故障部位如果是多处，要根据不同的装置的情况分别记录。

格式 3（召回实施状况报告）

召回实施状况报告

年　月　日

国土交通局官员阁下

报告人姓名或经销商名称：____

地址：________

申请编号及申请日期	商品名称	型号	被召回的轮胎数量	实施改善措施的轮胎数量	备注
				上一次是（　月）	

备注：所谓“实施改善措施的轮胎数量”就是把实施改善措施时减少、分解以及废弃的轮胎数量记录下来。

格式 4（服务宣传活动通知书）（第 9 关系）

服务宣传活动通知书

年　月　日

国土交通省汽车交通局技术安全部调查科长阁下

通知人姓名
或生产商名称＿＿印
地址＿＿＿＿＿＿

※整理编号		服务宣传活动起始日期	
故障的内容			
改善措施的内容			
为使装置使用人等熟知的措施			

产品名称	型号	类别	服务宣传活动的对象轮胎的范围（可识别号）及生产日期	服务宣传活动的对象轮胎数	备注
			（制造时间的全部范围）	（合计　数量）	

备注：

1. 故障部位如果是多处，要根据不同的装置的情况分别记录。
2. 对象轮胎的范围、故障的内容、改善措施的内容等，必须要附上书面文件。
3. 通知者可以是担当部署责任的人员。
4. 通知者不必填写标记※一栏。

7　关于判断特定装置改善措施的指导原则

国自第505号

平成15年8月25日

（社）日本汽车工业协会会长

（社）日本汽车零件工业协会会长

（社）日本汽车轮胎协会会长

日本汽车进口组合理事长

（社）日本汽车车体工业协会会长阁下

（社）日本农业机械工业协会会长

（社）日本产业车辆协会会长

（社）日本建设机械化协会会长

（社）日本建设机械工业协会会长

儿童座椅联络协议会会长

国土交通省汽车交通局技术安全部调查科长

伴随修改后的《道路运输车辆法》的一部分的法律（平成14年第89号法律）的一部分的执行，有关特定后附装置的召回申请，为了扶助判断是否应当召回，另附用来为实施恰当的召回申请作参考的有“有关判断儿童保护座椅装置改善措施的指导原则”以及“有关判断轮胎改善措施的指导原则”，拜托相关工作人员尽力通知到各方相关人士。

附件 1

有关判断儿童保护座椅装置改善措施的指导原则

1. 宗旨

本指导原则是以《道路运输车辆法》第 63 条第 3 项以及"有关实施特定后附装置召回的申请报告的操作要点（根据命令传达）"为基础，儿童保护座椅装置的生产商以及进口商判断是否应当对其实施召回以及改善措施的基本原则。

2. 构成

本指导原则是根据正文和附表的"按照道路运输车辆的安全标准规定而假设的儿童保护座椅装置的召回事例"构成的。

3. 正文

本指导原则是在使用中的思路。

按照道路运输车辆的安全标准规定而假设的儿童保护座椅装置的召回事例。

在附表中被登出的故障事例是指依照"道路运输车辆的安全标准的规定而假设出来的儿童保护座椅装置的召回事例"的材料。

另外，例如有关符合美国和欧洲标准的产品，也可以参考附表登出的事例来判断是否应当对其实施召回。

4. 判断是否有必要实施改善措施

判断是否有必要实施改善措施是要从故障的重要程度（影响安全的程度等）、倾向性等判断出来的。

但是，在使用了相当的一段时间之后，由于使用寿命而产生的故障要根据其故障发生的情况来判断，然而判断时要把设计方面的耐用年限、使用状况等情况考虑进去。

5. 改善措施的实施方法

确认使用者确实应当对其实施改善措施后，不召回产品，给使用者送去已经实施改善措施的零件，并且要记录下来详细信息。

以下为不适用的事例。

（1）超出使用说明书中记录的维护工作的程度的改善措施。

（2）必需特殊工具以及特殊加工技术的改善措施。

（3）必需保持强度部件材料的分解和加工的改善措施。

（4）由于使用者自行误操作造成的改善措施。

6. 本指导原则以外的故障案例的处理

本指导原则不能网罗市场中发生的一切案例。

对于本指导原则中没有记入的案例，要以本指导原则的思想为基础，进行个别的判断，也可以使指导原则更适应时代的发展。

附表

按照道路运输车辆的安全标准规定而假设的儿童保护座椅装置的召回事例

编号	项　目	应当召回的故障事例
1	安装时对汽车的影响	• 以使用说明书、车体标识等为基础，将儿童保护座椅装置安装在汽车的座椅上的情况，会对汽车的座椅及座椅上的安全带造成损坏。 • 儿童保护座椅装置与汽车的座椅的接触部位会使汽车的座椅损坏，产生生硬的凹面或使座椅翻卷。 • 装置与汽车座椅安全带的接触部位，装置的侧面会使汽车座椅的安全带造成破损或断裂，产生生硬的凹面或使座椅安全带翻卷。
2	当事车辆受到突发性的冲击时对儿童会造成的危害	• 儿童的头部接触的部位会有局部的硬块突起。 • 在接受冲击时与头部接触部分的缓冲冲击的零件会从装置本身的外壳中分离，从而使其达不到缓和冲击功能的最佳效果。 • 在接受冲击时，与儿童能接触部位会产生对儿童造成伤害的裂痕、变形。 • 座套靠垫的材质露出被破坏的芯部，也会对乘车的儿童造成危害。

续表

编号	项　目	应当召回的故障事例
3	当事车辆受到突发性的冲击时对儿童会造成的约束	• 在接受冲击时，会破坏保持强度功能的零件。 • 另外，保持机械能强度的零件，一般要将以下考虑在内，生产商为了使儿童伤害值降到最低而设计的情况不受这种限制。 A 外壳本身 B 框架构造 C 支撑线 D 车辆座椅安全带接触部位 E 开锁的按钮（但，对于儿童保护座椅的约束性有不良影响的类型除外） F 皮带扣（包含连接槽的金属板） G 儿童用手卷安全带装置 H 儿童用的安全带长短的调节器 I 儿童用座椅安全带等直接约束儿童的零件 J 弹射座椅把手（但，对于儿童的约束性有不良影响的类型除外） • 在接受冲击时，皮带扣松解。 • 在接受冲击时，儿童保护座椅装置座椅安全带断裂。 • 在接受冲击时，儿童用的安全带长短的调节器将儿童用安全带解开。 • 由于肩部安全带表面的形状不良，接受冲击时头部将会剧烈的摇摆。 • 旋转轴部位不良的耐热性能，使得旋转轴不能正常运转。 • 后面连接部位耐热不足，使座椅不能固定在应在的位置。
4	脱落的容易性	• 操作说明书、基于车体本身的操作说明，在汽车的座椅上可以很容易地正确固定住儿童保护座椅装置以及不容易脱落。但是，在特殊的汽车上是禁止安装该装置的，这不受生产商规定的限制。 • 操作说明书、基于车体本身的操作来表达的，儿童保护座椅装置不能够约束儿童的自由活动。但是，在儿童的身体形状比较特殊的情况下就由可能约束。 • 儿童被约束在装置内或从装置中解放出来时，皮带扣和槽会接触紧密不能分离。 • 儿童被约束在装置内时，不能调节儿童用安全带的长短。 • 防撞击板和儿童一体化构造装置，装置不可能从座椅安全带等的支撑部位脱落。 • 防撞击板与儿童一体化构造装置，装置不可能从约束儿童活动的零件中解放出来。 • 由于开锁按钮的材料不恰当，不能安装到位。

续表

编号	项　目	应当召回的故障事例
5	说明等	● 可以很容易地确认约束儿童活动状态的具体部位，不能被表示出使用该装置的儿童和体重范围。 ● 操作说明书中记载的规定的安全标准的技术标准的内容不全面。 ● 根据操作说明书和基于车体本身的操作说明，不能恰当地将儿童安置在安全装置内。 ● 根据操作说明书和基于车体本身的操作说明，不能在汽车座椅上正确地将安装儿童保护座椅固定住。但是，对于特殊车辆，禁止该装置的使用时，不受装置生产商规定的情况限制。

附件 2

有关判断轮胎改善措施的指导原则

1. 宗旨

本指导原则是以《道路运输车辆法》第 63 条第 3 项以及“有关实施特定后附装置召回的申请报告的操作要点（根据命令传达）”为基础，轮胎的生产商以及进口商（以下均称为“生产商”）判断是否应当对其实施召回以及改善措施的指导原则。

2. 构成

本质导原则是根据正文和附表的“按照道路运输车辆的安全标准规定而假设的关于轮胎的召回事例”构成的。

3. 正文

在本指导原则使用中的思路。

按照道路运输车辆的安全标准规定而假设的关于轮胎的召回事例。

在附表中被登出的故障事例是指依照“道路运输车辆的安全标准的规定而假设出来有关轮胎的召回事例”的材料。

4. 判断是否有必要实施改善措施

判断是否有必要实施改善措施是要从故障的重要程度（影响安全的程度等)、倾向性等判断出来的。

但是，在使用了相当的一段时间之后，由于使用寿命而产生的故障要根据其故障发生的情况来判断，然而判断时要把设计方面的耐用年限、使用状况等情况考虑进去。

5. 本指导原则以外的故障案例的处理

本指导原则没有办法网罗在市场中有可能发生的一切案例。

对于本指导原则中没有记入的案例，要以本指导原则的思想为基础，进行个别的判断，也可以使指导原则更适应时代的发展。

附表

按照道路运输车辆的安全标准规定而假设的关于轮胎的召回事例

编号	项　目	应当召回的故障事例
1	轮距部分	• 有部分轮胎的材料不良，如果以这种状态继续使用，会使轮胎接触地面的部分脱落，最坏的情况可能导致轮胎爆裂。 • 在生产过程中，由于钢带等零件衔接不良，发生轮距分离，最坏的情况可能导致轮胎爆裂。
2	肩部和侧部	• 带边部的轮胎轨距不够，在这种状态下继续使用会使皮带线外露，最坏的情况可能导致轮胎爆裂。
3	胎体	• 轮胎的胎体部分生产不良，在这种状态下继续使用，会使轮胎内部的钢带层或胎体层与轮胎外部覆盖的橡胶分离，最坏的情况可能导致轮胎爆裂。
4	撑轮圈	• 撑轮圈上覆盖的橡胶加硫不充分，在行驶中车轮可能变形，将磨损热缩管，如热缩管破损可能导致轮胎爆裂。 • 轮胎的撑轮圈成形不良，轮胎的撑轮圈和轮圈咬合不好，将导致轮圈磨损，致使撑轮圈断裂，最坏的情况可能导致轮胎爆裂。
5	其他	• 在生产过程中使用了不合适的内衬圈。不能保持适当的气压，最坏的情况可能导致轮胎爆裂。